공동연구

남북간 종전선언과 평화협정

An End Of War Declaration And Peace Agreement
between North And South Korea

김명기/김영기/엄정일/유하영/이동원 **공저**

한국통일법연구원 · 책과사람들

刊行辭

한반도는 1953년 7월 27일 일명 "한국군사정전협정"이 체결 된 이래로 현재도 전쟁이 언제든 재개될 수 있는 휴전(armistice)상 태에 있는 점에서 한민족의 종전과 평화협정에 대한 갈망은 매우 높다. 따라서 한반도의 실질적 당사자인 남북한의 정상이 한반도에 서 평화정착을 위하여 노력과 합의를 하는 것은 너무나도 당연하 다. 남북 두 정상은 2018년 4월 27일 판문점 평화의 집에서 "4·27 판문점 선언"을 발표했다. 2018년 "4·27 판문점 선언"은 남북이 정전협정 체결 65년이 되는 2018년 종전(ending war)을 선언 (declaration)하고 정전협정을 평화협정으로 전환하며 항구적이고 공 고한 평화체제 구축을 위한 남·북·미 3자 또는 남·북·미·중 4자회담 개최를 적극 추진해나가기로 한 역사적인 합의를 한 점에서 의의가 있다.

판문점선언은 '9·19 평양공동선언'에서 남북정상 간 군사분야 의 후속회담이 급진전되면서 '4·27 판문점선언'의 종전선언 합의 가 현실화 되는 것이 아닌가 하는 전국민적 관심사로 부각되면서 종전에 대한 기대감은 한 층 더했다. 여기에 편승한 미북은 2018년 6월 12일 싱가포르에서 미국의 트럼프 대통령과 북한의 김정은 위 원장 간에 발표한 "6·12 싱가포르 합의문"에 의해 남북의 판문점 선언을 확인하고 있다.

그러나 싱가포르 회담에서 트럼프 대통령과 김정은 위원장은 북 한 핵 폐기와 그 조건에 관하여 명백한 합의에 이르지 못함으로써, 남북이 2018년 목표로 한 종전선언을 위한 후속회담에 사실상 빨간

불이 켜졌다. 이후 2019년 2월 하노이에서 개최된 "제2차 북미회담"(Second Trump-Kim Hanoi Summit)에서도 미북은 합의점을 찾지 못하고 결렬되었다. 이러한 결과는 "판문점선언"에도 영향을 미치게 되어 종전선언이 언제 실현될는지 불투명한 상태가 지속되고 있다.

특히, 2019년 '1·1 김정은 신년사'에서는 '평화시대'(종전)에 대한 결심과 의지를 보이면서 " 판문점선언과 9월평양공동선언, 북남군사분야합의서는 북남사이에 무력에 의한 동족상쟁을 종식시킬 것을 확약한 사실상의 불가침선언"이라고 천명하고 있다. 이렇듯 평화정착을 향한 종전선언이나 평화협정의 체결에 대한 남북간 및 북미간의 의지는 높았으나 현재는 그 추진동력을 잃은 상태이다.

그러나 북한의 비핵화와 미국의 경제제재 완화, 그 틀 속에서 생성될 종전선언 또는 평화협정 체결을 향한 노력은 아직도 계속되고 있다. 이와 같은 한반도의 역사·정치·법적 환경에 대한 변화의 배경 속에서 그동안 한국영토에 관심을 갖고 뜻을 같이한 분들과 함께 '한국통일법연구원'(Korea Unification Law Research Institute : K.U.L.R.I) 을 설립하여 그 첫 순서로서 논문집을 발간하게 된 것을 매우 기쁘게 생각한다.

이 작은 책자가 전체 한국민의 통일의식의 고양과 남북의 평화협정 체결에 조그마한 기여를 할 수 있게 되기를 바란다.

이 책을 내는데 병석에서도 지도편달을 아끼지 않으신 스승 김명기 교수님과 주변분들께 감사드리고, 언제나 옆에서 많은 배려와 성원을 해 주신 가족들께 지면을 빌어 감사한다. 또 어려운 출판여건하에서 출판해 준 책과사람들 이재천 사장에게 감사한다.

2019.03.

한국통일법연구원 원장 엄정일

賀 書

2018년 4월 27일 남북 두 정상은 판문점 평화의 집에서 "한반도 평화와 번영, 통일을 위한 판문점선언"을 발표했다. 이후 한반도에서 시작된 남북 및 북미간 종전을 위한 노력은 2019년에도 계속되고 있다. 한반도에서 남북의 자주·평화 정착을 위한 노력은 일찍이 1972년 박정희 정부의 '7·4 공동성명', 1992년 노태우 정부의 '남북기본관계합의', 2000년 김대중 정부의 '6·15선언', 2007년 노무현 정부의 '10·4선언'을 이어받은 것이다. 문재인 대통령의 '4·27 판문점선언'과 '9·19 평양공동선언'은 과거 보수정부에서 시작하여 진보정부가 발전시킨 것을 문재인 정부가 계승하여 지속적으로 추진함으로써, 보수·진보의 구분없이 진행된 것을 잘 보여준다. 문재인 대통령의 평화체제 구축을 위한 노력은 한반도에 65년 동안 첨예하게 대립된 군사적 긴장상태를 실질적으로 완화시켰을 뿐만 아니라 남북이 상호호혜와 공리공영의 바탕위에서 교류와 협력을 더욱 증대시키고, 민족경제를 균형적으로 발전시킬 수 있는 토대를 마련한 것으로 평가된다. 남북의 종전을 위한 노력과 경제협력은 국제사회의 협력없이는 사실상 어렵다. 따라서 북한의 조속한 비핵화와 안전보장이사회 및 미국의 경제제재가 완화될 것을 요한다. 그런 바탕 위에서 남북 경제협력은 추진동력을 받게 될 것이다. 한반도에서 남북의 신경제구상 실현과 관련해 최근 철도 및 도로 연결이 남북경제협력의 최우선 과제로 떠오르면서 한반도 통합철도망 구축 및 도로연결, 지역 균형발전이라는 동시적 추진과제가 떠오르고 있다.

특히 남북도로 연결은 개성-평양은 이미 2007년에 기본 자료를 많이 확보해 놓은데다 현재 공동조사단의 조사를 통하여 추가 자료도 확보한 상태로 제재의 완화와 동시에 한 층 가속도를 낼 수 있을 것이다.

한국통일법연구원이 남북의 평화체제 구축과 경제협력의 시대적 변화에 동승하여 한반도의 통일에 대한 연구사업을 하게 된 것을 진심으로 축하드린다.

2019.03.

전 국회의원 이강래

머 리 말

근 2018년 들어서면서 종전(ending war)이 화두가 되고

있는 것은 2018년 '한반도의 평화와 번영, 통일을 위한 '4·27 판
문점선언'에서 남북 정상이 합의한 내용 중 "남과 북은 정전협정
체결 65년이 되는 2018년에 종전선언을 하고, 정전협정을 평화협정
으로 전환하며,…."라는 종전에 관한 사항을 합의하면서 부터이다.
이후, '역사적인 싱가포르 정상회담 후 트럼프와 김정은 간의 체결
된 6·12 북미정상회담'에서 ' 미국과 조선민주주의 인민공화국은
한반도에서 지속적이고 안정적인 평화체제를 구축하기 위한 노력에
동참할 것'(The United States and the DPRK will join their
efforts to build a lasting and stable peace regime on the Korean
Peninsula)과 4·27 판문점선언'을 '재확인'(Reaffirming the
April 27, 2018 Panmunjeom Declaration) 하면서, '9·19 평양공동
선언'과 같은 남북정상 간의 후속회담으로 급진전되었다. 그 결과
'4·27 판문점선언'의 종전선언 합의가 현실화 되는 것이 아닌가
하는 전국민적 관심사로 부각되면서 종전에 대한 기대감으로 나타
났다.
　2019년 '1·1 김정은 신년사'에서는 '평화시대'(종전)에 대한
결심과 의지를 보이면서 " 남북 사이에 무력에 의한 동족상쟁을 종
식시킬 것을 확약한 사실상의 불가침선언"이라고 천명하고 있다.
이렇듯 평화정착을 향한 종전선언이나 평화협정의 체결은 남북간
및 북미간 합의를 기초로 형성되는 분위기이다. 하지만, 2019년 2월
27일 및 28일 개최된 "제2차 북미회담"(Second Trump-Kim

Hanoi Summit)은 북미간 합의점을 찾지 못하고 결렬됨으로써, 한반도의 평화체제 구축을 위한 길이 긴 여정임을 예고하고 있다.

남북은 합의를 바탕으로 신뢰를 형성하고, 평화를 정착시켜 그 틀 위에서 남북경협을 목표로 하고 있다. 현재의 남북간 친화적·호혜적 분위기에 편승하여 다시없는 이 기회를 남북이 주체가 되어 경제협력을 점차 확대함으로써 우리 민족의 경제균형 발전을 이룩하고, 상생의 길을 마련함으로써 민족적 동질성과 문화적 공감대를 형성하도록 해야 한다.

남북이 '하나의 생각'과 '하나의 의지'로, '하나 된 통일'을 이룩하는 것은 우리 민족의 항구적 공동번영을 위한 길임을 잊어서는 안 된다. 남북 정상간의 협력적 관계발전과 합의의 정신을 계승하고, 그 취지를 오늘 살리기 위해 뜻있는, 김명기 스승님과 엄정일 박사님, 유하영 박사님, 김영기 박사님과 같은 학형들이 함께 '한국통일법연구원'(Korea Unification Law Research Institute:K.U.L.R.I) 을 설립하게 된 것을 매우 뜻 깊게 생각한다. 특히, 본 연구원의 설립에 많은 도움을 주신 엄정일 박사님께 감사드리고, 본 연구원의 번창을 생각하면 회장으로서 소임을 잘할 수 있을 지 걱정이 앞선다.

2019.03.

한국통일법연구원 회장 이동원

Contents

제8장 남북한 동시 UN가입의 법적 효력

| 이동원

부록

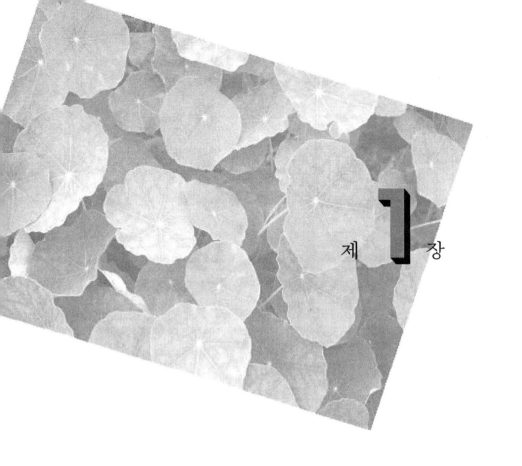

제 **1** 장

판문점선언과 국가승인 여부

명지대학교 명예교수, 법학박사 김명기

|제1절| 서론

$2$018년 4월 27일 남북 두 정상은 판문점 평화의 집에서 "한반도 평화와 번영, 통일을 위한 판문점선언"(이하 "판문점 선언"이라 한다)을 발표했다. 동 선언은 남북 두 정상이 각기 남과 북의 공식 국가명칭을 포기하고 또한 각기 남과 북의 공식 직위를 포기하여 서명했다.

이는 남과 북이 각기 상대방을 국가로 승인한 것이 아니냐의 문제가 제기된다. 왜냐하면 미승인국의 공식 국가 명칭을 사용하는 것은 국제법상 묵시적인 국가의 승인으로 인정되기 때문이다. 이 서명난의 표기 이외에도 후술하는 바와 같이 남과 북이 상호 상대방을 국가로 승인한 것으로 보여지는 조항이 있다. 이 연구는 동 선언 제1항 제1목에 "이미 채택된 모든 선언들과 모든 합의들을 철저히 이행한다"라는 규정에 의거 동선언이 남과 북이 상호 국가로 승인하는 효과는 발생하지 아니한다는 법리를 제시하기 위해 시도된 것이다.

이 연구의 법사상적 기초는 법실증주의이고 연구의 방법은 법해석론적 접근이다. 따라서 이 연구의 대상은 *lex lata* 임을 여기 명백히 하기로 한다. 이하 (i) 국제법상 묵시적 국가승인 사항, (ii) 판문점선언상 국가승인 관련규정과 그의 검토, (iii) 판문점선언 제1항 제1목의 규정, (iv) 남북기본합의서상 남북상호 국가 불승인 규정, 그리고 (v) 결론에서 정부당국에 대해 몇가지 정책대안을 제의하기로 한다.

| 제2절 | 국제법상 묵시적 국가승인 사항

1. 국제법상 묵시적 국가승인으로 인정되는 중요사례

가. 2변적 조약의 체결

승인국이 피승인국과 2변제 조약(bilateral treaty)의 체결은 묵시적 국가승인으로 인정되나 다변적 조약(multilateral treaty)의 체결은 묵시적 국가승인으로 인정되지 아니한다. 물론 다변적 조약에의 가입도 기존 당사자 사이에 묵시적 승인의 효력은 발생하지 아니한다. 즉 다변적 조약에의 공동당사자가 되는 것은 공동당사자 상호간에 묵시적 국가승인으로 인정되지 아니한다1).

---

1) M. M. Whiteman, *Digest of International Law*, Vol. 2 (Washington, D.C. :USGPO, 1963); pp.52-53, 557-558; Robert Jennings and Arthur Watts (ed.), *Oppenheim's International Law*, 9th ed. (London: Longman, 1992) p.174; Kurt von Schuschnigingg, *International Law* (Milwaukee: Bruce, 1959), p.166; J. G. Starke, *Introduction to International Law* (London: Butterworth, 1984), p.131; Ian Brownlie, *Principles of Public International Law*, 5th ed. (Oxford: Oxford University Press, 1998), p.94; G. Schworzenberger and E. D. Brown. A *Manual of International Law*, 6th ed. (Milton: Professional Books, 1976), pp.56-57; Malcom N. Shaw, *International Law*,

나. 공식적 국호의 사용

승인국이 피승인국의 공식적인 국명을 사용하는 것은 묵시적 국가승인으로 인정되나 조약체결이 조약의 서명란에 상대방의 공식적 국명을 사용하는 경우 또는 승인국이 피승인국과 외교문서를 교환하면서 그 문서에 공식의 국명을 사용하는 경우는 묵시적인 국가의 승인으로 인정된다[2].

다. 국제회의에 참가

국제회의(international conference)에 참가하는 것은 묵시적 국가승인으로 인정되지 아니한다. 물론 다변적 조약의 체결을 위한 국제회의에 참여하는 경우도 이는 묵시적 국가승인으로 인정되지 아니한다[3].

라. 국기의 사용

공식적인 회의에 또는 행사에 피승인국의 국기를 게양하는 것은 묵시적인 국가의 승인으로 인정된다. 피승인국의 국기에 대한 경례는 피승인국을 묵시적으로 승인하는 것이다[4].

4th ed. (Cambridge: Cambridge University Press, 1997), p.311; J. P. Grant and J. C. Barker, *Encyclopedic Dictionary of International Law,* 3rd ed. (Oxford: Oxford University Press, 2009), p.508.

2) Anonymity, "Implied Recognition," *BYIL*, Vol. 21, 1944, p.139, U.S. Department of State, *United State Foreign Relations*, 1920 (III) (Washington, D.C.: USGPO, 1922), p.167. The Irish Press, of December 15, 1937; Whiteman, *supra* n.1, p. 598.

3) Whiteman, *supra* n.1, p.131; Shaw, *supra* n.1, p.312; Starke *supra* n.1, p.131; Grant and Barker *supra* n.1, p.508; Schushinigg, *supra* n.1, p.166, Anonymity, *supra* n.2, p.131, Shaw, *supra* n.1, p.312; Anonymity, *supra* n.2, p.131.

마. 국제연합에의 가입

국제연합에의 가입은 그에 찬성한 회원국으로는 물론 반대한 회원국에 의한 묵시적 국가승인으로 되지 아니하며 국제연합으로부터 묵시적 국가승인으로 될 뿐이다. 남북이 공동으로 국제연합에 가입했으나 남이 북을, 북이 남을 국가로 승인한 것으로 되지 아니하며 다만, 국제연합으로부터 남이 국가로, 그리고 북이 국가로 인정될 뿐인 것이다[5].

2. 국제법상 묵시적 국가승인의 배제

국제법상 국가승인은 그것이 명시적 승인이든 묵시적 승인이든 불문하고 그것은 승인주체의 의도(intention)의 문제이다. 대게 묵시적 국가의 승인은 명시적 표현에 의해 배제된다.

---

4) Whiteman, *supra* n.1, pp.555-556, Gerhard von Glahn and James Larry Taulbee, *Law Among Nations*, 9th ed. (London: Longman, 2009), p.152.
5) Grant and Barker, *supra* n.1, p.508; Schushinigg, *supra* n.1, p.166; Jennings and Watts, *supra* n.1, p.157; Anonymity, *supra* n.2, pp.145-147; Ebere Osieke, "Admission to Membership in International Organizations," *BYIL*, Vol. 41, 1980, pp.223-224.

|제3절| 판문점선언상 국가승인관련 규정과 그 검토

1. 관련 규정

가. 전문의 규정

동선언 전문은 남과 북의 정상이 각기 공식 국호와 공식 직위를 표기하여 정상회담이 진행되었다고 다음과 같이 기술하고 있다.

대한민국 문재인 대통령과 조선민주주의인민공화국 국무위원회 김정은 국무위원장은 평화와 번영, 통일을 염원하는 온 겨레의 한결같은 지향을 담아 한반도에서 역사적인 전환이 일어나고 있는 뜻깊은 시기에 2018년 4월 27일 판문점 평화의 집에서 남북정상회담을 진행하였다.

이 선언문의 위의 규정을 전문으로 보든 공표문으로 보든 불문하고 남북 두정상이 각기 남과 북의 공식국호를 사용하고 또 공식 직위를 표기하였다. 미승인국의 공식국호를 사용하는 것은 묵시적인 국가의 승인으로 인정되므로 이 전문의 규정으로 보아 남이 북을 그리고 북이 남을 각각 국가로 승인한 것으로 인정된다.

나. 제3항 제3목의 규정

동 선언 제3항 제3목은 다음과 같이 규정하고 있다.

남과 북은 정전협정 체결 65년이 되는 올해에 종전을 선언하고 정전협정을 평화협정으로 전환하며 항구적이고 공고한 평화체제 구축을 위한 남·북·미 3자 또는 남·북·미·중 4자회담 개최를 적극 추진해 나가기로 하였다.

위의 규정이 (i) 남과 북이 종전선언을 하고 평화협정을 체결한다는 의미인지 (ii) 남·북·미 3자 또는 남·북·미·중 4자에 의해 종전선언과 평화협정을 체결한다는 의미인지 명확하지 아니하다. (i)의 의미로 해석하여 남과 북이 평화협정을 체결하는 것은 이른바 "2변적 조약"의 체결로 2변적 조약의 체결은 묵시적 국가승인으로 인정되므로 남과 북이 평화협정을 체결하는 것은 묵시적 국가승인으로 된다는 문제가 제기된다.

다. 서명권자의 표기

서론에서 언급한 바와 같이 동 선언 말미에 서명란에 다음과 같이 남과 북의 정상이 각기 그의 소속 국가의 공식명칭과 공식직의와 성명을 기재하고 서명하였다.

대한민국 대통령 문재인 / 조선민주주의인민공화국 국무위원회 위원장 김정은 남과 북이 본문에서 모두 "남"과 "북"으로 표기하고 "대한민국", "조선민주주의 인민공화국"으로 표기하지 아니했으나 가장 중요한 서명란에서 남과 북의 정상이 각기 국가의 공식명칭과 공식직위를 현명한 것은 남과 북이 상호 상대방을 묵시적으로 국가승인을 한 것으로 인정될 수 있다.

2. 판문점선언상 국가승인 관련 규정의 묵시적 국가승인으로 인정여부검토

가. 이변적 조약의 체결

"판문점선언" 그 자체는 정책 선언이고 법적 구속력이 있는 조약이 아니므로 "판문점선언" 자체를 묵시적 승인으로 인정되는 2변적 조약으로 볼 수 없음은 검토의 여지가 없다. 다만, 동 선언 제 3항 제 3목에 평화협정의 체결은 평화협정이 2변적 조약이므로 남과 북이 평화협정을 체결하게 되면 그것은 남이 북을 국가로 승인하는 것이 되므로 "판문점선언"의 이행으로 남과 북이 평화협정을 체결하게 되면 그것은 남이 북을 국가로 승인하는 것이 된다. "판문점선언" 그 자체가 남이 북을 국가로 승인하는 것이 아니라 "판문점선언"은 남이 북을 국가로 승인하는 것을 간접적으로 규정하고 있는 것이다.

여기서 2변적 조약이란 2 당사자 조약을 의미하는 것이 아니라 상호 이익이 대립되는 당사자의 조약을 의미한다. 그러므로 남·미와 북·중 4자약은 다변적 조약이 아니라 각기 공동당사인 2변적 조약인 것이다.

요컨대, "판문점선언" 자체는 묵시적 국가의 승인으로 인정되는 2변적 조약이 아니라 제3항 제3목의 규정이 2변적 조약의 체결을 내용으로 하고 있으므로 "판문점선언"은 간접적으로 남이 북을 묵시적으로 국가로 승인하고 있는 것이다.

나. 공식적 국호의 사용

전술한 바와 같이 국제법상 공식 국호와 공식 직위를 표기하는 것은 묵시적인 국가의 승인으로 인정된다. "판문점선언" 전문과 서명란에 북을 "조선민주주의 인민공화국 국무위원회 위원장 김정은"으로 표기하고 있으므로 이는 남이 북을 묵시적으로 국가승인을 한 것으로 인정된다.

다. 국제회의에 참가

판문점 회담은 남북 두 정상의 회담이고 국제회의가 아니므로 판문점 회담 자체는 남이 북을 국가로 승인한 것으로 인정되지 아니한다. 물론 그것이 국제회의라해도 이에 참가한 남이 북을 국가로 승인한 것으로 되지 아니한다.

라. 국기의 사용

공식 행사에 미승인국의 국기를 게양하거나 또는 미승인국의 국기에 대해 경례를 하는 것은 미승인국을 국가의 승인을 하는 것으로 인정되니 판문점 회담 장소인 평화의 집에 북의 국기를 게양한 바 없고 문대통령이 북의 국기에 대해 경례한 바 없으므로 이는 남이 북을 묵시적으로 국가로 승인한 것으로 되지 아니한다. 만일 금년내에 문대통령이 북을 방문했을 때 위장대를 사열하면서 북의 국기에 경례를 하면 이는 남이 북을 국가로 승인한 것으로 되게 된다.

1972년과 1973년간에 서독 수장이 동독을 방문했을 때 동독을 완전적색양탄자 예우로(full red carpet treatment) 의장대를 사열하면서 서독 수상은 동독 국기에 경례를 했다. 동독 수상이 서독을 방문했을 때도 위와 같은 예우를 했다. 이는 서독이 동독을, 동독이 서독을 각각 묵시적으로 국가로 승인한 것이 되지만 서독은 동독을 국가를 승인한 것이 아니라고 했고 동독은 서독을 국가로 승인한 것이라고 했다[6].

그것이 동독의 서독의로의 흡수 통일 즉 병합통일(annexation unification)의 기본이 였었다.

우리의 경우도 북이 남을 국가로 승인하지 아니하며 북이 남에 흡수되는 병합형 통일을 이룩하여야 하므로 북이 남을 국가로 승인해도 남이 북을 국가로 승인하는 일이 없어야 할 것이다. 북이 남북화해라는 명목으로 남을 국가로 승인해도 이에 따라 남은 북을 국가로 승인하는 일이 없어야 한다는 의미를 남측 지도자도 충분히 알고 있어야 한다. 남이 북을 국가로 승인하는 것은 병합형 통일을 이룩해야 하는 민족적 과제에 반하기 때문이다.

---

6) Gerhard von Glahn and James Larry Taulbee, *supra* n. 4, p.152.

| 제4절 | 판문점선언 제1항 제1목의 규정

"판문점선언" 제1항 제1목을 다음과 같이 규정하고 있다.

남과 북은 우리 민족의 운명은 우리 스스로 결정한다는 민족 자주의 원칙을 확인하였으며 이미 채택된 남북 선언들과 모든 합의들을 철저히 이행함으로써 관계 개선과 발전의 전환적 국면을 열어나가기로 하였다.

위의 규정 중 "모든 합의들"에는 많은 남북합의서들이 포함되어있으나 그 중 가장 중요한 합의는 1992년에 남북이 체결한 "남북기본합의서"이다. 즉 남과 북은 "남북기본합의서"를 철저히 이행한다고 규정하고 있다. "남북기본합의서"는 그 전문에서 남과 북의 관계는 국가와 국가의 관계가 아니라고 규정하고 있다. 따라서 "남북기본합의서"의 규정에 의거 "판문점선언" 제1항 제1목에 의거 남과 북은 상호 국가로 승인하는 효력은 발생하지 아니한다. 묵시적 표현은 명시적 규정에 의거 배제할 수 있기 때문이다.

| 제5절 | 남북기본합의서상 남북 상호 국가불승인 규정

1. 남북기본합의서 전문

가. 전문의 규정

"남북기본합의서"중 남과 북의 관계가 나라와 나라의 관계가 아니다는 규정은 기본합의서 전문에 있으므로, 전문의 의의와 성격에 관하여 개설하기로 한다.

나. 전문의 의의와 성격

(1) 전문의 의의

전문은 성문법의 본칙 앞에 있는 문장의 형식으로 규정되어 그 법의 제정유래, 근본정신, 지도원리, 기본원칙 등을 선언한 서문을 말한다. 넓게는 조약의 명칭까지 포함하는 개념이다[7].

일반적으로 성문법은 그것이 국제법이든 국내법이든 불문

---

7) Hans-Dietrich Treviranus, "Preamble" *EPIL*, Vol. 7, 1984, pp.393-394

하고 전문, 본문, 부칙의 3부분으로 구성된다. 전문은 그 법의 명칭과 본칙사이, 즉 그 법의 명칭 뒤에 그리고 본칙의 앞에 위치한다. 모든 성문법에 다 전문이 있는 것이 아니라 전문이 없는 성문법도 있으며, 전문의 유무가 그 성문법의 법적 성질에 어떠한 영향을 주는 것은 아니다.

전문은 공포문과 구별된다. 전문과 공포문은 그 법의 제정유래, 기조정신, 근본원리 등을 그 내용으로 하고 조문의 형식을 취하지 아니하고 긴 문장으로 되어 있다는 점에서 동일하나 양자는 다음과 같은 점에서 구별된다.

첫째, 형식상 전문은 법의 명칭 뒤에 위치하나 공포문은 그 법명의 앞에 위치한다. 둘째, 효력상 전문은 본칙과 같이 법적 구속력이 있는 것이나 공포문은 법적 구속력이 없는 것이다.

전문은 그 법의 제정유래, 역사적 의의, 제정취지, 기조사상, 기본원리 등을 선언한 것으로서 그 법의 일부를 형성하는 이념적 규정으로 각 조항의 해석기준이 된다.

"기본합의서"에는 전문이 있다. 이는 공포문이 아니라 전문이며 일반적인 법의 전문과 같이 "기본합의서"의 제정유래, 역사적 의의, 제정취지, 기조사상, 기본원리 등을 선언하고 있으며 이는 "기본합의서" 각 조항의 해석의 기준이 된다.

"기본합의서"의 전문을 실무상 "서문"이라고 부르고 있으나 그 법적 성질은 전문인 것이다.

(2) 전문의 특성
전문은 다음과 같은 성격을 갖는다.

첫째로 전문은 그 법의 일부분을 구성하는 "법일부성"을 갖는다. 이런 점에서 공포문과 구별된다는 것은 전술한 바와 같다8).

둘째로 전문은 그 법의 이념적 규정으로서 "최고규범성"을 갖는다. 따라서 그 법의 본칙과 부측의 규정보다 상위에 있는 규범으로 그 법 중의 법인 특성을 갖고 있다9).

셋째로 전문은 그 법의 제정자의 최종적 의사를 표시한 "근본적 결단성"을 갖는다. 따라서 전문은 개정할 수 없으며 다만 자구의 수정만이 허용된다10).

넷째로 전문은 본칙과 부측의 각 조항을 해석하는 방법을 제시해 주는 "해석기준성"을 갖는다. 따라서 각 조항의 제정이 애매할 경우 전문에 따라 그 규정을 해석하여야 한다11). 전문은 이상의 특성이 있으나 그것을 신성불가분의 3위일체도 전능한 신(Holy and Indivisible Trinity or Almighty God)도 아닌 것이다12).

다. 기본합의서 전문의 내용

"기본합의서" 전문은 다음과 같이 규정하고 있다.

남과 북은 분단된 조국의 평화적 통일을 염원하는 온 계레의 뜻에 따라, 7.4 남북공동성명에서 천명된 조국통일

---

8) *Ibid.*
9) *Ibid.*
10) *Ibid*; H. Blix and L.H. Emerson (eds.), *The Treaty Maker's Handbook* (Dobbs Ferry, N.Y. : Oceana Publications.1973), pp.45-50.
11) *Ibid*;
12) H. Blix, "The Requirement of Ratification," *BYIL*, Vol. 30, 1953, p.357.

3대원칙을 재확인하고 정치군사적 대결상태를 해소하여 민족적 화해를 이룩하고, 무력에 의한 침략과 충돌을 막고 긴장완화와 평화를 보장하며, 다각적인 교류, 협력을 실현하여 민족공동의 이익과 번영을 도모하여, 쌍방사이의 관계가 나라와 나라사이의 관계가 아닌 통일을 지향하는 과정에서 잠정적으로 형성되는 특수관계라는 것을 인정하고, 평화통일을 성취하기 위한 공동의 노력을 경주할 것을 다짐하면서, 다음과 같이 합의하였다.

1972년 7월 4일의 "남북공동성명"도 전문을 가지고 있으며, 1972년 12월 21일의 "동.서독 기본조약"에도 긴 전문이 있다.

2. 잠정적 특수관계의 인정

가. 잠정적 특수관계의 현실적.이념적 가치

"기본합의서"가 남과 북의 관계가 국가와 국가의 관계가 아닌 잠정적 특수관계라는 규정을 둔 취지는 다음의 현실적 가치와 이념적 가치로 요약해 볼 수 있다.

(1) 현실적 가치

잠정적 특수관계를 인정하는 현실적 가치는 "통일의지의 표현"에 있다. "기본합의서"는 남과 북간의 화해.협력을 위한 것이지만 그것은 결코 통일을 포기한 것이 아니라는 통일의지를 표시하기 위해 남과 북의 관계가 국가와 국가간의 관계가 아니라 잠정적 특수관계라고 규정하고 있다.

(2) 이념적 가치

잠정적 특수관계를 설정한 이념적 가치는 "민족상의 정통성 유지"에 있다. "기본합의서"가 남과 북의 관계를 국가와 국가간의 관계가 아닌 것으로 본 것은 민족사의 정통성에 기초한 국가의 법통성을 유지해 나가기 위한 것이다.

통일의 당위성은 (i) 민족사의 정통성 유지, (ii) 민족의 복리증진, (iii) 북한주민의 인권보장, (iv) 국제평화에의 기여 등에서 찾을 수 있다[13]. 그 중 가장 중요한 것은 "민족사의 정통성 유지"이며, 이는 홍익인간의 이념하에 면면히 이어오던 한국의 국가로서의 법통성이 1905년의 "을사보호조약", 1907년의 "정미7조약", 1910년의 "한일합방조약"에 의해 단절된 것같이 보이나, 이들 침략조약은 강박에 의해 체결된 것으로 국제법상 무효이며, 또 이들 침략조약은 1965년 "한.일 기본관계에 관한 조약" 제2조의 규정에 의해 "이미 무효"인 것으로 확인되었다[14].

따라서 1910년 이후 한국은 국가로서 존속했고, 1948년에 남과 북에 수립된 두 정부는 "신생국"의 정부로 수립된 것이 아니라 구한국의 법통성을 이어받은 "정부"로 수립된 것이다[15]. 만일 1948년 남과 북 두 정부의 수립을 두 "신생국"의 정부로 본다면 민족사의 정통성에 기초한 한국의 법통성은 단절되어 민족사의 정통성을 유지하려는 통일의 의미는 상실되고 만다.

---

13) 국토통일원, 한국의 통일문제 (서울: 국토통일원, 1976), pp. 10–11
14) 제2조 : "1910년 8월 22일 및 그 이전에 대한제국과 대일본제국 간에 체결된 모든 조약 및 협정이 이미 무효임을 확인한다."
15) D.P. O'Connell, *International Law*, Vol.1, 2nd ed. (London: Stevens, 1970), p.287.

따라서 남과 북중 어느 한 측이 구한국의 법통성을 가진 국가로 존속되어야 하고, 다른 한 측은 한국의 법통성을 가지지 못한 실체로 인정되어야 한다. 그렇게 되어야 통일한국의 국가로서의 법통성이 이어질 수 있는 것이다.

그러므로 "기본합의서"는 한국의 국가로서의 법통성을 보유한 국가인 일방과 그것을 보유하지 못한 국가가 아닌 타방 간의 합의인 것으로 그 자신을 규정한 것이다.

요컨대, 통일의 당위성의 가장 중요한 이념적 가치인 민족사의 정통성을 유지해 나가기 위해 "기본합의서"는 남과 북의 관계를 국가와 국가간의 관계가 아닌 것으로 제정.선언한 것이다.

나. 잠정적 특수관계의 의미

(1) 쌍방사이의 관계

"기본합의서"가 나라와 나라와의 관계로 보지 아니하는 관계는 "쌍방 사이의 관계"에서 만이다. 즉 "남과 북과의 상이의 관계"에서만 남과 북이 상호 국가가 아니라는 의미이며, 남과 제3국 또는 국제조직과의 관계에서 남이 국가가 아니라는 뜻이 아니며, 또한 북과 제3국 또는 국제조직과의 관계에서 북이 국가가 아니라는 의미도 아니다.

예컨대, 남과 미국과의 관계에서 남이 국가가 아니라는 뜻이 아니며, 남과 국제연합과의 관계에서 남이 국가가 아니라는 뜻도 아닌 것이다. 이는 오직 "남과 북과의 관계"에서만 남과 북은 국가가 아니라는 의미일 뿐인 것이다.

국제법상 국가승인의 효과는 "상대적"이기 때문에 위와

같은 관계가 성립하게 된다. 즉, 국가승인의 효과는 승인을 한 국제법의 주체와 승인을 받은 국가와의 관계에서만 인정되기 때문이다. 예컨대 갑국은 X국을 국가로 승인했으나 을국은 X국을 국가로 승인하지 아니했을 경우 갑과 X간의 관계에서 X는 국가로 인정되나, X와 을과의 관계에서 X는 국가로 인정되지 아니한다. 따라서 남이 국가이냐 아니냐는 상대적으로 정해지며 북이 국가이냐 아니냐도 상대적으로 정해질 수 있는 것이다.

요컨대 오직 ″남과 북과의 관계"에서만 남과 북이 서로 국가가 아닐뿐인 것이며, ″남과 제3국 또는 국제조직과의 관계" 그리고 ″북과 제3국 또는 국제조직과의 관계"에서 남과 북이 국가가 아니라는 의미가 아닌 것이다.

(2) 국가와 국가아닌 관계

″기본합의서" 전문은 쌍방 사이의 관계가 ″날와 나라 사이의 관계가 아닌" 것이라고 규정하고 있다. 남과 북이 서로 ″나라와 나라"가 아니라는 뜻은 남과 북과의 관계에서 남도 국가가 아니고 북도 국가가 아니라는 의미가 아니다. 남과 북중 어느 일방은 국가이나 타방은 국가가 아니라는 뜻일 뿐인 것이다.

즉, 대한민국의 입장에서 보면 남은 국가이나 북은 국가가 아니라는 뜻이며, 조선민주주의 인민공화국의 입장에서 보면 북은 국가이나 남은 국가가 아니라는 의미일 것이다. 대한민국과 조선민주주의 인민공화국이 각기 자기는 국가이나 상대방은 국가가 아니라는 주장은 각기 통일한국이 민족사의 정통성과 국가로서의 법통성을 이어나갈 수 있도록 하기 위한 정당한 근거를 가진 것임은 전술한 바와 같다.

"기본합의서" 전문은 "나라와 나라 사이의 관계"가 아니라고만 규정하고 있을 뿐, 남과 북이 각기 상대방의 실체를 무엇으로 보느냐에 관해서는 전문과 각본조에 아무런 규정이 없다. 대한민국의 입장에서 볼 때 남의 실체는 국가이고 북의 실체는 국제법상 "교전단체"(belligerency)인 것으로 볼 수밖에 없다. 북한의 입장에서도 북의 실체는 국가이나 남의 실체는 교전단체로 볼 것이다.

여기서 잠시 국제법상 교전단체의 개념을 알아 보기로 한다. 1국에 내란이 발발하여 반도가 일정한 영역을 점거하고 중앙정부에 무력으로 대항하면서 그의 점거지역에 대해 사실상 통치권을 행사할 때 그의 본국 또는 제3국이 이 반도를 국제법상 전쟁의 주체로 승인하는 것을 "교전단체의 승인"(recognition of belligenrecy)이라고 하고, 그 승인을 받은 실체를 "교전단체"라고 부른다. 반도가 교전단체로 승인을 받으면 반도와 본국정부간의 적대행위는 내란에서 전쟁으로 전환되며, 그 결과 본국과 교전단체는 체포한 상대방의 병력구성원을 내란죄로 처벌할 수 없으며 포로로 대우해야 한다[16]. 교전단체는 전쟁의주체로서 국제법상 조약을 체결할 능력을 갖는다[17]. 대한민국의 입장에서 볼 때 "기본합의서"는 국가인 남과 교전단체인 북간에 체결된 국제법상 조약인 것이다.

요컨대 "기본합의서"의 남과 북의 관계가 "나라와 나라

---

16) O'Connell, *supra* n. 15, p.86; Ti-Chiang Chen, *The International Law of Recognition* (London: Stevens, 1951), pp.303ff.
17) Lord McNair, *The Law of Treaties* (Oxford: Clarendon, 1961). p.676; Brownlie, *supra* n. 1, pp.66-67.

사이의 관계"가 아니란 뜻은 대한민국의 입장에서 보면 남은 남북한 전영역을 법률상 통치영역으로 하는 국가이며 그의 정부는 "중앙적 법률상 정부"(*de jure* central government)이고, 북은 북한영역만을 사실상 통치영역으로 하는 교전단체이며 그의 정부는 "지방적 사실상 정부"(*de facto* local government)라는 의미인 것이다. 그리고 남과 북이 통일된 한국을 이룰 경우 그 통일 한국은 남북한 전영역을 법률상·사실상 통치영역으로 하는 중앙적 법률상 정부로 구성된 국가를 의미하게 된다[18].

(3) 잠정적 특수관계의 시간적 적용한계

"기본합의서"에는 이의 시간적 적용범위의 종기에 관한 직접적인 명문규정이 없다. 제24조에는 "이 합의서는 쌍방의 합의에 의하여 수정·보충할 수 있다"고 규정하여 "기본합의서"는 영구히 효력을 갖는 것으로 규정되어 있다. 그러나 전문의 규정으로 보아 그렇게 해석될 수 없고 따라서 남과 북의 관계가 나라와 나라의 관계가 아니라는 것은 영구적인 것으로 해석될 수 없다.

"기본합의서" 전문은 남과 북의 관계가 국가와 국가간의 관계가 아니라 "통일은 지향하는 과정에서 잠정적으로 형성되는 특수관계"라고 하여 "기본합의서"의 시간적 적용한계를 간접적으로 규정하고 있다. 즉, 남과 북의 관계가 국가와의 국가간의 관계가 아닌 것은 "통일을 지향하는 과정에서 잠정적으로" 규정되는 것이라고 간접적으로 그의 시한성을 규정

---

18) Myung-Ki Kim, *The Korean War and International Law* (Claremont: Paige Press, 1991), p.36.

하고 있다.

"기본합의서"는 성격상 화해·협력기의 남과 북의 관계에 적용되는 것이며, 국가연합 형성 이전 또는 통일국가 형성 이전까지만 효력을 갖는 잠정적인 것이다. 따라서 화해·협력기에 있어서만 남과 북의 관계는 국가와 국가간의 관계가 아닌 것이다.

화해·협력기를 거쳐 국가연합이 형성되면 "기본합의서"는 효력을 상실하고 국가연합의 기본규범인 "민족공동체헌장"에 의해 대체되게 될 것이다. 동·서독의 경우 우리의 "민족공동체헌정"에 해당되는 "동·서독 기본조약"으로 동독은 서독을 국가로 승인한 것이라고 주장했으나 서독은 동독을 국가로 승인한 것이 아니라는 입장을 취했었다.

| 제6절 | 결론

1. 국가불승인

전술한 바와 같이 "판문점선언"상 남북한 정상은 "판문점 선언문"에 각기 공식인 국호와 공식적인 직위를 표시하고 있으므로 남이 북을 국가로 승인한 것이 아니냐, 또한 "판문점 선언" 제3항 제3목에 규정한 평화협정의 체결로 남이 북을 국가로 승인한 것이 아니냐의 문제가 제기되지만 "판문점선 언" 제1항 제1목은 이미 채택된 남북선언들과 모든 합의를 철저히 이행한다는 규정을 두고 있으며, 이들 "모든 합의" 가운데 1992년 남북이 합의한 "남북기본합의서"가 포함됨은 물론이와 "남북 기본합의서" 전문은 남과 북의 관계를 나라와 나라 사이의 관계가 아니라고 규정을 두고 있으므로 "판문점 선언"상 남한이 북한을 국가로 승인한 것으로 될 수 없다.

"판문점선언"에 의해 남이 북을 국가로 승인한 것으로 되지 아니한다. 그 근거는 동 선언 제1항 제1목에 의거한 "남 북 기본합의서"의 전문의 규정이다.

2. 정책대안의 제의

정부당국에 대해 다음 몇 가지 정책대안을 제의하기로 한다.

가. 병합통일의 기본입장 견지

남은 북이 남에 흡수되는 형태의, 즉 병합형 통일의 기본 입장을 견지하며 북한을 국가로 승인하는 정책은 배제한다. 북이 남을 국가로 승인해도, 남이 북을 국가로 승인하지 아니한다.

나. 북한의 핵폐기와 무관

북한이 완전한 핵폐기를 이행한다 할지라도 그와 무관하게 병합형 통일정책을 추진한다.

다. 북·미 회담의 결과와 무관

북한과 미국이 핵폐기에 대한 합의를 보아도 이와 무관하게 남은 병합형 통일을 견지해 나간다.

라. 헌법 제3조의 규정 개정전 승인 위헌

"헌법" 제3조의 규정이 개정되기 전에 북한을 국가로 승인하는 것은 위헌이므로 북한을 국가로 승인하지 아니한다.

마. 한민족공동체 통일 방안의 견지

남의 통일방안인 한민족 공동체 통일방안을 견지하며 북이 어떠한 제의를 해 오더라도 북을 국가로 승인하는 것을 거부한다.

바. 국가보안법의 폐지고려

북한을 국가로 승인하면 북한은 반국가단체가 아니므로

국가보안법을 폐기하여야 한다. 물론 국가보안법의 폐기법은
국가승인 시점까지 소급효를 인정한다.

제 2 장

남북평화협정의 체결에 의한 국제연합군의 통일임무의 종료에 관한 연구

경북대학교 경임교수, 법학박사 엄정일

역사적인 "판문점 선언"이 남북 두 정상에 의해 2018년 4월 27일 판문점 평화의 집에서 있었다. 동 선언 제3항 제3목은 연내 종전선언을 하고 정전협정을 평화협정으로 전환한다고 규정하고 있다. 그러나 그 이후 트럼프와 김정은 간의 북한 핵 폐기와 그 조건에 관하여 명백한 합의에 이르지 못하고 있다. 그 결과는 "판문점 선언"에도 미치게 되어 동 선언이 남과 북에 의해 실현될는지 의문이 제기되고 있다.

이 연구는 남과 북에 의해 동 선언이 신의성실의 원칙에 따라 이행될 것을 전제로 종전선언과 평화협정이 체결이 한국의 통일에 미치는 영향을 국제연합군의 임무 측면에서 검토하기 위해 시도된 것이다.

종전선언 또는 평화협정의 체결에 의해 여러 가지 법적문제가 제기되고 있다.

여기서는 그 중 국제연합군의 통일임무 종료문제를 검토하기 위해 국제연합군의 통일임무의 전제인 국제연합군의 한국주둔의 법적근거와 국제연합군의 임무에 관해 개관하기로 한다.

이 연구는 "판문점선언"을 한 남측의 의도를 비판하려는 것이 아니고 북측의 의도가 어떠한 것인지를 제시하려는 것이다. 이 연구의 법사상적 기초는 법실증주의이고, 연구의 방법은 법해석론적 접근이다. 따라서 이 연구의 대상은 *lex* *lata*이다.

이하 (ⅰ) 국제연합군의 한국주둔의 법적근거, (ⅱ) 국제연합군의 격퇴임무와 통일임무, (ⅲ) 남북평화협정체결에 의한 국제연합군의 통일임무의 종료, 그리고 (ⅳ)결론에서 정부당국에 대한 몇 가지 정책대안을 제의하기로 한다.

|제2절| 국제연합군의 한국주둔의 법적 근거

1. 일반적인 근거

일반국제법상 일국의 군대가 타국의 영토에 주둔하기 위해서는 영토소속국의 동의가 있음을 요한다. 군대는 국제법상 국가의 실력적 기관으로 그것이 타국의 영토에 주둔하거나 타국의 영토를 통과하는 데는 국제법상 근거가 있어야한다.[1] 타국의 영토에 외국군대가 주둔하거나 또는 통과하려면 원칙적으로 그 군대의 소속국과 피주둔국 또는 피통과국과 체결한 조약 상의 근거가 있거나 아니면 피주둔 또는 피통과

---

[1] W. Levi, *Contemporary International Law: A Concise Introduction* (Boulder: West view, 1979), p.103; H. Lauterpacht, *Oppenheim's International Law*, Vol. 1, 8th ed. (London: Longmans, 1955), pp.846-47; G.V. Glahn, *Law Among Nations,* 3rd ed. (New York: Macmillan, 1970), p.217.

국의 승낙이나 요청이 있어야 한다. 국제연합군의 한국에 주둔하게 된 근거는 조약에 의거한 것이 아니라 우리정부의 요청과 이에 대한 국제연합안보리의 조치에 의거한 것이다. 그러나 미군이 한국에 주둔하게 된 것은 한미상호방위조약이라는 조약에 근거한 것이다. 그러므로 주한 국제연합군과 주한 미군은 엄밀히 구별된다.

2. 국제연합군의 한국주둔의 근거

한국동란이 발발하자 국제연합은 북한군에 대항하기 위해 국제연합군을 한국에 파견하였다. 전술한 바와 같이 국제연합군의 한국주둔의 법적근거는 대한민국정부의 요청과 국제연합의 조치에 의거한 것이었다. 이하 대한민국 정부 요청과 국제연합의 조치를 나누어 보기로 한다.

가. 대한민국정부의 요청

국제연합군이 한국에 파견된 것은 먼저 대한민국정부요청에 의거한 것이었다. 한국동란이 발발할 당시 대한민국은 어느 국가와도 상호방위조약을 체결한 바 없었고[2] 또 어떠한 지역적 안전보장조약에 가입한바 없었다. 그러므로 우리정부가 북한공산군의 남침을 저지·격퇴하기 위해서는 어느 국가나 또는 어떠한 지역적 집단안전보장기구에 대해 조약에 근거하여 그 소속군대의 파견을 요청할 수 없었다. 이에

---

[2] '한미상호방위조약'은 "정전협정" 체결 후인 1953년 10월 1일에 서명되었다.

1950년 6월 26일 대한민국 국회의 이름으로 국제연합총회에 원조를 요청하는 다음과 같은 메시지를 보냈다.[3]

6월 25일 조조를 기하여 북한공산군대는 38도선 전면에 걸쳐 무력침략을 개시하였다. 자위를 위하여 우리들의 용감하고 애국적인 육·해군은 영웅적인 방위작전을 전개하였다. 반란군의 이 야만적이며 불법적인 행위는 용서할 수 없는 범죄행위이다. 3천만 국민을 대표하는 우리들은 국제연합 총회가 침략에 대한 우리들의 방위전투가 우리들 국민과 정부의 불가피한 반발임을 인식할 것을 희망한다. 우리들은 또한 한국뿐만 아니라 세계의 평화애호국민을 위한 평화와 안전을 확보하기 위하여 귀하의 즉각적이고 효과적 제조치를 호소한다.

나. 국제연합의 조치

(1) 안전보장이사회의 대한원조권고결의
국제연합이 한국에 파견되게 된 것은 대한민국 정부의 선요청과 이에 대한 국제연합의 조치에 의한 것이었다. 상술한 바와 같이 대한민국정부가 국제연합에 대해 원조를 요청하기에 앞서서 6월25일 오후 2시 (워싱턴시간)에 소집된 국제연합안전보장이사회는 북한당국에게 적대행위를 정지하고 38선으로 철수할 것을 요구하는 결의를 채택한 바 있다.[4]
6월 25일 안전보장이사회의 결의에 대해 북한당국은 불응하

---

3) 외무부, 『한국통일문제』(서울: 외무부, 1962), pp.77-78.
4) S/1501.

고 남침을 계속해왔다. 이에 대한민국정부는 대한민국 국회의 이름으로 평화와 안전을 보전하기 위한 즉각적이고 효과적인 조치를 취하여 줄 것을 국제연합에 호소하게 되었다. 이에 따라 6월 25일 오후 3시(워싱턴 시각)에 안전보장이사회는 트루먼 대통령에 의해 입안 되어 미국대표에 의해 제출된 다음과 같은 결의안을 채택했다.[5]

대한민국에 대한 북한으로부터의 병력에 의한 무력적 공격은 평화의 파괴를 구성한다는 것을 결의한다. 그리고 즉각적인 적대행위의 정지를 요구한다. 그리고 북한당국에 대하여 38도선에로 그들의 병력을 철수할 것을 요청한다.
그리고 국제연합 한국위원회의 보고에 의하면 북한당국은 적대행위를 정지하지도 않고 38선으로 그들의 병력을 철수하지도 않았다.
그리고 국제평화와 안전의 유지를 위해 긴급한 군사적 처치가 요구된다는 것을 주목한다.
그리고 대한민국으로부터의 국제연합에 대해 평화와 안전을 보장하기 위한 즉각적인 효과적인 처치를 위한 호소를 주목한다.
그리고 대한민국 영역에서 무력적 공격을 격퇴하고 국제평화와 안전을 회복하는데 필요하게 된 대한민국에 대한 원조를 제공할 것을 권고한다.[6]

안전보장이사회의 상기 결의와 동 결의에 의거하여 6월

---

5) G.P.Paige, *The Korean Decision* (New York : The Free Press,1968), p.204.
6) S/1511.

29일 사무총장이 국제연합 회원국에 대해 원조제공형식에 관한 보고요구 서한에 대해 국제연합의 회원국은 신속하고 압도적인 지지를 표시해 왔다.[7]

영국수상 윈스턴처칠은 한국파병을 지지하는 한편, 영국 해.공군의 한국 출동을 6월 30일에 통고했고, 동일 주일미지상군은 한국에 출동하라는 트루먼 대통령의 명령을 받아, 7월 1일 부산에 상륙했다.[8] 이어 캐나다 함대, 뉴질랜드 함대, 오스트리아 공군, 프랑스 함대 등이 즉각 출동하여 16개국으로 구성 된 국제연합이 한국에 속속 도착하였다.[9]

이에 국제연합 안전보장이사회는 이들 군대를 통할지휘하기 위하여 다음과 같은 조치를 취하게 되었다.

(2) 안전보장이사회의 국제연합군 사령부 설립결의

상술한 바와 같이 대한민국을 지원해 줄 것을 권고하는 안전보장이사회의 결의에 뒤이어[10] 통합군 사령부의 설립을 위한 또 다른 결의가 안전보장이사회에 의해 채택되었다. 6월 27일의 결의에 의거 제공 된 회원국의 군사적 원조를 효과적이고 능률적으로 이용하기 위해 전략적 방법과 전술적 통제를 필요로 했다. 그러나 "헌장" 제47조에 의거한 "군사참모위원회"(Military Staffs Committee)는 소련대표에게 군사정보를 제공하는 것이 되므로 이용될 수 없었다.[11] 7월 7일

---

7) L.M. Goodrich, *Korea : A Study of U.S. Policy in the United Nations* (New York : Council on Foreign Relations, 1956), pp.114-17.
8) *Ibid.*, pp. 116-17.
9) *Ibid.*, 외무부, 『한국외교 30년』 (서울 : 외무부, 1979), pp.105-106.
10) S/1511.

통합사령부(united command)의 설립을 권고하는 결의를 채택했다.[12] 그 내용은 다음과 같다.

북한에 의한 대한민국에 대한 무력적 공격은 평화의 파괴를 이룬다고 결정하고, 한국에 있어서 무력적 공격을 격퇴하고 국제평화와 안전의 회복을 위해 필요로 하는 원조를 대한민국에 제공할 것을 국제연합 가맹국에게 권고하면서

1. 무력적 공격에 대하여 자기방어를 하고 있는 대한민국을 원조하며 이리하여 그 지역에 있어서의 국제평화와 안전을 회복하기 위하여 1950년 6월 25일 및 27일의 결의에 대하여 국제연합회원국 정부 및 인민이 제공한 신속하고 열의 있는 지원을 환영하며,
2. 국제연합의 가맹국이 대한민국을 위하여 원조의 제공을 국제연합에 전달했다는 것을 주목한다.
3. 전기 안전보장이사회에 권고하여 군대와 기타 원조를 제공하는 모든 회원국은 이런 군대와 원조를 미국하의 통합사령부(united command) 하에 가용하도록 하는 것을 권고한다.
4. 이러한 군대의 사령관은 미국이 임명하도록 요청한다.
5. 통합사령부는 그의 재량에 따라 제각기 기와 더불어 국제연합기를 사용할 권한이 부여된다.
6. 미국은 통합사령부에 의해 취해진 조치의 과정을 안전보장이사회에 적절한 보고를 제공할 것을 요구한다.[13]

---

11) L.M, Goodrich, *supra* n. 7, p.119.
12) D.W. Bowett, *United Nations Forces* (London : Stevens, 1964), p.31.
13) S/1588

이와 같이 한파 국제연합군이 창설된 것은 안전보장이사회의 1950년 6월 27일 대한 원조권고결의와 7월 7일 국제연합 사령부 설립결의에 의거한 것이며, 국제연합군이 한국에 주둔하게 된 군거는 6월 26일의 대한민국 정부의 요청과 이에 의거한 6월 27일 및 7월 7일의 안전보장이사회의 결의에 의거한 것이다.

(3) 국제연합군 한국주둔의 국제연합헌장 상 합법성

대한민국의 요청과 이에 따른 국제연합의 조치에 의한 국제연합군의 한국주둔은 "헌장" 상 합법적인가를 검토해 보기로 한다.

1950년 6월 25일에 북한 공산군의 남침을 받아 대한민국이 국제연합에게 지원을 요청할 당시 한국동란은 내란으로 보아야 하므로, 대한민국의 요청에 의한 국제연합군의 한국주둔이 "헌장" 상 합법적인가의 문제가 제기된다. 국제연합은 일국의 국내문제에 개입하지 않는 것이 국제연합의 원칙의 하나이기 때문이다. 국제연합은 국제평화와 안전을 유지하기 위한 국제기구이며, 일국의 내란에 원칙적으로 개입하지 않는다. A.V.W.Thomas 와 A.J.Thomas는 국제연합과 내란의 관계를 다음과 같이 설명하고 있다.

"국제연합헌장" 원문은 국제연합이 국제평화(international peace)의 유지를 목적으로 설립되었다고 선언하고 있다. 국제평화란 국가 간 관계에 적용되는 것이므로 즉, 국가 간 관계에 있어서 힘의 부존재(the absence of force in the relations among states)를 의미하는 것으로 이는 한 국가가 영역 내에서 불법한 힘이 존재하지 않는 국내적 평화(internal peace)와 구별된다. "
헌장"은 내란이 일어난 국가의 국내적 평화를 유지하거나
회복하기 위하여 내란에 대해 집단적 조치를 고려하지
않고 있다. 이러한 해석은 국제연합이 본질적으로 어느
국가의 국내관할에 속하는 문제에 개입을 금지하는 헌장
제2조 제7항에 의해 강조되어 있다.14)

　　모든 분쟁(conflict)이 다 국제연합에 의하여 통제되는 것
은 아니다.15) "헌장" 상 내란을 직접적으로 규제하는 조항은
없다. 국제연맹의 초안자와 마찬가지로 국제연합의 초안자도
국내의 폭력보다 국가 간의 폭력의 문제를 고려하였다.16) 다
만 "헌장"은 국가주권,17) 국내관할사항18) 및 분쟁의 평화적
해결19)에 관해 규정을 두었을 뿐, 내란에 관해 아무런 직접
적인 규정을 들지 않고 있다. 이 규정에는 혁명군과 반도에
의한 것이 포함되어 있다.20) 그리고 헌장 제2조 제7항 단서
는 국내문제에 관해서도 제7항의 강제조치의 적용이 배제되
지 않는다고 명시하고 있다.

---

14) A.V.W Thomas and A.J. Thomas, *Non-Intervention*
　　(Dallas-Southern Methodist Univ. Press, 1956), pp.225-26.
15) J. Mangone, *The Elements of International Law* (Illinois:
　　Dorsey Press, 1963), p.281.
16) L.B. Miller, World Order and Local Disorder: *The United
　　Nations and Internal Conflict* (New York: McGraw-Hill,
　　1951), p.21.
17) 헌장 제1조 제2항
18) 헌장 제2조 제7항
19) 헌장 제3조 제3항
20) H. Kelsen, *The Law of the United Nations* (New York:
　　Praeger, 1951), p.933.

A.V.W.Thomas 와 A.J.Thomas는 국제연합이 내란에 예외적으로 개입할 수 있는 근거를 다음과 같이 논술하고 있다.

한 국가내의 여타적 사항처럼 내란도 국제연합의 근거 있는 기관에 의해 국제평화에 위협이 되는 것으로 해석될 수 있으며, 이러한 경우에는 국제연합에 의한 개입이 금지되지 않는다.
그러므로 이러한 개입관은 사전적 동조(Prior Consent)에 기초한 것이다.[21]

"헌장" 제39조는 "평화에 대한 위협"(threat to peace), "평화의 파괴"(breach of the peace) 라 표명하고 있으며, 동 헌장이 다른 규정에서와 달리 "국제평화"라는 용어를 사용하고 있지 않다. 그러므로 제39조의 평화란 국제적인 평화에 한정하느냐, 또는 국제적, 국내적 평화를 모두 포함하는 개념인가의 문제가 제기된다. 다른 조문과 같이 국제평화의 의미로 해석된다.[22]

문제는 국제평화에 대한 위협이나 파괴는 국가 간의 관계에서만 범하여질 수 있는가, 아니면 내란에 의해서도 범하여질 수 있는 가인데, H.Kelsen은 평화의 파괴는 국가 간의 관계에서만 범하여 질수 있다고 한다.[23] 따라서 한국동란에 있어서 1950년 6월 25일의 안전보장이사회의 결의는 북한을 국가 또는 정부로 보지 않으면서 따라서 한국동란을 내란으로

---

21) A.V.W. Thomas and A.J. Thomas., *supra n* 14, pp.225-26.
22) H. Kelsen, *supra n* 20, p.731.
23) *Ibid.*, p.930.

보면서 평화의 파괴가 있었다고 한 것은 부당하다고 주장한다.24) 그러나 "평화에 대한 위협"으로는 결정할 수 있다고 본다.25) 요컨대 H.Kelsen은 국제연합이 내란에 개입할 수 있는 것은 국제평화에 대한 경우에 한하나, 그것은 국제평화의 파괴가 아니라 국제평화에 대한 위협의 개념에 포함된다는 것이다. 그러나 Q.Wright는 국제평화의 파괴나 국제평화에 대한 위협이나 모두 내란에 의해 야기될 수 있다고 한다.26) 1950년 8월 11일 소련이 한국동란은 내란이며 국제적인 전쟁이 아니라고 주장하면서 이는 한국의 국내관할사항에 속하며 국제연합 헌장의 범위 밖에 있다고 주장할 때, 영국대표는 헌장 제39조의 평화에 대한 위협이나 파괴는 내란에 의해서도 이루어질 수 있다고 논박했다.27)

요컨대 한국동란은 내란으로 보아도 그것이 "국제평화에 대한 위협" 또는 "국제평화의 파괴"를 이루므로 헌장 제2조 제7항 단서의 규정에 의해 국제연합의 개입은 합법적인 것이다. 1950년 6월 25일과 6월 27일의 안전보장이사회의 결의는 북한의 대남적대행위가 "평화의 파괴"(a breach of the peace)를 이룬다고 명백히 표시하고 있으며 이는 제7항의 법문에 표시 된 "국제평화의 파괴"(breach of the international peace)를 의미하며,28) 또 6월 27일의 결의(S/1511)에서 "국제

---

24) *Ibid.*

25) *Ibid.*

26) Q. Wright, "The Prevention of Aggression", *A.J.I.L.*, vol50, 1956, p.525.

27) L.M. Goodrich and A. P. Simons, *The United Nations and the Maintenance of International Peace and Security*(Washington D. C :Brookings, 1955), p.356.

28) D.W. Bowett, *supra n* 12, p.35.

평화와 안전의 회복을 위하여"(to restore international peace and security)라 표시하고 있다. 이는 제2조 제7항 단서에 의한 국제연합의 개입을 의미하는 것이다. 따라서 대한민국의 요청에 따른 국제연합의 조치에 의거한 국제연합군의 한국주둔은 헌장 제2조 제7항 단서에 의한 것이므로 이는 헌장 상 합법적인 것이다.

|제3절| 국제연합군의 격퇴임무와 통일임무

1. 격퇴의 임무

국제연합군의 본래의 임무는 북한에 의한 무력적 공격을 격퇴하는데 있다. 전술한 바와 같이 한국에 국제연합군을 파견한 1950년 6월 27일의 국제연합 안전보장이사회의 결의는 "국제연합회원국이 대한민국 영역에서 무력적 공격을 격퇴하고 국제평화와 안전을 회복하는데 필요하게 될 대한민국에 대한 원조를 제공할 것을 권고한다."라고[29] 표시하고 있으며, 국제연합군사령부를 창설한 1950년 7월 7일의 국제연합 안전보장이사회의 결의도 6월 27일의 결의의 내용을 재확인하고,

---

29) S/1511

제1항에서 "무력적 공격에 대하여 자기방위를 하고 있는 대한민국을 원조하며, 이리하여 그 지역에 있어서의 국제평화와 안전을 회복하기 위하여…"라 규정하여[30] 국제연합군의 임무가 "북한에 의한 무력적 공격을 격퇴"하는데 있다는 것을 명시하고 있다.

국제연합 한국통일부흥위원단을 설치하는 1950년 10월 7일의 국제연합 총회의 결의도 다음과 같이 국제연합군의 임무가 무력적 공격을 격퇴시키는데 있다고 선언하고 있다.

> 국제연합군은… 1950년 6월 27일 안전보장이사회의 제권고에 따라서 현재 한국에서 활동하고 있으며 국제연합가맹국은 무력적 공격을 격퇴시키고 동지역에 국제평화와 안전을 회복시키기 위하여 필요한 원조를 대한민국에 제공한다는 것에 유의하고…[31]

한국에 주둔하는 국제연합군에게 경의를 보낸 1953년 8월 28일 국제연합 총회의 결의 제3항도 다음과 같이 국제연합군의 임무가 무력적 공격을 경퇴하는데 있음을 표시하고 있다.

> 집단적 군사조치에 의하여 무력 침략을 격퇴시키기 위한 국제연합의 요청에 의한 첫 노력이 성공적이었던 것에 만족을 표하며, 국제연합 헌장에 의한 집단적 안전보장이 유효하다는 이 입증이 국제평화와 안전에 기여할 것이라는 굳은 신념을 표하는 바이다.[32]

---

30) S/1588
31) GA/376(Ⅴ)
32) GA/712(Ⅶ)

2. 통일의 임무

국제연합군이 한국에 주둔하는 첫째의 임무는 북한에 의한 무력적 공격을 격퇴시키는 데 있다. 그리고 그 둘째의 임무는 한국에서 통일·독립·민주 정부의 수립에 있다. 물론 주한국제연합군의 주된 임무는 첫째의 것에 있다. 그러나 둘째의 임무도 중요한 임무이다.

1950년 9월 인천상륙작전으로 공산침략군에 반격을 감행한 국제연합군은 곧 남한 영토의 대부분을 공산침략군으로부터 회복할 수 있었다.[33] 그러나 국제연합군의 38선 이북으로의 작전은 북한의 무력적 공격을 격퇴시키는 국제연합군의 권능 이외의 것이었다. 이에 국제연합군의 38선 이북에 대한 작전의 법적 근거를 필요로 하게 되었다. 이러한 법적근거의 제공을 위해 1950년 10월 7일에 국제연합총회는 전 한국을 통한 통일·독립·민주 정부의 수립이 국제연합의 임무라는 결의를 마련하였다.[34] 동 결의에 의해 국제연합군은 38선을 넘어 북한에 진주하였다. 동 결의의 내용은 다음과 같다.

국제연합군은 1950년 6월 25일 안전보장이사회의 결의에 뒤이어 1950년 6월 27일 안전보장이사회의 제권고에 따라 현재 한국에서 활동하고 있으며 국제연합 회원국은 무력적 공격을 격퇴시키고 동지역에 국제평화와 안전을

---

33) C.A. Willougby and J. Chamberlain, *MacArthur, 1941~1951.*(New York: McGraw- Hill, 1954), P.374.
34) D.H.N. Johnson, "The Korean Question and the United Nations", *Nordisk Tidsskriff for International Ret*, Vol.26, 1956, pp.27~28.; M.Hastings, *The Korean War*(London: Michael Joseph, 1987), pp. 140~41.

회복시키기 위하여 필요한 원조를 대한민국에 제공한다
는 것에 유의하고 전기 총회결의 근본목적은 통일, 독립
된 민주주의 한국을 수립하는 데 있다는 것을 상기하며.
..35)

동 결의에 의해 국제연합군은 한국에 통일·독립·민주 정
부를 수립하는 것을 그의 임무의 하나로 한다는 것이 설정되
었다.

국제연합군의 임무의 하나가 한국에 통일·독립·민주 정부
의 수립에 있다는 것은 한국재건단을 설립한 1950년 12월 1
일의 국제연합총회의 결의에서도 "총회는 한국의 독립문제에
관한 1950년 10월 7일의 총회의 결의에 유의하고,..." 라고 표
시되었다. 1953년 7월 27일 "정전협정"이 체결된 후 7월 27일
워싱턴에서 "한국에 관한 16개국 공동선언"도 다음과 같이
국제연합의 임무가 통일·독립·민주 정부의 수립에 있음을 확
인하였다.

장차의 임무는 용이한 것이 아니나 우리는 국제연합이
확립하기 위한 통일, 독립, 민주 한국의 수립을 요구하는
제원칙에 입거하여 한국에서 공평한 해결을 실현시키려
는 국제연합의 제노력을 지지한다..36)

한국에 주둔하는 국제연합군에게 경의를 보내는 1953년 8
월 28일 국제연합 총회의 결의도37) 전기 1950년 10월 7일의

---

35) GA/376(V)
36) The United States Department of State, *Foreign Relations of
the United States, 1952~1954 The Geneva
Conference*(Washington D. C.: U.S.GPO, 1981), pp.385~87.

총회의 결의를 상기하고 있으며, "정전협정"에 의거한 한국정
치회담의 개최에 관한 1953년 8월 28일의 국제연합 총회의
결의도[38] 국제연합의 한국에서의 임무의 하나가 통일·독립·
민주 정부의 수립에 있음을 재확인했다.

1945년 5월 22일 대한민국 대표 변영태 외무부장관은 14
개항의 제의를 했으며, 그 중 제1항은 "통일되고 독립된 민
주주의 한국을 수립하기 위하여 이에 관한 국제연합의 종전
의 결의에 의거한 국제연합 감시하의 자유선거를 실시한다"
라고[39] 하여 국제연합의 통일한국정부수립을 위한 권능을 인
정했으며, 또 동 제14항은 "통일되고 독립된 민주주의 한국
의 영토보전과 독립은 국제연합에 의하여 보장되어야 한다"
고[40] 제의하여 통일 한국의 독립성 보장을 위한 국제연합의
권위를 강조하였다.

국제연합군측이 국제연합에 보낸 1945년 11월 11일자 제
네바 정치회담 보고서 제9조의 제10항에는 통일한국이 성립
된 후 국제연합군은 철수될 것이라고 다음과 같이 표명되어
있다.

　　제정부는 이 지역에 평화와 안전을 회복하려는 국제연
　　합의 목적에 아무런 침해도 받지 않고 이것이 될 수 있
　　을 때 즉시로 국제연합을 철수시키기로 모두 합의 하였
　　던 것이다. 따라서 우리는 그러한 목적이 성취되고 또한

---

37) GA/712(Ⅶ)

38) GA/711(Ⅶ)

39) The United States, Department of State, *The Korean
Problems at the Geneva Conference* (Washington D. C.:
U.S.GPO, 1981), pp.123~24.

40) *Ibid.*

통일한국이 성립된 후에 국제연합군은 조속히 한국으로부터 철수를 완료하여야 된다고 믿었던 것이다.41)

국제연합 총회는 제네바회담 후에도 국제연합의 한국에서의 임무가 통일, 독립, 민주 정부를 수립하는데 있다는 결의를 반복해 왔다.

|제4절| 남북평화협정 체결에 의한 국제연합군의 통일임무와 종료

1. 제기되는 문제

"판문점선언"에 표시된 평화협정이 어떤 당사자에 의해 어떤 내용으로 체결 될지 아직은 속단할 수 없다. 그러나 최소한 "정전협정"을 "평화협정"으로 대체하는 것이 일반적이므로 평화협정이 남과 북의 안보를 위해 어떠한 규정을 두될지 알 수 없으나 평화협정은 정전협정을 폐지하는 것은 지금으로서 분명한 것이다. 정전협정이 소멸되면 동협정의 일

---

41) *Ibid.*, pp. 165~68.

방시행기관인 국제연합군사령부의 해체도 당연한 귀결이다. 물론 정전협정의 소멸과 국제연합부사령부 해체는 국제연합 총회 또는 안전보장이사회의 사전 동의 또는 사후 승낙이 요구되는 것은 물론이다. 안전보장이사회가 평화협정을 승인할 경우 상임이사국이 거부권을 행사할 수 있으므로 미, 영, 불에 의한 국제연합군사령부의 해체가 유보될 수도 있으나 사실상 그것은 기대하기 어려운 것이다.

정전협정의 폐지로 인한 국제연합군사령부의 해체는 그의 임무의 하나인 통일의 임무 또한 소멸된다는 문제가 제기된다.

2. 문제에 대한 대책 방안.

(i) 북한 완전 핵 폐기 전까지 남북평화협정체결 거부 방안

평화협정의 체결을 전제로 한 것이므로 북한의 완전한 핵 폐기 전까지는 평화협정체결을 거부하는 방안.

(ii) 안전보장위원회에서 국제연합군사령부해체 결의 반대 방안

군제연합군해체의 결과를 가져오는 평화협정의 체결은 안보리의 결의를 요하는 바, 안보리에서 이에 관한 결의를 반대하기 위한 교섭을 하는 방안.

(i)와 (ii)는 상호배척관계에 있는 방안이 아니라 상호보완관계에 있는 방안이므로, (i)와 (ii) 방안 모두를 가용 방

안으로 선정한다.

| 제5절 | 결론

서론에서 언급한 바와 같이 판문점선언은 년 내에 종전선언을 하고 평화협정을 체결한다고 하고 있다. 북측의 의도는 평화협정을 체결하여 한반도의 평화를 회복하려는 것이 아니라 평화협정의 체결로 종전협정을 폐지하고 그에 따라 연합군사령부를 해체하고 연합군의 통일 임무를 종료시키려는 것이다. 그러므로 다음과 같은 몇 가지 정책대안을 제시하기로 한다.

(i) 평화협정 체결반대 기본입장 견지

국제연합군사령부의 해체를 반대하는 기본입장을 견지한다. 아마도 북한의 완전한 핵 폐기는 실현 가능성이 거의 없다고 본다. 그러나 실현될 경우에 대비하여 다음과 같은 세부방책을 제시하기로 한다.

① 평화협정의 체결로 남한의 안전이 보장되지 아니하는 한, 정전협정을 폐지하지 아니한다.
② 평화협정의 국제적 보장은 대부분 평화조약에 보장되어야 그 형식적인 것에 불과한 것임을 충분히 고려한다.
③ 어떤 명분으로라도 국제연합군의 일부가 한국에 주둔하는 것을 강구한다.
④ 한미연합군사령부가 국제연합군사령부의 권한의 일부를

인수하는 방법도 고려해 본다.

⑤ 한미연합군사령관의 국제연합군사령관을 겸하는 동안 한 국군에 대한 작전통제권이 한미연합군사령관에게 있다는 것은 그대로 유지하고, 국제연합군의 통일임무를 승계하는 방안을 검토한다.

⑥ 평화협정으로 국제연합군이 국제적보장방안의 기구로 잔존하는 것도 검토한다.

(ii) 안보리에 대한 국제연합군 해체 반대 기본입장 견지

국제연합군사령부의 해체와 국제연합군의 철수의 결과를 가져오는 평화협정의 체결을 반대하는 입장을 안보리에 전달하고 상임이사국이 거부권을 행사하도록 하는 외교정책의 기본 방향을 결정한다. 특히 미·영·불 중 미국이 북한과 완전 핵 폐기 교섭에서 미국이 북한에게 국제연합군의 철수를 용인할 지도 모르므로 미국을 제외한 영·불과 외교교섭을 강화하여 국제연합사령부의 해체를 내용으로 하는 평화협정 체결에 거부권을 행사하도록 교섭한다.

결국 북한은 핵개발로 그가 목적한 바, 국제연합군사령부의 해체와 국제연합군의 철수의 목적을 달성하는 것이다. 트럼프와 김정은의 협상에 국제연합군사령부의 해체와 국제연합군의 철수가 포함되어 있지 아니하기만을 기대할 뿐이다.

참고문헌

김명기, 『주한국제연합군과 국제법』, 서울: 국제문제연구소, 1990.

외무부, 『한국외교 30년』, 서울: 외무부, 1979.

외무부, 『한국통일문제』, 서울: 외무부, 1962.

Bowett D.W., *United Nations Forces,* London: Stevens, 1964.

Glahn G.V., *Law Among Nations,* 3rd ed., New York: Macmillan, 1970.

Goodrich L.M., *Korea: A Study of U.S. Policy in the United Nations,* New York: Council on Foreign Relations, 1956.

Lauterpacht H., *Oppenheim's International Law* ,Vol. 1, 8th ed., London: Longmans, 1955.

Levi, W., *Contemporary International Law: A Concise Introduction,* Boulder: West view, 1979.

Kelsen H., *The Law of the United Nations,* New York: Praeger, 1951.

Mangone J., *The Elements of International Law,* Illinois: Dorsey Press, 1963.

Miller L.B., World Order and Local Disorder: T*he United Nations and Internal Conflict,* New York: McGraw-Hill, 1951.

Paige G.P., *The Korean Decision,* New York: The Free Press, 1968.

Thomas A.V.W. and A.J. Thomas, *Non-Intervention,* Dallas-Southern Methodist Univ. Press, 1956.

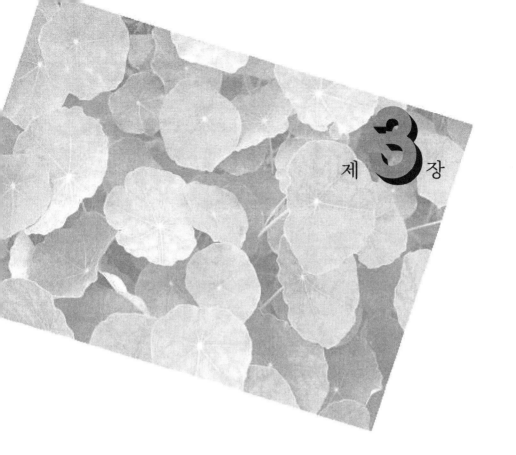

제 3 장

한국정전협정과 남북합의서상 남북한의 법적 지위

동북아역사재단 연구위원, 법학박사 유하영

※※ 이 논문은 대한국제법학회 한국국제정치학회 공동학술회의 발표문(2013.7.25)을 전재합니다.

국제법의 아버지로 불리우는 휴고 그로티우스는 국제법 서

명을 『전쟁과 평화의 법』(*De Jure Belli ac Pacis*, 1625) 명명한
바 있다. 국제인도법(International Humanitarian Law)의 범주는 크
게 "전쟁" 내지 "무력 충돌"의 "수단과 방법"(ways and means)인
"헤이그 법"과1) "희생자"(victims)에 관한 "제네바 법"으로 나뉜
다. 1953년 7월 27일 체결된 한국 정전협정에 관한 국제법상의 제
문제는 기본적으로 한국동란으로부터 현재까지 "전시"(time of
war)와 "평시"(time of peace)를 구분하는 국제인도법의 차원에서
연구와 접근이 이루어 질 수 있다.

최근 "서울신문이 입시전문업체인 진학사와 함께 최근 전
국의 고등학생 506명을 대상으로 조사해 10일 내놓은 '2013
년 청소년 역사인식' 결과에 따르면 응답자의 69%(349명)가
한국전쟁을 '북침'이라고 답했다. 현재 고등학교 한국사 교과
서 6종 모두 한국전쟁의 발발 형태를 '남침'으로 명시하고 있
지만, 정작 학생들은 북침(北侵)과 남침(南侵)이라는 용어의
의미를 헷갈려 하거나 전쟁의 발발 원인을 정확히 알지 못하
는 것으로 나타났다.2)"고 보도했다. 이 같은 데에는 국내 학

---

1) 헤이그법은 군사작전에 있어서의 충돌당사국의 권리와 의무를
   규정하며, 교전자의 자격과 전투의 수단 및 방법 등을 규제하는
   일련의 법을 말한다(정운장, 『국제인도법』, 영남대학교 출판부,
   1994, p. 255.).

교 배움터에서 한국동란 등 비교적 최근의 대한민국 역사에 대한 것조차도 정확한 교육 부재와 더불어 분단 현실과 통일에 대한 국민들의 관심이 멀어졌다는 것에서도 그 원인의 하나가 있을 것이다.

이하, 1953년 UN과 북한 및 중국 사이에 체결된 한국 정전협정의 체결과정과 주요내용을 통해 한국동란과 정전협정의 법적 성격을 규명한다. 냉전 및 공산권 국가의 변화, 남북한 국제연합 가입이후 남북 당국 간에 체결된 남북합의서를 분석하여 현재의 남북한 법적 상태와 관계를 파악한다. 동족상잔의 한국동란으로 인한 한국 정전협정 체결 60년인 현재를 되돌아보고, 향후 국제사회 속에서 남북한 관계발전 방안을 모색하고자 한다.

|제2절| 국제법상 한국동란의 법적 성격

1. 국제연합에 의한 대북 제재조치

북한군에 의한 대남 무력 공격에 대해 집단적 안전보장기구인 국제연합은 즉각적인 조치를 취하였다. 먼저 국제연합은 북한

---

2) 서울신문, 2013년 6월 11일 1면.

당국에 대해 적대행위의 즉각적인 정지와 38선까지 철군할 것을 요청하고, 그에 이어 국제연합의 회원국에게 대한민국에 대해 원조를 제공할 것을 권고한 다음, 국제연합군사령부를 창설하는 조치를 취하였다.

북한의 대남 무력적 공격에 대하여 국제연합이 취한 첫 번째의 조치는 북한 당국에 대해 적대행위의 정지를 요청하는 조치였다. 1949년의 미군철수에 뒤이어 1950년 6월 25일 새벽 4시 북한 공산군에 의한 대남 무력 공격이 있자,3) 미국의 요청으로 25일 오후2시 사무총장은 긴급 안전보장이사회를 소집했다. 그로스(Ernest A. Gross) 미 대사의 결의안 낭독이 있었고 이에 약간의 수정을 가해 채택된 것이 한국동란에 대해 국제연합 안전보장이사회가 채택한 첫째의 결의인 것이다.4) 동 결의는 다음과 같다.5)

이 행위는 평화의 파괴(a breach of the peace)를 구성한다는 것을 결정하고,

Ⅰ. 북한당국(the authorities in North Korea)에 대해

(a) 앞으로 적대행위를 정지할 것

---

3) 주한미국대사 무초의 전문은 국방부전사편찬위원회, 『한국전쟁(상)』 :미국합동참모본부사, 1990, pp.58-59.
4) 김명기, 『국제법상 남북한의 법적 지위』 (서울:화학사,1980), pp. 36-37 ; *S. C. O. R.*, 5th Year, 473rd Meeting, June 25, 1950, No.15, pp.4-5 ; Hans Kelsen, *The Law of the the United Nations* (New York : Praeger, 1951), p.927.
5) *Y. B. U. N.*, 1950, p. 222.

(b) 그리고 38선으로 그들의 병력을 철수할 것을 요구하며,

Ⅱ. 국제연합한국위원단에게 대해

(a) 38선으로 북한군의 철수를 감시할 것

(b) 그리고 이 결의의 이행을 안전보장이사회에 보고할 것을 요구한다.

Ⅲ. 모든 회원국은 이 결의의 이행에 있어서 국제연합에 조력하고 북한당국에 조력해 주는 것을 삼가할 것을 요구한다.[6]

위 결의는 북한의 대남적대행위가 "평화의 파괴"(breach of the peace)를 구성한다고 했고, "침략행위"(act of aggression)를 이룬다는 표현은 없다. 이는 당시의 무력을 내란으로 간주한 것이라고 볼 수 있다.[7] 왜냐하면 침략행위는 국가간에만 야기될 수 있고 국내적인 것이 아니라고 할 수 있기 때문이다.

2. 대한민국에 대해 필요한 협조를 권고하는 조치

북한의 무력적 공격에 대해 국제연합이 취한 두 번째 조치는 국제연합가맹국이 대한민국에 대해 필요한 원조조치를 취하도록 하는 조치였다.

---

6) S/1501
7) 이한기, "한국휴전의 제문제," 「국제법학회논총」 제3권, 1958, p. 50.

북한당국에 대해 적대행위의 정지를 요청한 상기 6월 25일의 안전보장이사회의 결의에도 불구하고 북한군은 적대행위를 정지하지 않았고 또 38선으로 철수하지도 않았다. 6월 26일 대한민국 국회는 국제연합총회에 대해 대한민국을 원조해 줄 것을 요청하는 메시지를 보냈다. 6월 27일 오후 3시에 회합한 안전보장이사회에 소련대표는 역시 결석했으며, 미국의 결의안은 찬성 7, 반대 1, 결석 1로 동 결의안을 수락했다. 이 결의는 다음과 같다.8)

국제연합에 대해 평화와 안전을 보장하기 위한 즉각적이고 효과적인 조치를 요청한 대한민국의 호소를 주목한다.

국제연합 회원국들은 대한민국 영역에서 무력적 공격을 격퇴하고 국제평화와 안전을 회복하는데 필요한 협조를 대한민국에 제공할 것을 권고한다.9)

동 안보리 결의에 대해 51개 회원국이 지지 의사를 표명했고, 소련·중국·북한을 포함한 5개국이 소련과 중국의 결석을 사유로 동 결의의 위법성을 주장했다.10) 동 결의에 의거 16개 참전국이 한국에 파견되어 북한군에 대해 군사적 제재조치를 취할 수 있게 되었다.

북한의 무력적 공격에 대해 국제연합이 취한 세 번째 조치는 국제연합군사령부를 설립하는 것이었다. 상기 6월 27일의 결의에 의거 51개 회원국이 지지의 의사를 표시했으며 회원국의 군사적 원조를 효과적이고 능률적으로 이용하기 위해 전략적 방향과 전술적 지휘를 위한 각종의 규정이 필요했다. 헌장 제47조에 의거한 안전보장이사

---

8) *Y. B. U. N.*, 1950, p.223.
9) S/1511
10) *Y. B. U. N.*, 1950, pp. 224-25.

회 상임이사국의 참모총장 또는 그 대표자로 구성되는 "군사참모위원회"(Military Staff Committee)의 설치는 국제연합군의 작전에 관한 전략적 전술적 계획과 세밀한 정보를 소련에게 제공하게 되는 결과이며, 이는 국제연합군의 자기파멸이 될 것이 명백하므로, 이의 설치는 기대할 수 없었다.[11]

7월 7일 안전보장이사회는 영국과 불란서의 공동결의안을 찬성 7, 기권 3, 결석 1로 채택하였다.[12] 동 결의의 내용은 다음과 같다.

1. 무력적 공격에 대하여 자기방위를 하고 있는 대한민국을 협조하며 따라서 그 지역에 있어서의 국제평화와 안전을 회복하기 위하여 1950년 6월 25일 및 27일의 결의에 대하여 국제연합 회원국들의 정부 및 인민이 제공한 신속하고 열의 있는 지지를 환영한다.
2. 국제연합의 회원국들이 대한민국을 위한 협조의 요청을 국제연합에 전달하였다는 것을 주목한다.
3. 전술한 안전보장이사회의 권고에 의거하여 군대와 기타 협조를 제공하는 모든 회원국들은 이러한 군사력 및 협조를 미국이 통제하는 통합사령부(unified command)가 이용할 수 있도록 할 것을 권고한다.
4. 이러한 군대의 사령관을 미국이 임명하도록 요청한다.
5. 통합사령관에 그의 재량에 따라 북한군에 대한 작전과정에서 참전 각국의 국기와 국제연합기를 사용할 권한이 부여된다.
6. 미국에게 통합사령부에 의해 취해진 조치의 과정을 안

---

11) 김명기, "한국전쟁 이후 50년간 정전체제 유지의 내재적 요인," 군비통제논단, 2003 p.12.
12) *Y. B. U. N.*, 1950, p.230.

전보장이사회에 적당한 보고를 제공할 것을 요청한
다.13)

동결의 제5호에 의거 7월 8일에 사무총장은 안전보장이사회에서
미국대표에게 국제연합 기를 수여했으며, 동일 트루먼 대통령은 맥
아더 장군을 국제연합군사령관으로 임명했다. 대한민국은 국제연합
의 회원국이 아니므로 7월 7일의 결의에 직접 영향을 받는 것이 아
니기 때문에 이승만 대통령은 7월 15일 맥아더 장군에게 한국군의
작전지휘권을 이양했다. 동 결의 제4호에 의거 7월 25일 미국은 "국
제연합군사령부"(United Nations Command)의 설립을 선언하는
성명을 발표했으며 이로써 "통합사령부"의 명칭은 "국제연합군사령
부"로 결정되었다.14)

1950년 6월 25일의 국제연합 안전보장이사회는 북한당국
에 대해 북한군을 38선 이북으로 철군할 것을 요구했으므로,
북한군이 38선 이북으로 패주했을 경우에 국제연합군이 38선
이북으로 북진할 수 없는 것이었다. 그러나 1950년 9월 15일
에 함포와 해병의 지원 하에 인천항에 상륙했으며, 인천상륙
작전이후 10월 1일 국군은 38선을 넘어 북한군을 추격했으
며, 10월 7일 국제연합 총회는 국제연합군이 38선을 넘는 것
을 인가하는 결의를15) 채택했다. 동 결의에 의거 맥아더장군
은 북한공산군에게 항복을 요구했으며, 이에 북한군이 거부
하자 국제연합군은 38선을 넘어 북진을 계속했다. 11월에 중

---

13) S/1588
14) 김명기, "국제법상 한국동란의 법적 구조에 관한 연구," 명대
   논문집 제14집, 1984. pp. 166.
15) UNGA Res. 376(V).

공군이 참전하였으며, 1951년 1월 1일 중공군과 북한군에 의한 대공세가 시작되어 국군과 국제연합군은 다시 후퇴하기 시작했다.16)

한국동란은 1년간의 치열한 격전 끝에 1951년 7월부터 기동전은 종식되고 전선이 고착상태에 빠지면서 분쟁은 군사적인 방법보다 정치적인 방법으로 해결하려는 경향이 보이게 되었다. 따라서 1953년 7월 휴전에 이르기까지의 기간 동안의 전투는 "정책의 시녀"(the maiden of policy)의 역을 담당하게 되었다.17)

3. 한국동란의 법적 성격에 관한 논의 : 전쟁인가? 내란인가?

가. 내란에 대한 국제연합 조치의 유효성

한국동란의 발발 직후 국제연합 안전보장이사회는 6월 25일 S/1501, 6월 27일 S/1511, 7월 '7일 S/1588 3개 결의안을 채택했다. 이 3개결의안에 대한 첫 번째 문제는 국제연합이 개입하기 이전의 한국의 사태가 "내란"(civil war, civil conflict)이고, 내란에 대한 국제연합의 개입은 헌장상 위법이 아닌가하는 점이다. 안전보장이사회가 취할 수 있는 조치는 국제평화의 파괴나 위협의 존재를 전제로 하기 때문이다. I. Pereterki는 한국동란은 "국내적 분쟁이라고 다음과 같이 언

---

16) 국제연합군의 법적 성격에 관해서는 김명기, 『주한국제연합군과 국제법』(서울:국제문제연구소, 1990), pp.46-55. 참조.
17) 김명기, 전게논문 전주11, p.14.

급한다. "침략은 일국가에 의한 타국가에 대한 무력적 공격이다. … 한국의 일부에 의한 한국의 타부에 대한 한국의 사태는 침략전쟁이 아닌 것이 명백하다. 우리에게 그것은 내란이다. … 한국시민의 국가통일과 독립을 위한 한국민의 숭고한 투쟁이다."18)

1950년 6월 30일 사무총장에 대한 폴란드의 각서(S/1545)에 의하면 한국동란은 내란이며, 이에 국제연합이 개입한 것은 위법이라고 했다. 1950년 8월 3일 소련대표는 제482차 회의에서 한국의 투쟁은 내란이며 이에 국제연합이 개입하는 것은 위법이라고 역설했다. "남북간의 전쟁을 고려해 볼 때 그것은 내란이며 따라서 침략이란 정의는 성립될 수 없다. 왜냐하면 이는 두 국가간의 전쟁이 아니라 한국 국민간의 두 부분간의 전쟁이기 때문이다. 따라서 한국 분쟁은 국내적 분쟁이다. 남북 미국이 그들의 조국을 통일하기 위해 내란으로 투쟁할 때에 남북 미국간에 침략의 개념이 적용될 수 없었던 것과 같이 남북한간에도 침략에 관한 규칙이 적용될 수 없다."19)

1950년 6월 25일 북한의 남침은 내란으로 볼 수 있고, 또 국제연합도 안전보장이사회 결의(S/1501)에서 당시 한국의 사태를 내란으로 본 것이 틀림이 없다. 왜냐하면 동 결의에서 북한을 "북한"(the North korea) 또는 "북한당국"(the authorities of North Korea)이라 표시하고 반면에 남한은 "대한민국"(the Republic of Korea)이라 표시했을 뿐만 아니

---

18) 김명기, "국제법상 한국동란의 법적 구조에 관한 연구," 명대 논문집 제14집, 1984. pp. 166-67.
19) 김명기, "한국동란에 대한 국제연합의 개입의 합법성," 「국제법학회논총」 제29권 제1호, 1984, p.12.

라 대한민국을 합법정부로 승인한 1948년 12월 12일 결의를 재확인한 1949년 10월 21일의 국제연합 총회 결의를 안전보장이사회의 결의가 환기하고 있는 점으로 보아 명백하기 때문이다.

한국의 사태가 내란이라 해도 국제연합 헌장 제2조 제7항 단서의 규정에 의해 헌장 제7장의 강제조치의 적용이 배제되는 것이 아니다. 안전보장이사회는 6월 25일 결의(S/1501)에서 "평화의 파괴"(breach of the peace)를 결정했으며, 이는 제7장의 법문에 표시된 "국제평화의 파괴"(breach of the international peace)를 의미하며, 또 6월 27일의 결의(S/1511)에서 "국제평화와 안전의 회복을 위하여"(to restore international peace and security)라 표시하고 있다. 이는 헌장 제2조 제7항 단서에 의한 국제연합의 개입을 의미하는 것이다.[20]

1950년 한국의 분쟁을 내란으로 이해하는 H. Kelsen은 6월 25일의 안보리 결의(S/1501)에서 "평화의 파괴"라 표시한 것은 적절한 표시가 아니라고 하나,[21] J. Stone은 동 결의에 의해 북한은 교전단체(belligerency)로 승인된 것이라고 한다.[22] 이외에도 I. Brownlie,[23] D.W. Bowett, J.L. Kunz도 동 결의는 북한을 교전단체로 승인한 것이 된다는 견해를 취하

---

20) 국제연합 헌장 제2조 제7항은 "단 이 원칙은 제7장에 의한 강제조치의 적용을 해하지 아니한다."라고 규정한다.
21) H. Kelsen, *The Law of the United Nations* (New York : Praeger, 1951), pp. 929-30.
22) J. Stone, *Legal Controls of International Conflict* (New York : Holt, 1954), p. 230.
23) I. Brownlie, *International Law and the Use of Force by States* (Oxford:Clarendon, 1963), p. 380.

고 있다. 동 결의에는 "무력 공격"(armed attack)이라 표현되고 있으며 이는 통상 "외부적 위협"(external treat)의 의미로 사용되므로 국제연합은 북한을 교전단체로 승인한 것으로 된다는 견해가 타당하다.[24]

나. 국제연합 비회원국에 대한 국제연합 조치의 유효성

당시 남한이 국제연합 회원국이 아니라는 것은 국제연합 개입에 법적으로 무관하다. 제51조와는 달리 제39조에는 "어떤 평화의 파괴"(any breach og the peace)로 규정되어 있기 때문이다. 또한 북한이 국제연합 회원국이 아니라는 것도 제39조와 제2조 제6항의 규정상 국제연합 개입에 법적으로 무관하다. 국제연합 헌장은 회원국에 대해서만 법적 구속력이 있고 비회원국에 대해서는 법적 구속력이 없다고 할 수 없다. 왜냐하면 조약은 제3자에게 의무를 과할 수 없기 때문이다. 그러나 H. Kelsen은 "혁명적 방법"으로 헌장은 비회원국에 대해 구속력이 미친다고 하고, A. Verdross는 헌장의 기본원칙이 국제관습법화 하여 비회원국에 대해 구속력을 미친다고 한다. 대한민국은 1950년 6월 26일 국제연합에 대해 군사적 원조를 요청한 바 있으므로 정통정부의 요청에 의한 국제연합의 개입으로 봄이 타당하다.[25] 한편 한국동란을 보는 각국의 국가관행은 각각으로 나뉜다. 같은 국가에서도 입법부·행정부·사법부의 입장이 서로 동일하지 않다. 이는 남북한의 법적 지위를 보는 입장의 상이, 한국동란 참전 국제연합군에 대한 견해의 차이에 의한 것이다.[26]

---

24) 김명기, "한국동란에 대한 국제연합의 개입의 합법성," 「국제법학회논총」 제29권 제1호, 1984, p.16-18.
25) UNGA Res. 195(III)

한국동란을 내란으로 본다 할지라도 국제평화의 안전을 위태롭게 하는 내란이므로 국제연합의 개입은 제2조 제7항 단서에 의거 합법적인 것이며, 한국동란은 발발할 당시에는 내란이었으나 6월 25일 안보리 결의에 의해 북한은 교전단체로 승인된 것으로 되는 결과 한국동란은 전쟁으로 되었다고 보아도 역시 제2조 제7항 단서에 의해 국제연합의 개입은 합법적인 것으로 승인된다.27) 한편 이 당시 남북간의 관계는 국제연합과 평화의 파괴자와의 관계로 되고, 대한민국은 남북관계에서 일보후퇴하게 되었다. 즉 이 기간의 남북간의 투쟁은 국제연합에 의한 평화의 파괴자에 대한 헌장 제7장상의 "집단적 강제조치"(collective enforcement measure)로 이해되며, 법적 당사자는 국제연합과 평화의 파괴자인 북한당국이었다.28)

---

26) 따라서 한국동란의 법적 성질은 획일적으로 볼 것이 아니라 … 단계적으로 구분하여 고찰해야 한다 (김명기, "한국동란은 전쟁인가? 내란인가?,"「사법행정」1989.8, p.73.).
27) 김명기, 『분단한국의 평화보장론』(서울:법지사, 1988), p.49.
28) 김명기, "남북간의 법적지위와 전쟁법의 적용,"「국제법학회논총」제22권 제1·2호, 1977. p.25.

1. 한국 정전협정의 법적 제문제

가. 정전협정의 체결과정

1950년 12월 14일 국제연합 총회는 "정화 3인단"(Three-Man Group on Cease-Fire)을 조직할 것을 요구하는 결의를 하게 되었다.[29] 3인단의 임무는 한국에 있어 만족할 만한 정전의 기초를 결정하고 이를 총회에 권고하는 것이었다. 그러나 동 3인단은 중국대표와의 회담교섭에 완전히 실패했으며, 1951년 1월 1일 중국과 북한에 의한 대규모 공세가 시작되었다. 이로써 총회의 휴전요구에 응하지 않는 중국의 의사가 명백해졌다.[30]

이에 1951년 2월 1일 총회는 미국의 제안에 따라 "평화를 위한 단결"결의에 의거,[31] 중국은 한국의 침략자라는 결의를 채택했다.[32] 동 결의 제6항에 의거한 총회의 요구에 따라 부과된 "집단적 조치위원회"(Collective Measures Committee)의 보고 결과, 1951년 5월

---

29) UNGA Res. 384(V)

30) 김명기, "한국동란에 대한 국제연합의 개입의 합법성, " 「국제법학회논총」 제29권 제1호, 1984, p.10.

31) 평화를 위한 단결결의는 최종기, 『국제연합군』 한국국제관계연구소, 1973, pp.69-73. 참조.

32) UNGA Res. 498(V).

18일 총회는 북한과 중국에 대한 전쟁물자의 공급중지를 회원국에 권고하는 결의를[33] 채택했다.

정전회담의 진행은 1951년 7월 8일 개성에서 연락장교의 첫 회담이 있었고, 7월 10일에는 국제연합군 대표와 북한 및 중국 대표가 회담을 하였다. 11월 말 비무장지대(DMZ)에 대한 합의를 보았다. 회담은 국제연합측에서 미 해군 중장 Turner C. Joy, 미 공군소장 L. C. Burke, 한국 육군소장 백선엽에 의해 수행되었으며, 15개 참전국이나 국제연합 사무국 인원은 관여하지 않았다. 국제연합 대표는 Mathew B. Ridgeway 사령관으로부터 지침을 받았다. 휴전교섭에 있어서 안전보장이사회는 국제연합군사령부로부터 보고를 받았으며 총회도 이에 직접 개입하지 않았다. 1953년 4월 11일 상병자와 포로 교환에 관한 협정이 체결되었으며, 6월 18일에 최종적 합의를 보았으나 리승만 대통령의 반공 포로 석방으로 서명은 늦어졌다. 7월 11일 미국에 의한 정치적·경제적·군사적 지원을 약속하는 아이젠아워 대통령의 각서가 한국정부에 전달된 뒤 정전협정은 7월 17일 서명되었다.[34]

휴전회담의 개시이후 협정 체결이 늦어지게 주요한 이유 중의 하나로 포로교환의 문제가 있다. 트루먼 미국 대통령 역시 국제연합군이 장악한 포로의 수가 훨씬 많기 때문에 포로 전체를 교환하는 것이 손해라고 생각했다. 유엔군 측 포로는 13만 명이 넘지만, 북한군 측 포로는 1만 명을 넘는 수준이었기 때문이다.[35] 1952년 1월 국제연합군은 포로 개인의 자유 의사에 따른 자발적 송환의 원칙을 제시

---

33) UNGA Res. 500(Ⅴ).
34) 김명기, "한국전쟁의 발전과정에 관한 연구," 「사회과학논총」 제9집, 1994, p. 54.
35) 김학준, 『한국전쟁』(서울:전영사), 2010, pp.336-37, 342-43.

했다. 국제연합군은 "제네바협약"이 포로 개인의 권리를 보장한 것이지 출신국가의 권리를 부여한 것은 아니라는 논리를 내세웠다. 그러나 북한군은 제네바협약에 따라 전체 대 전체 방식으로 교환해야 한다고 반박했다. 국제연합 내에서 마저 제네바협약에 대한 해석상의 논란이 벌어지면서 여러 나라들이 다양한 중재안을 내놨지만 포로 교환 문제는 해법을 찾지 못한 채 협상은 지지부진한 상황이 되었다.

나. 정전협정의 명칭과 법적 성격

1953년 7월 27일 조인된 정전협정의 정식 명칭은 "국제연합군 총사령관을 일방으로 하고 조선인민군 최고사령관 및 중국인민지원군 사령관을 다른 일방으로 하는 한국 군사 정전에 관한 협정(Agreement between the Commander-in-Chief, United Nations Command, on the one hand, and the Supreme Commander of the Korean People's Army and the Commander of the Chinese People's volunteers, on the other hand, concerning a military armistice in Korea)이다. 이를 통상 한국 정전협정이라 부른다. 그런데 국내에서는 기존에 정전협정보다 휴전협정이라는 표현을 더 많이 쓴다.

국제법상 "휴전"(armistice)은 적대행위의 정지를 의미할 뿐 전쟁의 종료를 뜻하지 않는다는 것은 전통국제법상 확립된 원칙이다. 일찍이 그리스와 로마는 "휴전"(indutiae)은 "평화조약"(foedus)이 아니며 전쟁의 종료가 아니라는 법을 인정했었다. 정전은 전쟁의 종료가 아니라는 원칙은 젠틸리(A. Gentilli), 그로티우스(Hugo Grotius) 등 고전국제법학자에 의해 인정되었으며, 그 후 많은 학자에 의해 지지되었다.36) 다만 스톤(Julius Stone)은[37] 휴전을 전쟁종료방식의 하나로 고찰하고 있다. 미국의 "육전법"(The Law of Land Warfare)에도 휴전은 전쟁의 종료가 아니라 적대행위의 정지에 불과하다고 다음과 같이 규정하고 있다.

> "휴전은 교전당사자에 의해 합의된 기간에 있어서의 실제적 적대행위의 정지이다. 이는 부분적 혹은 일시적 평화가 아니다. 즉, 이는 당사자에 의해 합의된 기간 동안 군사작전의 단순한 정지이다.[38]

영국의 "육전법"(The Law of War on Land)도 휴전은 전쟁의 종료가 아니라고 다음과 같이 전통적 이론을 수락하고 있다. "휴전은 부분적 혹은 일시적 평화가 아니다. 휴전은 관계사령관에 의해 합의된 기간만 적대행위를 정지한다."[39] 1953년 7월 27일의 휴전이래 한반도의 법적 상태는 평화의 회복이 아니라, 적대행위의 단순한 정지이며 전시임을 부인할 수 없다. 따라서 한반도에 정전체제는 그대로 유지되고 있으며, 따라서 한반도의 법적 상태는 전쟁상태로 그대로 유지되어 있다.

휴전과 정전은 대체로 혼용되지만 엄밀히는 일정한 차이

---

36) 김명기, 『한반도 평화조약의 체결』, (서울:국제법출판사, 1994), pp.70-71.
37) Julius Stone, *Legal Controls of International Conflict*(New York : Rinehart, 1954), pp. 639-46.
38) United States, Department of the Army, *The Law of Land Warfare* (Washinton, D. C. : U. S. Government Printing Office, 1956), para. 479.
39) Great Britain, War Office, *The Law of War on Land*(London : H. M. S. O, 1958), para. 428.

가 있다. "정전"(停戰, Truce)은 "전투의 중지(suspension of arms) 즉 전투 행위를 완전히 멈추는 것"이며 교전 당사국이 정치적 합의를 이룰 수 없어 전투 행위만 정지하는 것을 뜻한다. 교전 당사국 사이에 이견이 크기 때문에 일반적으로 국제기구 등이 개입하는 경우 정전이라는 용어를 사용한다. 반면 "휴전"(休戰, Armistice)은 "적대 행위는 일시적, 전면적으로 정지되나 전쟁은 계속되는 상태"를 의미하며40) 일반적으로 전쟁의 종료를 선언하는 평화조약의 이전 단계이다. 국제법상 휴전은 여전히 전쟁상태를 의미한다.

이 밖에 적대행위의 중지에 관한 표현으로서 정화(停火,Cease-Fire)가 있다. 정화는 국제연합이나 기타 국제기관의 명령이나 요구에 의하여 적대행위가 정지되는 것을 뜻하며, 그 예로서 1948년 12월 국제연합 안전보장이사회의 명령에 의하여 이루어진 Indonesia의 적대행위의 정지, 1948년 7월 국제연합 안전보장이사회의 명령에 의한 Jerusalem지역의 적대행위의 정지를 들 수 있다.41)

이렇게 볼 때 한국전쟁이 중단되면서 체결된 협정은 정전협정이라 부르는 것이 더 타당하다는 의견이 있다.42) 그러나

---

40) 일반휴전이 정치적 특성을 포함할 수 있는 점에 관해 "미 육전법"(The Law of Land Warfare)은 다음과 같이 규정한다, "일반휴전은 통상적으로 정치적 및 군사적 특성(political and military character)을 포함한다. 일반휴전은 통상적으로 평화를 위한 교섭에 선행한다. 그러나 기타의 목적을 위해서 체결될 수도 있다."(김명기, "한국군사정전협정 제60항에 관한 연구," 「국제법학회논총」 제25권 제1·2호, 1980, p.59.

41) 이장희, 유하영·문규석, 『남북합의문서의 법적 쟁점과 정책과제』, (사)아시아사회과학연구원, 2007, p.75.

42) 정전협정에 정치적 합의 내용이 없으며 국제연합이 협정의 당사자이기 때문이다.

영문 명칭상 "군사 정전"(Military Armistice)과 정전협정 제
60항에 따른 제네바 정치회담 개최를 고려할 때 이는 국제법
상 정전과 휴전을 나눌 수 있는 명확한 기준이 될 수는 없
다.43)

어쨌거나 "정전"이란 "휴전"(armistice)을 의미하며 "휴전"
은 교전당사자간의 합의에 의한 군사작전의 일부 또는 전부의
정지이다.44) 휴전에 의해 적대행위는 일시적으로 정지되나, 전쟁
상태는 그대로 계속된다.45) 따라서 휴전협정은 전쟁상태의 종료
를 위한 평화조약과 다르다. 휴전은 단순한 적대행위의 정지에
불과하므로 중립국에 대한 권리·의무 관계는 휴전 이전과 동일

---

43) 배재식 교수는 넓은 의미에서의 교전자간의 적대행위의 정지를
    의미하는 제용어 예컨대 armistice, truce, suspension of arms,
    cease-fire 등은 반드시 통일적인 의미로 사용되고 있지 않다(배
    재식, "한국휴전의 법적 제문제," 서울대학교 「법학」 제16권 제
    1호, 1975, p. 34.). 박태균 교수는 이승만 대통령이 정전협정을
    반대했기 때문에 정전협정을 "제한된 휴전"의 의미로 보면서 국
    제법 위반 없이 전쟁을 다시 시작할 수 있기를 바라며 "휴전협
    정"이라는 표현을 사용한 것으로 분석했다. 즉, "정전협정"보다
    "휴전협정"이 더 호전적인 표현이라는 것이다. (박태균, "정전협
    정인가 휴전협정인가", 「역사비평」. 통권73호 (2005 겨울), 역
    사비평사, 2005, pp. 88-92)
44) Yoram Dinstein, "Armistice" in Rudolf Bernhardt(ed.),
    Encyclopedia of Public International Law, Vol. 3(Amsterdam :
    North Holland, 1982), pp.31-32 ; Pietro Verri, Dictionary of the
    International Law of Armed Conflict(Geneva : ICRC, 1992),
    pp.21-22 ;   Gerhard von Glahn, Law Among Nations, 4th
    ed.(New York : Macmillan, 1981), p.631 ; G. I. Tunkin,
    International Law (Moscow : Progress, 1986), pp.524-25 ;
    Charles C. Hyde, International Law, Vol.2(Boston : Little
    Brown, 1992), pp. 282-83.
45) George Schwarzenberger, *International Law,* Vol. II(London :
    Stevens, 1968), p. 726.

하게 그대로 유지된다. 예컨대 휴전 중에도 전쟁상태는 계속되며 포로와 적국민들의 계속적인 억류, 중립선박에 대한 임검·수색, 봉쇄침파나 전시금제품의 수송을 자행한 선박의 포획은 용인된다.[46]

국제법상 전쟁상태는 사실상 적대행위 또는 선전포고로 시작되어 평화조약의 체결로 종료되는 것이 일반적이다. 평화조약이 체결되기 전에 휴전협정이 체결되어 적대행위가 일시적으로 정지되어도 그 상태는 정전상태이며 평화상태가 아니다. 따라서 1953년 7월 27일에 "정전협정"이 체결되었지만 아직까지 평화조약이 체결되지 아니하여 오늘의 한반도의 법적 상태는 전쟁상태이다.[47] 1907년 "육전법규"도 휴전협정에 기한이 설정되어 있지 않은 경우에는 언제든지 적대행위를 재개할 수 있다고 규정하고 다만 그 의사를 상대방에게 통고해야한다고 규정하고 있다.[48]

다. 남북한의 법적 상태

1953년 "정전협정"은 국제연합군사령관을 일방으로 하고 북한군최고사령관과 중국인민지원군사령관을 타방으로 하여 서명되었다. 따라서 "휴전협정"의 법적 당사자는 국제연합과 북한·중국이며, 대한민국은 그 당사자에서 제외되어 있다. 대한민국은

---

46) 김찬규, "한국정전협정의 국제법적 고찰," pp.97-98.
47) Myung-Ki Kim, *The Korean War and International Law*(Claremont : Paige Press, 1991), p.2.
48) 1907년 "육전의 법규 및 관례에 관한 협약 부속규칙" 제36조는 "교전당사자간의 합의에 의한 휴전으로 전투행위는 정지된다. 그 기간의 정함이 없을 때에는 교전당사자는 언제라도 다시 작전을 개시할 수 있다. 단, 휴전조건에 따라 소정의 시기에 그 뜻을 적에게 통고한다"(국제문제연구소, 『국방조약집』 참조).

"정전협정"의 당사자는 아니지만 1950년 7월 15일 이른바 "작전지휘권이양공한"에 의해 대한민국은 국제연합군사령관에게 작전지휘권을 이양하였다. 국군은 국제연합군사령관의 작전지휘를 받음으로 휴전에 관한 국제연합군사령관의 작전지휘에 따라 대한민국도 "정전협정"의 효력을 간접적으로 받고 있다.[49]

작전지휘권의 이양은 그 자체보다 남북간의 관계에 있어서 대한민국의 국제법상 지위에 지대한 영향을 미쳤다는 점을 간과할 수 없다. 대한민국은 작전지휘권 이양에 의해 군사적 관계에 있어서 남북간 법적 당사자의 지위를 상실하게 되어 1953년 정전협정의 당사자로서의 지위에서 실각되는 중대한 결과를 가져오게 된 것이다.[50] 국제법상 국제법 주체간의 상태는 평화상태(state of peace)와 전쟁상태(state of war)로 구분된다. 그리고 전쟁상태는 적대행위가 계속되어 있는 전쟁상태와 적대행위가 정지되어 있는 전쟁상태로 구분되며, 후자를 "휴전상태"(state of armistice)라 한다. 따라서 휴전상태는 전쟁상태에 포함되는 상태인 것이다.[51]

1950년 6월 25일 이후, 한반도에서의 적대행위를 전쟁으로 볼 때, 그 상태는 지금도 계속되고 있다. 한국동란의 적대행위가 1953년 7월 27일의 "정전협정"의 발효로 정지되었다

---

49) *Ibid*, p.161 ; 김명기, "한국휴전협정의 법적 당사자," 「고시계」 1990.2., pp. 142-44.
50) 한국군에 대한 작전지휘권은 안보리의 결의로 창설된 "국제연합군과의 관계"에서 작전지휘권과 한미상호방위조약에 의해 주둔한 "주한미군과의 관계"에서의 그것으로 이원적인 법구조로 분화되어 있다. 전자의 근거는 "작전지휘권 이양에 관한 공한"이며, 후자의 근거는 "한미합의의사록"이다(김명기, "한국전쟁의 발전과정에 관한 연구," 「사회과학논총」 제9집, 1994, p. 43.).
51) 김명기, 『국제법원론』, 하(서울: 박영사, 1996), pp.1437, 1442.

는 사실은 한반도의 남북간의 법적 상태가 휴전임을 뜻한다. 실제적 측면에서 볼 때, "정전협정"에 의해서 설치된 군사정전위원회가 운영되었으며, 평화협정의 체결과 관련된 문제가 4자회담, 6자회담 등을 통해 논의되었던 사실은 오늘의 남북간의 국제법적 상태가 평화가 아니라 휴전상태임을 실증해 준다. 무엇보다도 "남북합의서" 제5조는 "남과 북은… 이러한 평화상태가 이룩될 때까지 현 군사정전협정을 준수한다"라고 규정하여, "정전협정"의 효력이 남북한에 미침을 명백히 하고 있다.

2. 북한의 정전협정 위반과 무력화 시도 및 북미평화협정 체결 요구

정전협정이 체결된 1953년 7월 27일부터 1999년 12월말까지 북한측이 범했다고 유엔사측이 공식 발표한 정전협정 위반 건수는 총 430,917건에 달한다.[52] 유엔사령부는 2000년부터 지금까지 북한측의 연도별 정전협정 위반 건수를 발표하지 않고, 그대신 "주요협정 위반건수"만을 밝히고 있다. 따라서 제2연평해전(2002년), 대청해전(2009년) 등 실제 남북간해상 교전이 벌어졌고, 2010년에는 천안함 피격사건에 이어 연평도 포격도발까지도 일어났다.[53]

---

52) 합참정보본부, 『군사정전위원회편람』 제5집 (서울:합참정보본부, 2001), pp.180-81. 제성호, "정전협정체제에 관한 연구:기능정상화 및 실효성 확보방안을 중심으로," 「전략연구」 통권 30호,(2004), p.99에서 재인용
53) 북한이 군사분계선을 침범하여 적대행위를 자행한 것은 정전협

이러한 것에는 1991년 유엔군사령부 군사정전위원회 수석대표로 당시 한국군 황원탁 소장이 임명되자 북한은 이에 반발, 정전협정에 관한 사항의 관리임무를 맡은 군사정전위원회를 인정하지 않고 대신 개성에 '인민군 판문점대표부'를 설치했다.54) 이어 정전협정에 따라 설치된 중립국 감독위원회 북측 사무실 폐쇄 성명(1995.5.3), 유엔군사령부 해체 비망록 발표(1995.6.29), 정전협정 파기위협 비망록 발표(1996.3.9), 정전협정에 의한 군사분계선과 비무장지대 유지·관리임무 포기선언(1996.4.4) 등 북한측의 일방적 조치가 연이어 뒤따랐다.55) 또한 북한은 1974년 3월 25일 "북미평화협정" 체결 제의를56) 시작으로 지난 2013년 3월 5일에는 조선인민군 최고사령부 대변인 성명을 통해 정전협정을 백지화하고, 판문점대표부 활동을 전면 중지하겠다고 위협하기도 했다.

이러한 가운데 발효 60주년이 된 오늘 정전협정은 북한측이 1994년 4월 군사정전위원회 북한 대표 일방적 철수한 이래 계속적으로 협정 무력화의 척도가 되고 있다. 현 "정전협정"은 1953년 10월 1일에 체결된 "한미상호방위조약"과 함께 근 50년간 한반도의 안전을 보장하는 법쇄로서의 역할을 다해온 점은 부인할 수 없다.57) 북한이 최초로 "정전협정"을

정 제6항, 제7항 그리고 제12항을 위반한 것이다(김명기, "정전협정의 미래," 「통일한국」 제235호, 2003 p.11.).

54) 하재평, "정전협정체제와 유엔사의 역할," 「전사」 제5호 (2003.6), p.46.

55) 김영태, "북한의 「휴전협정」 파기선언-배경과 전망," Info-Brief 제65호, 1996.4. 참조.

56) 북한 최고인민회의가 미 의회에 보낸 서한

57) 정전협정 제61항, 제62항은 "본 정전협정에 대한 수정과 증보는 반드시 적대 쌍방사령관들의 상호합의를 거쳐야 한다." "본 정전협정의 각 조항은 쌍방이 공동으로 접수하는 수정 및 증보 또는

대체하는 평화협정의 체결제의를 한 것은 1962년 6월 20일이었으며, 이는 "남북평화협정"의 체결제의였다. 그 후 북한은 수차에 걸쳐 남북평화협정의 체결을 제의해 왔으며 이는 기회가 있을 때마다 반복되어 왔다. 한편 남북문제의 법적 당사자가 누구이냐의 문제는 1975년 제30차 국제연합 총회에서 북한 당국이 대한민국은 법적 당사자가 아니라고 주장한 데서부터 야기되었다.[58]

"한국 정전협정은 고위의 정치회담의 소집을 규정하고 있다. 이 평화협정은 실질적 당사자(real parties)인 북한과 미국간에 체결되어야 한다. 휴전협정은 북한군최고사령관과 중국인민지원군사령관을 일방으로 하고 국제연합군 사령관을 타방으로 하여 서명되었다. 중국인민지원군은 이미 한국으로부터 전부 철수되었고, 현재 남한에 있는 소위 국제연합군은 사실상 미군이다. 따라서 휴전협정의 실질적 당사자는 북한과 미국이다."[59]

그 후 1992년 "남북합의서" 제5조를 통해 남한과 북한은 남북한을 당사자로 하는 평화협정의 체결을 위해 공동으로 노력할 것에 합의하였다. 그러나 북한의 핵문제로 "남북기본합의서"의 시행은 정체의 국면을 맞게 되었으며, 그 후 북한은 "정전협정"의 무실화를 위한 여러 조치

쌍방의 정치적 수준에서의 평화적 해결을 위한 적당한 협정 중의 규정에 의하여 명확히 교체될 때까지는 계속 효력을 가진다." 라고 정전협정 효력에 관해 규정한다.

58) 제네바 정치회담은 국제연합군 측에서 대한민국과 참전 16개국 중 남아공을 제외한 15개국이, 북측은 북한, 중국 및 소련이 외상급으로 참석하여 1954년 4월 26일부터 6월 15일까지 개최되었다.

59) 김명기, "한국군사정전협정 제60항에 관한 연구," 「국제법학회논총」 제25권 제1·2호, 1980, p.56.

를 취하면서 계속해서 "북미평화협정"의 체결을 주장해 오고 있다.[60] "10.4 공동선언" 제4항에서는 "남과 북은 현 정전체제를 종식시키고 항구적인 평화체제를 구축해 나가야 한다는데 인식을 같이하고 직접 관련된 3자 혹은 4자 정상들이 한반도 지역에서 만나 종전을 선언하는 문제를 추진하기 위해 협력해 나가기로 하였다."고 규정함으로 써 남북한 당사자이외의 당사자들까지도 논의의 장으로 이끌 수 있었다. 적어도 "통일이라는 한국문제에 관해서는 대한민국과 북한이 당사자인 것이다.[61]

| 제4절 | 국제법상 남북합의서의 법적 성격

1. 남북간 합의서 체결 현황

1972년 7월 4일 발표된 "7.4 남북공동성명"은 자주, 평화통일, 민족대단결을 조국통일 3원칙으로 규정하고, 상호 중상

---

60) 남북간 정치문제의 당사자는 일방이 국제연합 타방이 북한과 중국인 것이 아니다. 더욱이 휴전협정 제60항과 1953년 8월 28일 국제연합 총회의 결의(GA/711(VII))를 떠나 일반국제법에서 볼 때, 정치문제의 당사자는 국제연합과 북한·중국에 국한되는 것이 아니다(김명기, 상게논문, 전주 55, p. 72.).
61) 김명기, "분단한국의 정치문제의 법적 당사자," 「국제법학회논총」 제33권 제2호, 1988, p.53.

·비방 및 무력도발 중지, 다방면적인 제반 교류 실시, 남북
적십자 회담 협조, 직통전화 가설, 남북조절위원회 구성·운영
등을 주요 내용을 한다.

이후 남북간에는 1984년 9월 북한 적십자사의 구호물자
제공을 계기로 남북간에는 경제회담, 적십자회담, 국회회담
예비접촉, 체육회담 등이 개최되었고, 이후 1980년대 후반부
터 시작된 공산권 국가 및 국제질서의 변화와 더불어 남북한
은 쌍방 총리를 대표로 하는 "남북고위급회담"을 개최하였
고,[62] 1991년 9월 개최된 제46차 유엔 총회에서 남북한의 동
시 유엔가입이 실현되었다. 1991년 12월 13일 "남북사이의
화해와 불가침 및 교류협력에 관한 합의서"(남북합의서),
1992년 1월 20일 핵무기 시험·제조·접수·사용금지, 핵의 평
화적 이용, 핵재처리·농축시설 보유 금지, 핵사찰 등 6개항으
로 구성된 "한반도의 비핵화에 관한 공동선언"이 채택되었
다. "남북고위급회담 분과위원회 구성·운영에 관한 합의서"
를 채택하여 1992년 2월 19일 제6차 남북고위급회담을 통해
발효하였다. 또 1992년 3월 18일 "남북핵통제공동위원회 구
성·운영에 관한 합의서" 체결되었고, 1992년 5월 7일에는 "남
북군사공동위원회 구성·운영에 관한 합의서""남북교류·협력
공동위원회 구성·운영에 관한 합의서", "남북연락사무소 설치
·운영에 관한 합의서,"가 총리의 서명으로 체결되었다.

이러한 남북합의서의 체결이후 1992년 9월 17일 "남북사
이의 화해와 불가침 및 교류협력에 관합 합의서의 제1장 남
북화해의 이행과 준수를 위한 부속합의서", "남북사이의 화해

---

62) 이는 1990년 7월 26일 "남북고위급회담 개최에 관한 합의서"에
    의해 이루어졌다.

와 불가침 및 교류협력에 관합 합의서의 제2장 남북불가침의 이행과 준수를 위한 부속합의서", "남북사이의 화해와 불가침 및 교류협력에 관합 합의서의 제3장 남북교류·협력의 이행과 준수를 위한 부속합의서" 등 3개 부속합의서 및 "남북화해공동위원회 구성·운영에 관한 합의서"가 체결하였다. 그러나 1993년 1월 29일 북한은 남북고위급회담 북한대표단 성명을 통해 대화재개 의사가 없다는 점을 공식 발표하였고 고위급회담의 중단과 남북관계는 동결되었다.63) 북한은 1992년 5월 25일부터 1993년 2월까지 북한은 국제원자력기구(IAEA)로부터 7차례의 임시 핵사찰을 받았으나, IAEA 이사회는 1993년 2월 25일 영변의 2개 미신고시설에 대한 특별사찰을 요구하는 결의안을 채택하였고, 이에 북한은 3월 12일 핵비확산조약(NPT)에서 탈퇴를 선언했다.

2000년 6월 15일 남북 정상간 "6.15 남북공동선언"에 이어, 남북간에는 2000년 12월 16일 체결 2003년 8월 20일 발효된 "남북사이의 투자보장에 관한 합의서," "남북사이의 소득에 대한 이중방지 합의서," "남북사이의 상사분쟁해결절차에 관한 합의서," "남북사이의 청산결제에 관한 합의서," 등 소위 4대 경협합의서를 체결하였다. 2002년 12월 6일 "남북사이의 차량의 도로운행에 관한 합의서" 2002년 12월 8일 "개성공업지구 통관에 관한 합의서" 2004년 4월 13일 "남북

---

63) 당시 체결된 남북간의 합의서는 고위급회담 개최합의서(90.7.26), 남북기본합의서 및 비핵화 공동선언, 분과위 구성·운영합의서(92.2.19), 핵통제공동위 구성·운영합의서(92.3.19), 연락사무소 구성·운영합의서, 군사공동위 구성·운영합의서, 교류·협력공동위 구성·운영 합의서(92.5.7), 불가침분야 부속합의서, 교류·협력분야 부속합의서, 화해공동위 구성·운영합의서(92.9.17)이 있다.

사이 열차 운행에 관한 합의서" 2004년 5월 28일 "남북해운 합의서와 부속합의서" 등 일련의 남북한 통행 관련 합의서가 체결되었다.[64] "2007년 10월 4일 "10.4 선언(남북관계 발전과 평화·번영선언)"이 남북 정상간 체결되었다. 이후 개최된 "남북총리회담"을 통해 "남북관계 발전과 평화번영을 위한 선언 이행에 관한 남북총리회담합의서," "서해평화협력특별지대추진위원회 구성운영합의서," "남북경제협력공동위원회 운영에 관한 합의서,"가 체결되었다.

남과 북은 1972년 7월 4일 "7.4 남북공동성명"과 "서울-평양간 직통전화의 가설 및 운용절차에 관한 합의서"를 체결한 이후 2009년 3월까지 공동보도문 64건을 포함하여 총 224건의 남북합의서를 체결한 바 있다.[65]

2. 남북한 상호간 조약 체결능력

1969년의 '조약법에 관한 Vienna협약' 제2조도 "조약은 성문의 형식으로 국가간에 체결되고 국제법에 의해 지배되는

---

64) 이외에도 2002년 12월 8일 "개성공업지구 통신에 관한 합의서", "개성공업지구 검역에 관한 합의서" 2003년 10월 12일 "남북상사중재위원회 구성·운영에 관한 합의서" 2004년 1월 29일 "개성공업지구와 금강산관광지구의 출입 및 체류에 관한 합의서" 등이 국회의 비준동의를 받은 합의서에 포함된다.

65) 여기에는 남북분단직후 남북간 체결된 다른 합의문과 개성공단 및 금강산관광, KEDO협정 등은 포함되어 있지 않다. 자세히는 이미경, "남북간 합의문서의 법제화 방안", 2008 국정감사 정책자료집, 2008, pp.53-64 ; 이장희, "남북간 체결된 합의서의 법적 성격:6.15 공동선언과 10.4 선언을 중심으로," 「남북합의서의 법제화 방안 토론회: 6.15 공동선언과 10.4 선언을 중심으로」, 2009, pp. 33-36.

국제적 합의이다.”고 규정하여 국제법에 의해 지배되지 않고 국내법에 의해 규율 되는 국가간의 합의는 조약의 정의에서 배제하고 있다.

조약은 여러 가지 명칭이 붙쳐 진다. 예컨대 조약(treaty)· 협약(convention) · 협정(agreement) · 결정서(act) · 약정(pact) · 의정서(protocol) · 선언(declaration) · 규정 (status) · 규약(covenant) · 헌장(charter) · 협정 (arrangement) · 합의서(agreed minutes) · 양해각서 (memorandum of understanding) · 교환공문(exchange of notes) 등이다. 이들 용어간에는 본질적인 차이가 없으며, 국제법상 효력은 그 명칭에 따라 다른 것이 아니며, 당사자의 합의로 정한다. 요컨대 “합의서”(agreement)란 국제법상 조약의 한 명칭이다.66)

그리고 어떤 명칭을 사용하느냐는 체결당사자의 자유재량에 속한다. 따라서 선언도 그것이 공동적이든 개별적이든 유효한 조약이 될 수 있다. 조약은 그 명칭에 따라 효력이 다른 것이 아니며 어떤 명칭으로도 조약을 체결할 수 있으므로 “선언”(declaration)이라는 이름을 가진 조약을 체결할 수 있음은 물론이나 선언을 모두 조약이라고 볼 수는 없다.

“사실상의 지방 정부”(local *de facto* government), “교전단체”(belligerency) 역시 조약 체결능력을 가짐은 두말할 나위도 없다. 따라서 남북한은 어느 때 어떠한 내용의 조약체결이 가능하다.

---

66) 김명기, 『남북기본합의서 요론』, (서울:국제문제연구소), 1992, p. 108.

3. 남북합의서에 관한 국제법적 논의와 쟁점 : 조약과 비구속력 조약

가. 남북합의서의 발효 경과

남북합의서에 대해 남한에서는 국무총리의 국회 보고, 국무회의의 심의를 거쳐 1992년 2월 17일 대통령의 "재가"를 받았다. 반면, 북한은 1991년 12월 24일 당중앙위원회와 최고인민회의에서 총리가 보고하였고, 12월 27일 중앙인민위원회와 최고인민회의 상설회의 연합회의를 소집하여 이를 승인했으며 김일성 주석의 비준 절차를 거쳤다.[67]

나. 국내판례

국내 판례는 먼저 헌법재판소의 결정이 있다. "나라와 나라사이의 관계가 아닌 통일을 지향하는 과정에서 잠정적으로 형성되는 특수관계임을 전제로 한 합의문서인 바, 이는 한민족 공동체 내부의 특수관계를 바탕으로 한 당국간의 합의로서 남북당국의 성의있는 이행을 상호 약속하는 일종의 공동성명 또는 신사협정에 준하는 성격을 가짐에 불과하다"(헌재 1993. 7. 29, 92헌바48). 1992. 2. 19. 발효된 '남북사이의화해와불가침및교류협력에관한합의서'는 일종의 공동성명 또는 신사협정에 준하는 성격을 가짐에 불과하여 법률이 아님은

---

67) 당시 1972년 12월 헌법 제96조에서는 "조선민주주의인민공화국 주석은 다른 나라와 맺은 조약을 비준 및 폐기한다."로 규정하였고, 1992년 4월 개정 헌법 제91조에서는 "19. 최고인민회의에 제기되는 조약의 비준, 폐기를 결정한다."와 더불어 제120조에서 "9. 다른 나라와 맺은 조약을 비준 또는 폐기한다."로 규정되었다.

물론 국내법과 동일한 효력이 있는 조약이나 이에 준하는 것으로 볼 수 없다.(헌재 2000. 7. 20. 98헌바63)

두 번째로는 대법원 판결이다. 남북 사이의 화해와 불가침 및 교류협력에 관한 합의서(이하, 남북기본합의서라고 줄여 쓴다)는 남북관계가 '나라와 나라 사이의 관계가 아닌 통일을 지향하는 과정에서 잠정적으로 형성되는 특수관계'(합의서 전문)임을 전제로, 조국의 평화적 통일을 이룩해야 할 공동의 정치적 책무를 지는 남북한 당국이 특수관계인 남북관계에 관하여 채택한 합의문서로서, 남북한 당국이 각기 정치적인 책임을 지고 상호간에 그 성의 있는 이행을 약속한 것이기는 하나 법적 구속력이 있는 것은 아니어서 이를 국가간의 조약 또는 이에 준하는 것으로 볼 수 없고, 따라서 국내법과 동일한 효력이 인정되는 것도 아니다.[68]

> "남북합의서는 남북한 당국이 각기 정책적인 책임을 지고 상호간에 그 성의있는 이행을 약속한 것이기는 하나 법적 구속력이 있는 것이 아니어서 이를 국가간 조약 또는 이에 준하는 것으로 볼 수 없고 따라서 국내법과 동일한 효력이 인정되는 것도 아니다."(대법원, 1999. 7. 23, 98두14525 [69]

다. 국내법률

2005년 12월 29일 "남북관계 발전에 관한 법률" 제4조 제3항은 "남북합의서라 함은 정부와 북한 당국간에 문서의 형

---

68) 북한주민접촉신청불허처분취소 [대법원 1999.7.23, 선고, 98두14525, 판결]
69) 헌법재판소 89헌바240 ; 92헌바6 ; 93헌바34·35·36 등이 있다.

식으로 체결된 모든 합의를 말한다"라고 규정한다. 동법률 부칙 제2항 경과조치에는 위 법 시행 전에 국회의 동의를 받아 체결·비준한 남북합의서도 위 법에 의한 남북합의서로 본다고 규정되어 있다.

라. 국내학설

김명기는 남북합의서는 소위 "정책의 선언"과는 달리 발표에 관한 규정(제25조)을 가지고 있으며, 전문과 25개조의 조문을 가진 형식상 법적 구속력을 가진 합의라는 점, 합의서가 "쌍방의 합의에 의해 수정·보충할 수 있다"는 점(제24조) 및 정부가 "특수형태의 조약"을 본다는 점을 들어 법적 구속력이 있는 법규범 즉 조약이라고 판단한다.[70]

이장희는 남북합의서가 첫째, 조약당사자가 조약체결능력을 가질 것, 둘째, 조약체결권자가 조약을 체결할 것, 셋째, 조약체결권자가 조약체결을 위하여 임명한 대표자간 하자 없는 합의가 성립할 것, 넷째, 조약내용이 실현 가능하고 적법한 것을 객체로 할 것 등 조약성립요건을 갖추었기에 법적 구속력 있는 조약으로 해석한다.[71]

제성호는 남북합의서는 서문에서 "나라와 나라사이의 관계가 아닌 통일을 지향하는 과정에서 잠정적으로 형성되는 특수관계"라고 명시한 것처럼 민족 내 간 특수한 합의로서 국제법적으로 상호 승인한 국가 간 조약과는 다르다며, 학리적 관점의 해석을 하였다. 또한 남북한이 이 합의서를 파기

---

70) 김명기, "헌법재판소의 남북기본합의서를 공동성명·신사협정으로 본 이유 비판," 「법조」 제539호, 2001, pp.162-63.
71) 이장희, "남북합의서의 국제법적 성격과 실천방안," 국제법학회 논총, 제43권 제1호, 1998, pp. 227-28.

하거나 종료 결정을 한 바 없기에, 여전히 법적으로 타당한 문건이며, 그 실효성은 당사자 이행의지에 있다고 해석하였다.72)

|제5절| 남북한 관계의 발전과 통일한국의 법적 지위

1. 남북한 관계와 상태 현황

가. 한국 정전협정상의 남북한의 법적 지위

이미 언급된 바와 같이 남한의 경우 정전협정의 체결 당사자가 아니다. 따라서 정전협정에 앞서 한국동란의 법적 성격을 파악하고 정전협정의 비체결 당사자인 남북한의 법적 지위를 논해야 할 것이다. 먼저, 국제법의 측면에서 한국동란의 성격에 관해 대체로 4가지 학설로 구분해 볼 수 있다. 첫째는 국제연합 제재행위인 경찰행동설이고, 둘째가 내란설이며, 셋째가 전쟁설이고, 넷째가 초기내란 후기전쟁설로 나누어진다. 그러나 이런 것이 "서로 혼재되어 결국은 '국제연합적 제재성을 지닌 사실상의 전쟁'으로 보는 것이 평균적 입장이 되는 것"으로 볼 수 있다.73)

---

72) 제성호, "남북기본합의서의 법적 성격," 서울국제법연구, 제5권 제2호, 1998, pp. 83-93.

이러한 특성을 가진 한국동란은 제2차 세계대전의 종료 및 국제연합의 설립이후 자유주의 국가와 공산주의 국가간 가장 치열한 무력충돌의 하나로 볼 수 있으며, 한국 정전협정의 체결을 통해 국제평화와 안전의 유지를 목적으로 하는 보편적 국제기구인 국제연합 안전보장이사회의 기능과 역할에 대한 국제사회의 시금석이 된 것은 분명한 사실이다. 한국동란이후 소련·중국의 "거부권 행사"[74]로 인해 1991년 걸프전까지 안전보장이사회는 사실상 제 기능을 할 수 없었다.

이미 북한은 1973년 10월 23일이후 증강된 해군력을 배경으로 정전이래 지켜오던 서해 해상경계선을[75] 침범하기 시작

---

73) 김정균, "남북한간의 협정형태에 관한 연구," 「국제법학회논총」 제30권 제1호, 1985, p. 109.

74) 결국 상임이사국에 대한 강제조치 및 그의 피보호국에 대한 강제조치는 불가능하게 된다. 여기 집단안전보장체제로서의 국제연합의 맹점이 있다(김명기, 『국제법원론』 상, (서울: 박영사, 1996), p.374.

75) 정전협정 제13항 ㄴ. "본 정전협정이 효력을 발생한 후 10일 이내에 상대방인 한국에 있어서의 후방과 연해 도서 및 해면으로부터 그들의 모든 군사역량, 보급물자 및 장비를 철거한다. 만일 철거를 연기할 쌍방의 동의한 이유 없이, 또 철거를 연기한 유효한 이유 없이 기한이 넘어도 이러한 군사역량을 철거하지 않을 때에는 상대방은 치안을 유지하기 위하여 그가 필요하다고 인정하는 어떠한 행동이라도 취할 권리를 가진다. 상기한 '연해 도서'라는 용어는 본 정전협정이 효력을 발생할 때에 비록 일방이 점령하고 있더라도 1950년 6월 24일에 상대방이 통제하고 있던 도서를 말하는 것이다. 단 황해도와 경기도의 도계선 북쪽과 서쪽에 있는 모든 도서 중에서 백령도(북위 37도 58분, 동경 124도 40분), 대청도(북위 37도 50분, 동경 124도 42분), 소청도(북위 37도 46분, 동경 124도 46분), 연평도(북위 37도 38분, 동경 125도 40분), 및 우도(북위 37도 36분, 동경 125도 58분)의 도서군들은 국제연합군 사령관의 군사통제하에 남겨두는 것을 제외한 기타 모든 도서는 조선인민군 최고사령관과 중국인민지원군 사령관의 군사통제하에 둔다. 한국 서해안에 있어서 상기 경계

했다.[76] 1999년 9월 2일 "서해 해상군사분계선"을 일방적으로 선포하고 제1차 연평해전이 발생했다. 다음해인 2000년 3월 23일에는 "서해 5개섬 통항질서"를 일방적으로 발표했다. 2002년 6월 29일 제2차 연평해전, 2009년 11월 10일 서해(대청)교전이 발생했다. 이것에는 2003년 4월 미 부시대통령의 확산방지구상(PSI, Proliferation Security Initiative)이 발표되고, 남한이 2006년 부분적 참가에서 2009년 적극적 참가로 전환했다는 것과도 연관성이 있다는 설이 있다.[77] 2010년 3월 26일 천안함 사건, 11월 23일 연평도 포격사건 등 이후에도 다수의 교전 사건이 발생하였다. 이상에서와 같이 정전협정의 위반사례가 많고 적적한 제재가 현실적으로 불가하다는 사유로 한국 정전협정의 "사문화" 논의가 존재하는 것이다.

나. 남북합의서상 남북한의 법적 지위

1953년 한국 정전협정 체결이후 "냉전"을 지나고 1992년 남북합의서의 발효 후 남북한관계는 진일보하는 듯하였다. 그러나 정전협정의 체결 직후부터 계속된 북한의 정전협정 위반과 무력화 그리고 핵비확산조약 탈퇴선언 및 북미 제네바 핵 합의[78] 등 현안들로 인해 아직까지 남북관계의 큰 발전과 변화는 이룰 수 없었다.

선 이남에 있는 모든 도서는 국제연합군총사령관의 군사통제하에 남겨 둔다.(지도 생략)."

76) 김명기,"서해 5도서의 법적 지위," 「국제법학회논총」 제23권 제1·2호, 1978, p.324.

77) U. N. S. C. Res. 1874에 근거하고 있다.

78) 북미제네바 합의문에 따른 대북경수로지원사업은 경수로지원기획단, 『대북 경수로지원사업 개관』 및 『경수로사업 관련자료집』,1997, 참조.

남북합의서 서문에는 남북관계를 "나라와 나라사이의 관계가 아닌 통일을 지향하는 과정에서 잠정적으로 형성되는 특수관계"라고 규정하고 제1조에서는 남북한은 "서로 상대방의 체제를 인정하고 존중"할 것을 약속하고 있다. 이러한 측면에서 남북한 "특수관계"의 의미를 남한 국제법학자 3인은 공통적으로 "사실상(*de facto*)" 국가 승인한 것에 지나지 않는다는 해석을 하고 이에 추가하여 대외적으로는 "1민족 2국가 2정부"이나 대내적으로는 "1민족 1국가 2체제"라는 것에 일치된 견해를 나타낸다.[79]

남북한은 "잠정적으로 형성되는 특수관계"라는 것에 대해 제성호는 "이처럼 한편으로는 국제사회에서 '사실상 2개의 국가'로 존재하는 남북관계의 '현실'을 인정하면서도, 다른 한편으로는 '통일에의 지향'이라는 명분을 포기할 수 없는 바, 이러한 두 가지 면을 하나의 단어에 농축시켜 표현한 것이 바로 남북한 '특수관계'라고 할 수 있다. 즉 특수관계라는 용어는 분단(사실상 2개의 국가로 존재)의 현실과 통일지향성(둘을 하나로 만들려는 분단 극복의 의지와 노력)이라는 명분을 조화롭게 담아낸 예지라고 하겠다."[80]

반면 주지하다시피 1972년 11월 8일 체결된 "독일연방공화국과 독일민주공화국 간 관계의 기본 원칙에 관한 조약(동서독 기본조약)"은 독일연방헌법재판소의 판결에 따라 조약임을 판정받았었음에도 1991년 통일독일을 성취함에 그 어떤

---

79) 김명기, : 이장희, "남북한 UN가입과 국제법적 실천과제: 남북한기본조약의 틀 모색," 「법과사회」 제5권 제1호, 1992, p. 13 ; 제성호, "북한의 법적지위 재검토," 「법조」 제655호, 2011, p. 64.

80) 제성호, 상게논문, p.66.

장애도 발생하지 않은 채, 오히려 독일 통일에서의 초석이 되었다. 제4조는 "독일연방공화국과 독일민주공화국은 양국의 어느 일방이 상대방을 국제적으로 대표하거나 또는 자국의 명의로 상대방을 대신하여 행동할 수 없다는 데 의견을 같이한다."[81)라고 규정한다. 솔직한 사견이지만 만일 어차피 남북합의서의 상호 국제법성 "국가 승인"(recognition of states)을 대내적 대외적으로 효력을 구분 지을 것이라면 차라리 상호간의 존중을 바탕으로 한 동서독 기본조약의 규범, 규정이 보다 명확하고 합리적이었다는 아쉬움을 가진다.

2. 남북한 법제통합 및 적용법의 문제

가. 분단국가의 법제 일반

구 독일의 서독은 "동방정책"(Ost Politik)의 추진 결과 1972년 12월 21일 동독과 기본조약을 체결하고 아울러 1973년 6월 개별의 단위로서 각각 동시에 국제연합 회원국으로 가입하기에 이르렀다. 이와 같은 서독과 동동간의 법적 관계는 B. Brandt의 이른바 "한민족 두 국가론"의 구현으로서 서독의 국제법상 지위에 관해서는 이론의 여지는 있으나 동서독이 국내법상 "국가 대 국가"의 관계로 설정되었다는 데에는 이론이 없을 것이다.[82) 이후 유럽안보협력회의(CSCE)에

---

81) 또 제6조에서 다시 "독일연방공화국과 독일민주공화국은 각국의 국가권력이 각자의 영토 내에서만 행사될 수 있다는 원칙을 고수한다. 양국은 국내 및 대외 문제에 있어서 상대방 국가의 독립과 자주성을 존중한다."고 규정한다.
82) 서독 바이에른주 정부는 1973년 5월 동서독간 기본조약의 합헌

의한 동서독기본조약의 국제적 보장, EC 및 GATT가입에서
의 독일 내부교역으로의 승인·가입 등이 이루어졌다.[83] 한편
중국과 대만, 중국과 홍콩·마카우간의 관계에서와 같이 국가
승인 및 일국양제의 국제적 조류가 계속 완화되어 변화하고
있는 추세이다.

나. 남북한의 법제통합 방안

남북한은 기본적으로 자유민주주의 체제 및 시장경제제도와
사회주의 비시장경제체제를 갖춘 법제의 측면에서 완전 이질적
인 상태이다. 특히 북한지역의 부동산 소유권 문제, 혼인 등,
친족과 상속문제, 정치 및 형사범 등 국제법적으로나 국제사법
(Private International Law, The Law of Conflict of Laws) 적,
준국제사법적(Quasi-Private International Law, The Law of
Local Conflict of Laws인 많은 문제를 가지고 있다.[84]

남북한은 모두 통일정책에 관한 한 평화통일정책을 기본원
칙으로 한다. 이것은 대한민국 헌법, 조선민주주의인민공화국
헌법, 남북합의서 등에 법적 근거를 두고 있다. 먼저, 평화통일
의 경우 '병합(annexation)형 통일'과 '합병(amalgamation)형 통

성여부에 관해서 연방헌법재판소에 소송을 제기하였는데, 동재
판소는 어떠한 두 국가의 이론도 서독기본법과 모순된다는 이론
을 배척하고, 전체 독일내의 부분적 질서로서의 두 개의 국가를
인정하였다. 동판결문은 손형중 역 "동서독기본관계문헌" 통일정
책 1권 2호, pp. 234이하에 수록되어 있다. 배재식, "남북한의 법
적 관계," 「국제법학회논총」 제22권 제1·2호, 1976, p.229에서 재
인용.
83) 유하영, "국제법상 남북한교역에 관한 연구," 명지대학교 대학
원, 1995
84) 유하영, "북한국적인의 사법관계 적용법에 관한 연구," 「인도
법논총」, 제25호, 2005, pp.256-57.

일'의 경우에 따라 통일된 북한 영역에 적용되는 법이 다르다. 전자의 경우는 대한민국의 법이 적용되며, 후자의 경우는 남한과 북한이 합의로 정하는 법이 적용된다. 둘째, 무력통일의 경우도 "작전지휘권 환수 이전"의 경우와 '작전지휘권 환수 이후'의 경우에 따라 다르다. 전자의 경우는 점령군사령관인 국제연합군사령관의 군정법령이 적용되며 미군정법령은 절대적 지장이 없는 한 북한의 법령을 존중하는 것이어야 한다. 후자의 경우는 평화조약이 체결되기 이전의 경우는 점령군사령관인 대한민국 국군 사령관의 군정법령이 적용되며 역시 이 군정법령은 절대적 지장이 없는 한 북한의 법령을 존중하는 것이어야 한다. 평화조약이 체결된 이후에는 대한민국의 법이 적용되게 된다.

따라서 첫째, 병합형 통일의 경우에는 대한민국 법이 적용되나 당분간 북한 법을 적용해야할 것이므로 이에 관한 특별조치법을 준비해야 한다. 둘째, 합병형 통일의 경우에는 남북한이 합의하여야 할 법의 내용을 준비하여야 할 것이다. 셋째, 작전지휘권 환수 이전의 무력통일의 경우에는 군정권을 국제연합군사령관으로부터 한국군이 인수하도록 하는 협정 체결 또는 국제연합군사령관이 발할 군정법령에 반영하기 위한 내용을 준비하여야 한다. 넷째, 작전지휘권 환수 이후, 평화조약 체결이전의 경우에는 한국군사령관이 미리 북한지역에 적용될 군정법령을 준비해야 한다. 다섯째, 작전지휘권 환수 이후, 평화조약 체결이후에는 계엄령과 대한민국 법을 적용하기 위한 잠정적 특별조치법의 내용을 준비해야할 것이다.[85]

---

85) 김명기, "통일이후 북한영역에의 적용법에 관한 기초적 연구," 「통일문제연구」 제5권 제4호, 1993, p.180.

| 제6절 | **결론**

앞서 살펴본 바와 같이 한국 정전협정과 남북합의서의 공통점으로는 현재 사실상 이 두 조약은 "사문화"되었다는 견해가 지배적이다. 또 양자의 차이점으로는 한국 정전협정에는 대한민국이 체결 당사자가 아니나 남북합의서는 남북한 모두 직접 체결 당사자이라는 점이다. 따라서 한국 정전협정을 대치하는 남북합의서로서 다시 자리매김하는 것이 남북한의 관계발전에 도움이 될 것으로 확신한다.

현 대한민국은 1919년 대한민국 임시정부의 법통을 이어받은 정부이다. 1948년 대한민국 정부의 수립은 일본의 혹독한 불법 식민지배를 극복하고 국제사회를 주도하는 선진국가의 전형을 다시 만들기 위함이었다. 그러나 대한민국은 제2차 세계대전의 종전 법적으로 매듭지은 1952년 발효 "대일평화조약"(The Treaty of Peace with Japan)이나 1953년 한국 정전협정에서 모두 조약에서의 비당사자로 남아있다. 이러한 요인은 많은 연구가 이루어 졌지만 순수하게 국내 정치적 사유와 현실 국제정치의 무지와 의존, 사대주의 등으로 인해 초래된 결과이기도 하다.

김명기 교수는 해석 법학을 연구방법으로 하는 한국 법학 수준을 아직 "번역 법학"에 지나지 않는다고 혹평한 바 있다. 만일 대한민국의 통일 및 대외 교섭에서의 담당자가 법적 견지에서 "통찰력"과 "지혜"를 바탕으로 교섭과 규범초안 작업에 임한다면 "보다 좋은 법"(better law)을 만들고, 앞으로 오랫동안 변하지 않는 법을 만들 것으로 기대하면서 조국의 평화통일과 번영을 상상해 본다.

법 불신과 법 만능의 어느 쪽도 길은 아니다.

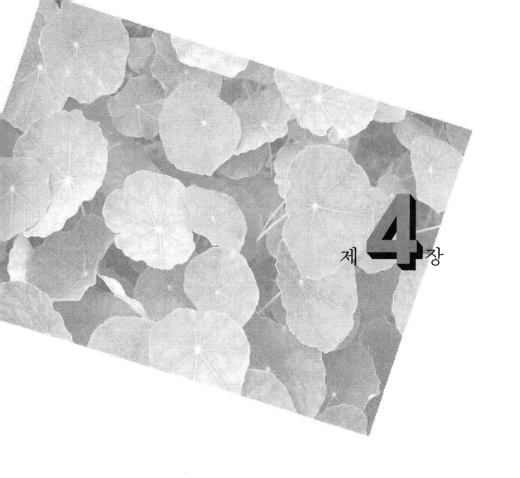

종전시대의 법제도의 정비

선문대학교 전임연구교수, 법학박사 이동원

| 제1절 | # 서론

최근 2018년 들어서면서 종전(ending war)이 화두가 되고 있는 것은 2018년 '한반도의 평화와 번영, 통일을 위한 판문점선언'[1](이하, '4·27 판문점선언'이라 한다)에서 남북 정상이 합의한 내용 중 3.③ "남과 북은 정전협정체결 65년이 되는 해(2018)에 종전을 선언하고, 정전협정을 평화협정으로 전환하며,…."라는 종전에 관한 사항을 합의하면서 부터이다. 이후, '역사적인 싱가포르 정상회담 후 트럼프와 김정은 간의 체결된 협정'(Trump-Kim Agreement signed after historic Singapore Summit)[2](이하 '6·12 북미정상회담'이라 한다) 제2항 '미국과 조선민주주의 인민공화국은 한반도에서 지속적이고 안정적인 평화체제를 구축하기 위한 노력에 동참할 것'(The United States and the DPRK will join their efforts to build a lasting and stable peace regime on the Korean Peninsula) 및 제3항에서 '재확인'(Reaffirming the April 27, 2018 Panmunjeom Declaration) 되고, '5·26 남북정상회담',

---

1) 정식명칭은 "한반도의 평화와 번영, 통일을 위한 판문점선언"(2018.4.27)이고, 영문명은 "Panmunjeom Declaration for Peace, Prosperity and Unification of the Korean Peninsula"이다(남북회담본부, "회담정보", https://dialogue.unikorea.go.kr/ukd/a/ad/usrtaltotal/View.do, 최종검색 2019.2.4).

2) Aldin Pinkott, "USA Hint. COM, "WORLD:Full Text: Trump-Kim Agreement signed after historic Singapore Summit," Published 3 months ago on June 13, 2018. http://usahint.com/world/trump-kim-agreement-singapore-summit-631/ 최종검색 2018.8.30.

'9 · 19 평양공동선언'과 같은 남북정상 간의 후속회담이 급진전 되면서 '4 · 27 판문점선언' 3.③의 종전선언 합의가 현실화 되는 것이 아닌가 하는 전국민적 관심사로 부각되면서 종전에 대한 기대 감으로 나타났다. 2019년 '1 · 1 김정은 신년사'에서는 '평화시대 '(종전)에 대한 결심과 의지를 보이면서 " 판문점선언과 9월평양 공동선언, 북남군사분야합의서는 북남사이에 무력에 의한 동족상쟁 을 종식시킬 것을 확약한 사실상의 불가침선언[3]"이라고 천명하고 있다. 이렇듯 평화정착을 향한 종전선언이나 평화협정의 체결은 남 북간 및 북미간 합의를 기초로 형성되는 분위기이다. 다만, 2019년 2월 27일 및 28일 개최된 "제2차 북미회담"(Second Trump-Kim Hanoi Summit)은 합의점을 찾지 못하여 결렬되었다.

남북은 합의의 틀 내에서 서로간 평화를 조성하는 점에서 법치 주의를 향한 규범적 틀을 수용한 것으로 볼 수 있다. 이처럼 남북 이 법치주의 형성 과정에서 "현재 남북간 체결된 합의서는 공동성 명(joint statement), 공동선언(joint declaration), 합의서 (agreement), 합의문, 공동보도문 등 다양한 명칭과 형태로 나타나 있다.[4]"또한 한반도에서 평화정착 이후 이룩할 "향후 한반도의 평 화통일은 남북 쌍방 사회가 법치주의 원리가 지배하는 사회에 기초 해야[5]"하는 것을 의미한다. 이와 같이 평화통일 과정은 남북이 국 제법상 합의를 통하여 국제법 질서가 남한뿐만 아니라 북한지역에

---

3) 오마이뉴스(news), "완전한 비핵화는 불변적 입장이며 확고한 의 지," 「김정은 신년사 전문」, 19.01.01 12:27l최종 업데이트 19.01.01 14:01l.
4) 박정원, "남북합의서의 헌법적 문제," 「헌법재판소 창립 25주년 기념 학술대회 발표집-통일과정의 헌법적 문제」, 헌법재판연구원, 2013.9.12, p.61.
5) 이장희, "남북기본합의서 국회비준 동의와 통일관련 법제정비 방 향," 「한반도 평화와 통일을 위한 국회의원 · 시민단체협의회(준) 창립대회 및 정책토론회 발표집」, 한반도 평화와 통일을 위한 국회 의원 · 시민단체협의회(준) 창립대회 및 정책토론회, 2006.3.6, p.36.

도 적용되는 것을 의미한다.6)

한편, 한반도는 1953년 7월 27일 일명 "한국군사정전협정7)"이 체결된 이래로 현재도 전쟁이 언제든 재개될 수 있는 휴전(armistice)상태에 있는 점에서 종전과 평화협정에 대한 갈망은 매우 높다. 즉, "휴전은 적대행위의 일시적 정지이며, 평화조약에 의해 비로소 전쟁은 종료되고 평화가 회복된다.8)" 따라서 한반도의 실질적 당사자인 남북한의 정상이 한반도의 평화정착을 위하여 노력과 합의를 하는 것은 너무나도 당연하다. 이러한 의지와 결심이 2019년 '1·1 김정은 신년사'에서도 잘 나타나 있다.

이 경우 종전의 의미로서 평화협정은 매우 이상적인 협정이지만 그와 같은 협정이 체결되었을 때 잠정적이나마 통일 전까지는 그에 따른 남북한 내부의 국내법과 제도의 정비는 어느 정도 불가피하다. 그 연장선에서 양자(남북한) 또는 3자(남북미), 4자(남북미중), 6자(남북미중일러)가 당사자 회담을 통하여 평화협정을 체결할 경우에 대비하여 정비해야 할 법령과 제도를 살펴보는 것은 현재의 시점에서나 미래의 시점에서도 매우 의의가 있다. 따라서 이 연구 "종전시대의 법제도의 정비"의 논점은 한반도에서 남북한이 정전협정을 거쳐

---

6) 법무부, 『독일 법률 사법통합 개관: 법무자료 제165집』(서울:법무부 법무실, 1992), pp.46-47.

7) 정식명칭은 "국제연합군 총사령관을 일방으로 하고 조선인민군 최고사령관 및 중국인민지원군 사령원을 다른 일방으로 하는 한국군사정전에 관한 협정"(1953.7.27)이다.

8) Great Britain, The War Office, *The Manual of Military Law, Part III, The Law of War on Land*(London: H.M.S.O., 1958), p.127;김명기, "정전협정의 평화조약으로의 대체에 의해 제기되는 법적 제문제와 그에 대한 대책방안 연구," 『군사논단』 통권제86호 (2016 여름), 한국군사학회, 2016.6.25, p.216.

평화조약을 체결하였을 때 어떤 법령을 개정하고 폐기해야 하며, 그에 따른 판례를 어떻게 변경해야 하는지, 제도를 개선한다면 무엇이 있는지 등을 살펴보는 것은 매우 그 의의가 있다.

따라서 이 연구는 먼저 종전시대가 무엇을 의미하는지 그 의미를 살펴보고, 다음으로 정비하여야 할 법령과 제도에 대해 검토하고자 한다. 다만, 제도정비는 별론한다. 연구방법과 범위는 법실증주의적 접근을 통하여 동서독과 남한의 실정법을 중심으로 살펴보고자 한다.

| 제2절 | 종전과 법제도의 정비

1. 종전(Ending War)과 종전 선언(Declaration of Ending War) 의의

(1) 의의

"종전시대 법제도의 정비"는 그 주제가 의미하듯 종전시대가 무엇을 의미하는지, 그에 적합한 법제도의 정비가 무엇인지를 검토하는 것이다. 종전시대 법제도의 정비는 일반적으로 전쟁의 종결을 의미하는 휴전협정의 완전한 종결과 그에 따른 법령과 제도의 정비이다. 여기서의 종전(ending war)은 사실상(*de facto*)의 종전과 법률상(*de jure*)의 종전으로 구분할 수 있으며, 사실상의 종전은 종전선언을 의미하고, 법률상의 종전은 평화협정 또는 평화조약을 의미한다. 이 경우 전쟁의 종결방식을 평화협정으로 체결하거나 또는 평화조약으로 체결하거나 그 법적 효과는 같다. 따라서 광의로는 종전은 종전선언을 포함하는 의미이지만 협의로는 법률상의 효과가 발생되는 평화협정을 의미한다. 즉, 「종전시대」에서 '종전'(ending war)은 엄밀한 의미에서 법적인 종전을 의미한다. 따라서 평화협정이나 평화조약만을 의미하는 것으로 해석해야 한다. 그러므로 법적인 관점에서 종전은 정전협정을 평화조약으로 전환하여 체결하는 것을 의미하고, 법령과 제도의 정비는 평화협정과 일치된 법령의 개폐를 통한 법적 동화 및 제도의 정비를 의미한다. 이같은 사항은 「'4·27 판문점선언' 3.③: 남과 북은 …종전을 선언하고, 정전협정을 평화협정으로 전환하며」에 잘 나타나 있다. 따라서 종전시대 또는 평화협정(시대)의 법제정비는 통일을 염두에 둔 통일법이나 통일헌법 체제하의 법제정비와는 구분된다. 통일법 체제하의 법제정비는 단일국가, 즉 「1민족 1국가」 내에서의 법제정비를 의미하고, 종전시대의 법제정비는 사실상 「1민족 2국가」 체제하의 법제정비를 의미한다.

일반적으로 종전이 되는 과정이 최근 남북미 사이에 논의[9]

---

9) 2019년 2월 27일(수) 베트남에서 북미 2차회담에서 종전선언이 합의될 수 있다고 논의되고 있다(데일리안, "베트남 담판서 종전선언?…北 '계륵' 챙길까," 2019-02-08 03:00, http://www.dailian.o.kr/news/view/770721, 최종검색 2019.2.8). 여기에 대하여는 전문가들의 분석이 종전선언 할 것이라는 설과 하지 않을 것이라는 설, 바로 평화협정을 체결할 것이라는 설 등이다. 그러나 제2차 북미회담에서 종전선언을 하든 나중에 하든, 평화협정으로 바로 가는 것은 사실상 절차적 어려움이 많이 존재하고 절차적으로는 종전선언을 거치는 것이 용이하다.

되고 있는 것처럼「정전협정-종전선언-평화협정」체결의 순서로 되는 것은 아니며, 종전선언 없이 바로「정전협정-평화협정」으로 이어질 수도 있다. 또한 종전은 실제상 조약의 형식을 통하여서만 이뤄지는 것도 아니다. 예컨대 평화협정은 조약형식이나 공동성명·공동선언·교환공문 형식 등에 의해서도 얼마든지 가능하다.10) 따라서 종전형식은 다양할 수 있으나 그 법적 효과는 다르다. 예컨대 조약형식의 평화조약이나 협정은 법적 효과가 발생하지만 선언이나 성명형식은 법적 구속력은 발생하지 않고 도덕적·정치적 구속력만 발생한다. 이에 반해 평화협정의 체결은 양 당사자 또는 다수당사자를 구속하며, 법적 효과로서 당사자 각국은 국내법을 평화협정과 일치시킬 의무를 부담한다. 따라서 법적으로 종전선언이 비구속적인데 반해 평화협정은 구속력이 존재한다. 이러한 법적 현실은 현실 국제정치에서 정책결정자에게 의사결정을 선택함에 있어서 매우 중요한 요소가 될 수 있다. 예컨대 남북미 관계에서, 한미와 국제사회가 주장하는 북한의 핵무기·핵시설의 폐기조치는 실제적이고 불가역적인 물리적 조치인 반면, 북한이 대가로 얻는 선택 중 평화협정은 국제법상 구제력이 있는 조치이지만, 종전선언은 국제법상 구속력이 없는 조치에 불과하다면, 북한이 두 가지 선택 중 평화협정을 선택할 것은 자명하다. 또한 종전선언이 국제법상 구속력이 없으므로 당사자 사이에서 언제든 번복될 수 있고, 북한은 비핵화와 종전선언이 대등한 상응조치라고 여기지 않을 수도 있다. 특히 한국과 같이 보수정부에서 많은

---

10) C. C. Hyde, *International Law,* Vol.3(Boston : Little Brawn, 1947), p.2386; 김명기, 『국제법원론』(서울:박영사, 1996), p.444; 김명기, 전게논문, p.222.

합의서 이행이 번복되는 현실이나 미국과 같이 국익을 우선하는 국가에서는 북한의 불안은 더하다. 즉, 정권이 교체된 다음 정부에서 계속성·동일성을 보장받기 어렵기 때문이다. 그럼에도 불구하고 종전선언은 그 의미와 정치적 효과는 크다. 예컨대 국제사회 일원으로 참가하거나 국제사회에서 우호적 여론형성, 실질적 정치적 효과 주장, 사문화된 정전협정에 따른 평화협정 체결 주장, 국내적 성과물 전시와 안정체제 유지, 평화협정 체결을 위한 접근단계의 용이성, 부분적 경제조치의 해제 등이다. 그러나 종전선언은 신사협정과 같은 정치적 선언에 불과하고 법적 효과가 발생되지 않으므로 당사국을 구속하거나 의무를 발생시키지 않는다. 이는 당사국이 합의사항에 따라 법령정비 의무를 부담하지 않아도 되는 것을 의미한다.

(2) 종전과 자결권

자결권이란 하나의 결속된 집단이나 민족, 인민들이 외부로부터 간섭 없이 스스로 정치적 지위(조직과 형태)와 다른 집단과의 관계를 자유로이 결정할 수 있는 권리를 의미한다.[11] 자결권을 외적 자결권과 내적 자결권으로 구분하는 견

---

11) Declaration on Principles of International Law concerning Friendly Relations and Co-operation among States in Accordance with the Charter of the United Nations (Res.2625(XXV));Atlantic Charter(1941), arts.2-3;Ian Brownlie, *Principles of Public International Law*, 7th ed., (New York:Oxford University Press Inc., 2008), p.580;Antonio Cassese, *International Law*, 2nd. ed.,(New York:Oxford University Press Inc., 2005), p.78;이한기, 『신정판:국제법강의』(서울:박영사, 2007), pp.445-446;김대순, 『제17판:국제법론』(서울:삼영사, 2013), pp.401-406;김정균·성재호, 『제5개정판:국제법』(서울:박영사, 2006), p.258.

해도 있다.12)한반도에서 남북이 스스로 당사자로서 종전에 관한 종전선언이나 평화협정을 체결할 수 있다면 자결권은 문제되지 않는다. 그러나 남북이 당사자로서 자기 스스로 종전을 결정할 경우에는 정전협정의 당사자(유엔 대 북한, 중국)와 평화협정의 당사자(남한 대 북한)가 동일하지 않게 되고, 이 경우 법적 효력이 동일하게 발생되는지 문제된다. 즉, 정전협정이 유효하게 종결되었는지가 문제된다.

한반도에서 사실상의 종전에 해당하는 정치적 종전선언이나 법률상의 종전에 해당하는 평화협정의 체결은 정전협정의 당사와 밀접한 관련성을 맺고 있다.

북한은 종래에 대한민국이 정전협정의 당사자가 아님을 근거로 평화협정 역시 대한민국은 당사자가 아니라고 계속하여 주장해 온 것도 사실이다. 예컨대 1974년 2월 25일, 1975년 8월 17일, 1980년 10월 10일, 1984년 1월 10일, 1988년 7월 20일 등이다.13) 북한은 대한민국은 정전협정의 당사자도 아니고, 평화협정의 당사자도 아니므로, 미국에 대하여 평화협정을 체결할 것을 주장해 왔다. 종래의 태도를 변경하여 북한이 남한을 당사자로 인정하고 존중함으로써 평화협정을 체결하는 경우에는 자결권은 문제되지 않는다. 그러나 정전협정이 법적으로 종결되었는가는 별개의 문제이다. 즉, 이 문제는 정전협정의 당사자만이 종전할 수 있는가이다. 여기에 대해 "휴전조약의 당사자와 평화조약의 당사자는 반드시 일치하14)"지 않아도 된다는 견해가 있다. 즉, 정전협정의 당사자와 평화협정의 당사자가 다른 경우에도 종전될 수 있다는

---

12) 상게주석.
13) 김명기, 전게논문, p.216.
14) 김명기, 전게논문, p.226.

의미이다. 이 견해는 정전협정 제4조제60항을 법적 근거로, 1953년 8월 28일 국제연합 총회의 결의로 설정된 한반도의 정치적 당사자 16개국은 평화협정의 당사자가 될 수 있고, 여기에 포함된 한국은 당연히 북한과 양자조약 또는 다자조약을 체결할 수 있다고 주장한다.15)따라서 정전협정의 당사자와 평화협정의 당사자가 다른 경우, 즉 남북이 자결권을 행사하여 한반도의 전쟁상황을 종결한 경우에도 양자는 상호 저촉되지 않는다. 다만, 한반도 문제를 결정함에 있어서 국제정치질서와 일치되지 않는 국제법질서가 존중받을 수 있는지 의문이다. 동서독의 경우 전승 4국의 동의를 필요로 하여 많은 경우에 제약을 받았다. 그 대표적인 예가 1973년 승전 4국의 동의하에 행한 유엔가입이다.16)남북의 경우에도 과거 한국의 유엔가입은 중국과 소련이 반대하고, 북한의 유엔가입은 미국이 반대한 사실에서 현실적으로 스스로의 결정권을 행사함에는 한계가 있다. 따라서 한반도 문제에 있어서 남북이 자결권 행사에 주력하기보다는 주변의 정치적 당사자를 포함함으로써 포괄적 협상과 다자협정이 더 바람직하다.

---

15) 김명기, 상계논문.

16) 한스 요아힘 하인츠(Hans Joachim Heintze), "독일연방공화국(서독)과 독일민주공화국(동독)간의 기본조약(1972.12.21.)에 관한 법적 의견서," 「발표집:한반도 평화와 동서독의 경험:동서독기본조약과 남북합의서의 비교분석」, 민주사회를 위한 변호사모임, 2018.11.21, p.15.

2. 연혁적 근거

(1) 비교법상 연혁적 근거

비교법상 「동서독기본조약」17)을 검토하는 것은 매우 의의가 있다.

동서독은 1972년 12월 21일 동서독기본조약을 체결, 1973년 9월 18일 유엔에 동시가입, 기본조약 체결 후 18년이 지난 1990년 10월 3일 통일되었다. 따라서 기본조약의 의의를 굳이 찾는다면 그것은 '<u>성공한 합의서</u>'이다.

남북은 1991년 12월 13일 남북기본합의서 체결, 1991년 9월 17일 유엔에 동시 가입, 기본조약 체결 후 28년(2019)이 지난 현재에도 통일은 진행형이다. 따라서 기본합의서의 의의는 쉽게 찾을 수 없으며, 그것은 '**실패한 합의서**'이다.

따라서 동서독기본조약은 결과적인 면이나 법문자체나 내용 및 국제법상의 기본원칙 수용 등 많은 부분에서 남북관계에 교훈을 주고 있으므로 이를 검토할 필요성이 있다.

---

17) 『The Basic Treaty (December 21, 1972):독일연방공화국과 독일민주공화국간 관계의 기본원칙에 관한조약(1972.11.8, 서명, 1972.12.21, 발효)』, 이 조약은 본조약 외에도 「조약에 대한 추가의정서, 재산문제에 관한 조약의정서 부록, 국경위원회 행정교류 국적에 관한 의정서에 대한 성명, 승전국에 관한 서한 교환, 독일통일에 관한 서한, 조약서명시 양국 대표의 구두 협의사항」이 존재하며, 그 밖에 부속문서로서, 「유엔및국제기구 가입현황에 관한 문서, 경감조치에 관한 양 정부의 서한교환」이 있다(한스 요아힘 하인츠(Hans Joachim Heintze), "독일연방공화국(서독)과 독일민주공화국(동독)간의 기본조약(1972.12.21.)에 관한 법적 의견서,"「발표집:한반도 평화와 동서독의 경험:동서독기본조약과 남북합의서의 비교분석」, 민주사회를 위한 변호사모임, 2018.11.21, p.18).

i) 「종전」(ending war)에 대한 연혁적 근거

(가) 동서독 기본조약

양독은 1972년 11월 8일 "독일연방공화국과 독일민주공화국 간 관계의 기본원칙에 관한 조약"을 체결하면서 다음과 같이 합의하고 있다. 여기서는 종전이나 평화협정과 같은 용어는 사용하고 있지 않지만 사실상·법률상 평화조약의 체결 이후의 법률효과로 나타나거나 또는 평화조약 내용에 명시될 수 있는 표현을 사용하고 있다. 따라서 어떤 측면에서는 동서독기본조약18)은 양자간 평화협정의 체결로 해석될 여지가 있다. 이는 국제법상 일반적으로 영토에 대한 처리는 평화조약에 의하기 때문에 동서독기본조약이 국제법의 기준에 따라 양국간 영토처리를 명시한 것은 이와 같이 해석할 수 있다.

『전문: …현존하는 국경선을 기준으로 한 모든 유럽 국가들의 국경불가침 및 그들의 영토보전과 주권존중이 평화를 위한 기본적인 전제조건이라는 확신을 가지고 …포기하여야 한다….』
『제2조 독일연방공화국과 독일민주공화국은 유엔 헌장에 명시되어 있는 …모든 국가의 …영토보전의 존중…을 지향한다.』
『제3조 유엔 헌장의 정신에 따라 독일연방공화국과 독일민주공화국은 …. 쌍방은 현재 존재하며 또 앞으로도 존속할 쌍방간의 경계선 불가침성을 강조하고 각기 영토

---

18) 동서독은 양국의 특수관계를 의도하여 '기본조약'이라는 명칭을 사용하였다. 일반적으로 국가간의 조약이 '기본'이라는 단어가 않들어간 것에 비해 양독의 조약에는 '기본'이라는 단어로 되어있다. 이는 일반적인 조약이 외교적·국제법적 관계에서의 국가간의 조약임에 반해 양독간의 조약은 특수한 관계임을 반영하고자 '기본조약'이라는 명칭을 사용하고 있다(한스 요아힘 하인츠, 상게논문).

보전을 무제한으로 존중할 의무를 지닌다.』

(나) 추가의정서
양독은 '제3조의 추가사항'에서 다음과 같이 합의하고
있다.

『양국간에 존재하는 경계선의 표지를 재조사하고,…경계
선에 관한 필요한 기록문서를 작성한다. ….』

ii)「법제도 정비」에 대한 연혁적 근거
(가) 동서독기본조약
동서독은 1972년 11월 8일 "독일연방공화국과 독일민주공
화국 간 관계의 기본원칙에 관한 조약"을 체결하면서 다음
과 같이 합의하였다.

『제7조(후문): 양국은 이 조약의 원칙에 입각하여… 법률
부문의 교류, …협력을 촉진시키고, …협정을 체결하기로 한
다. 이에 대한 세부사항은 추가의정서에서 정한다.』

(나) 제7조의 추가사항
양독은 다음과 같이 합의하고 있다.

『ⓓ 독일연방공화국과 독일민주공화국은 법률 연구가들
을 위하여 특히 민법과 형법분야에서 교류를 실시하는데
필요한 절차를 가능한 한 감소시키고 유용한 조약의 형
태로 마련한다.』

(2) 남북한 국내의 연혁적 근거

i) 「종전」에 대한 연혁적 근거

(가) 남북기본관계합의서

남한의 정원식 총리와 북한의 연형묵 총리는 1991년 12월 13일 "남북 사이의 화해와 불가침 및 교류 협력에 관한 합의서"(이하 "남북기본관계합의서"라 함)를 체결하면서 다음과 같이 매우 약한 합의를 하였다. 즉, 완전한 합의가 아닌 노력을 하겠다는 용어의 사용으로, 협력보다는 약한 용어를 사용하고 있다. 또 일반적 국제조약의 용어가 아닌 표현을 사용함으로써 약한 합의를 하고 있다. 즉 표현도 국제법상 법률용어, 예컨대 '정전협정'이나 '평화협정'이 아닌 '정전상태'나 '평화상태'라는 일반적인 표현을 사용하고 있다.

『제5조 남과 북은 현정전상태를 …평화상태로 전환하기 위하여 공동으로 노력하며,….』

(나) 10 · 4 남북공동선언

2007년 10월 4일 남한의 노무현 대통령과 북한의 김정일 국방위원장은 "남북관계 발전과 평화번영을 위한 선언"을 체결하면서 다음과 같이 이전의 남북관계기본합의서보다는 강하지만 약한 합의를 하고 있다. 여기서는 남북한이 한반도의 평화정착을 위해 기본인식을 같이하고, 상호 협력에 동의하는 선에서 약한 합의를 하고 있다. 이전의 남북관계합의서에서 사용된 노력보다는 협력이 강하지만 여전히 합의라는 표현을 사용하지 않음으로써 약한 합의를 하고 있다.

『4. 남과 북은 현 정전체제를 종식시키고 항구적인 평화
체제를 구축해 나가야 한다는데 인식을 같이하고, … 종
전을 선언하는 문제를 …협력해 나가기로 (합의)하였
다.』

(다) 4 · 27 판문점선언

2018년 4월 27일 남한의 문재인 대통령과 북한의 김정은
국무위원회 위원장은 "한반도의 평화와 번영, 통일을 위한
판문점선언"을 체결하면서 다음과 같이 강한 합의를 하였
다. 여기서는 국제법상 조약의 용어인 '종전선언'과 '평화
협정'이라는 용어를 사용하고 있다. 그리고 이전의 남북선
언과 같은 '노력'이나 '인식', '협력'과 같은 약한 합의
사항이 아닌 '전환하며', '(합의)하였다.'라는 표현을 사용
함으로써 강한 합의사항을 나타내고 있다.

『3.③: 남과 북은 …종전을 선언하고, 정전협정을 평화협
정으로 전환하며, …(합의)하였다.』

ii) 「법제도 정비」에 대한 연혁적 근거
(가) 10 · 4 남북공동선언

남한의 노무현 대통령과 북한의 김정일 국방위원장은
2007년 10월 4일 "남북관계 발전과 평화번영을 위한 선언"
을 체결하면서 다음과 같이 합의하고 있다.

『2.(제3문): 남과 북은 … 각기 법률적·제도적 장치들을
정비해 나가기로 하였다.』

(나) 11 · 16 남북총리회담 합의서

남한의 한덕수 국무총리와 북한의 김영일 내각총리는 2007년 11월 16일 "남북관계 발전과 평화번영을 위한 선언, 이행에 관한 제1차 남북총리회담 합의서"를 체결하면서 다음과 같이 합의하였다.

『제1조③: 남과 북은 … 각기 법률·제도적 장치들을 정비해 나가는 문제 등을 협의해 나가기로 하였다.』

3. 법제정비의 기본방향과 기본원칙

(1) 기본방향

남북은 종전을 통하여 법제정비를 함에 있어서 통일전까지 한시적·기본적으로 다음과 같은 기본방향을 지향하여야 한다. 남북은 이를 정치질서의 원칙으로 삼아 법제를 정비할 것을 요한다.

i) 민족 내부의 자결권 존중

남북한 내부 국민들의 자결권이 존중되는 것을 지향하여야 한다. 남북이 국가로서의 국민과 민족으로서의 한민족이 우리의 문제는 우리 스스로 자유로이 외부의 간섭 없이 결정해야 한다. 한반도 내부의 정치·경제·사회·문화·법적 문제 등을 우리 스스로 결정할 자유가 없다면 국제법상 진정한 의미의 주권의 완전성과 국가성의 완전성은 보장될 수 없다. 또한 남북은 스스로의 권력행사가 가능한 법역 내에서 자주적 자결권을 보유해야 한다.

ii) 분단고착화 지양

한반도에서의 전쟁상황의 종식은 남북의 양자간이나 다자간 평화조약의 체결을 통하여 가능하다. 즉, 통일과정에서 전쟁의 상황을 종식할 정전협정을 대체할 평화조약의 체결이 필요하다. 이 경우 평화조약의 형식이 일반 국가간 외교조약의 형식으로 체결될 경우 한반도는 영구분단, '분단의 고착화'(1민족 2국가)로 해석될 여지가 있다. 독일은 명칭에서 '기본조약' 형식을 통해 분단조약의 여지를 피하고 있다. 남북의 평화조약이 기본조약 형식을 따를 경우, 남북 내부의 특수조약임을 나타내는 것으로, 영구 분단조약의 해석은 피할 수 있게 된다. 즉, 일반국제법의 조약형식을 따르면서도 2개의 국제법 주체를 피할 수 있고, 내용면에서는 남북이 특수한 관계를 명시함으로써 분단의 고착화를 방지할 수 있다.

iii) 국제법상 상호 동등성 존중

남북은 한반도에 두 개의 실질적이고, 독자적인 국제법의 주체가 존재하는 것을 존중해야 한다. 즉, 남북은 서로를 국제법의 주체로서 자주·독립성을 존중하여야 한다. 북한에 대한 '자주·독립성의 인정'(국가승인)이 아닌 '자주·독립성의 존중'(평등성·동등성)이 필요하다. 북한에 대한 자주 독립성을 존중함으로써 곧 북한의 법질서를 인정하는 것이다. 이는 한국법질서에 의해 북한법질서가 불법질서가 아닌 것을 의미한다. 따라서 남북은 법역은 다르지만 법질서의 공유성을 찾아 동화될 것을 요한다.

iv) 남북간 내부의 국경 획정지향

남북은 기본조약 또는 평화조약을 체결하여 남북간 영토의 국경을 설정해야 한다. 남북간 영토의 국경은 연방국가 내부의 주와 주 사이의 경계와 같이, 일반국제법상 국가간의 국경이 아닌 특수관계 내부의 국경이어야 한다. 이 경우 서해 NLL과 같은 경우에는 남북간 획정이 어려운 경우, 유보할 수 있다.

v) 통일원칙 고수 지향

남북은 민족적 통일원칙을 고수하여야 한다. 독일의 경우는 국가적 통일보다는 민족적 통일에 비중을 두고 있는 것 같다. 남북은 「민족적 통일+국가적 통일(헌법제3조)」에 비중을 두고 있다. 남북이 평화협정을 체결하여 상호서로를 동등한 당사자로 인정할 경우 국가적 통일보다는 민족적 통일에 비중을 두고 불필요한 남북 내부의 충돌은 피해야 하고, 그에 일치되는 법제정비가 필요하다.

(2) 기본원칙

i) 국내법상의 기본원칙

평화협정의 체결로 인한 종전시대에 국내법상 법제정비의 기본원칙은 법치주의의 실현이다. 동서독은 "국가 통일과정에서 법치국가적 통일을 강력히 추구[19]"함으로써 성공적으로 통일할 수 있었다. 따라서 남북이 "서로 다른 법역간의 법체제를 동질화시켜서, 궁극적으로는 법의 단일화를 지향[20]

---

19) 법무부, 전게서, p.38.
20) 법무부, 상게서, p.39.

"해야 한다. 이를 위해서는 남북한 내부의 헌법질서가 평화협정에 대해 합치되도록 평화협정이 기준이 되어야 한다. 다만, 평화협정은 남북 내부의 특수관계를 고려하는 내용을 포함하여야 한다.

ii) 국제법상의 기본원칙

국제연합헌장상의 국제법 원칙을 수용한 법제정비이다.

조약법에 관한 비엔나협약 제26조에 의하면, "약속은 지켜져야 한다."(*Pacta sunt servanda*)는 원칙에 따라 "유효한 모든 조약은 그 당사국을 구속하며 또한 당사국에 의하여 성실하게 이행되어야 한다."(Every treaty in force is binding upon the parties to it and must be performed by them in good faith). 따라서 해당 평화협정의 내용은 당사국을 구속하고, 평화협정이 위임한 경우에는 부속의 추가의정서 등에 의하여 당사국을 구속하게 된다. 그러나 많은 경우에 평화협정과 부속협정에 의해 규정되지 못하는 경우가 많고, 또한 타방 당사국에 대하여 그 이행을 강제하기도 쉽지 않다. 그런 경우에 국제법의 법원에 따른 의무가 상위법으로서 기본원칙으로 작용할 수 있다. 이러한 국제법의 대표적인 법원이 유엔헌장이고, 유엔헌장은 오늘날 국제사회의 보편적 규범으로 작용하고 있다. 따라서 유엔헌장이 규정하고 있는 의무사항은 보편적 규범으로써 각국이 지킬 것을 요하고, 위반할 경우 국가책임의 부담이 따른다. 이러한 사항은 1970년 우호관계선언[21]을 발전하여 확대한 유엔헌장 제1조와 제2조

---

21) 1970년 '국제연합헌장에 따라 국가사이의 우호관계와 협력에 관한 국제법원칙선언'(총회결의   2625-XXV): 「Declaration on Principles of International Law concerning Friendly Relations and

에 잘 규정되어 있다.

유엔헌장 제1조는 (i) 국제평화와 안전의 유지, (ii) 우호관계의 촉진과 평화의 강화, (iii) 국제협력의 달성 등을 규정하고, 제2조는 (i) 주권평등의 원칙, (ii) 당사국의 신의성실한 헌장의무준수, (iii) 분쟁의 평화적 해결의무, (iv) 유엔헌장의 목적과 양립하지 않는 무력행사 금지의무, (v) 당사국들의 유엔행동협력, (vi) 국내문제 불간섭의무 등이다.

동서독기본조약은 전문과 각조문에서 국제법상의 원칙을 잘 표현하고 있다. 예컨대 전문에서 유럽 국가 및 동서독의 영토보전, 국경불가침, 주권존중, 평화보장, 제3조의 무력포기, 제4조 타국 불간섭, 제5조 국제통제 하에 전면적이고 완전한 군비축소 달성 및 핵무기를 포함한 대량살상무기 분야의 군비축소노력, 제9조 양독의 과거조약과 기본조약의 양립성 인정 등을 규정하고 있다.

특히, 위의 제 규정을 가장 잘 표현하고 있는 제2조는 "국제연합헌장에 규정된 목표와 원칙, 특히 모든 국가의 주권적 평등, 독립성과 자주성 및 영토적 완전성의 존중, 자결권, 인권수호 및 무차별 원칙을 따른다"라고 규정하여 동서독이 각기 국제법의 주체로서 헌장 준수의무를 규정하고 있다. 다만, 동서독은 상호관계에서 유엔헌장의 의무를 준수한다는 규정은 두고 있지 않다. 이는 상호관계에서의 헌장준수의무는 배제하고, 일반적인 국제법의 주체로서의 의무준수만을 규정하고 있다. 이는 동서독 상호관계에서의 국제법 주체성과 국가승인을 피하고자 의도한 것으로 보인다.

Co-operation among States in Accordance with the Charter of the United Nations (Res.2625(XXV))」.

4. 법률관계의 3중적 구조와 법제정비

(1) 법률관계의 3중적 구조
한반도에서의 법적 구조는 a) 남북 국가 내부의 최고법인 헌법 규범에 따른 법률관계가 있고, b) 국제법의 법원에 따른 법률관계, 그리고 c) 2006년 이후 "1973년 서독 연방헌법재판소가 확립한 동서독 특수관계 이론22)"에 따른 남북의 특수한 상황을 입법화한 특수관계법상의 법률관계가 있다. 따라서 법제정비 역시 이러한 3중적 구조23)를 반영한 법률관계 하에서의 법제정비가 요구된다.

(2) 종전시대와 통일시대 구분
종전시대 또는 평화협정(시대)의 법제정비는 통일은 달성되지 않았지만 한반도에서 법적으로 전쟁상황이 종결됨으로써 남북의 분단현상을 인정하는 것을 전제로 법제를 정비하는 것이다. 따라서 통일을 가정한 단일국가의 단일법질서 체제 하에서의 법제정비, 예컨대 통일법이나 통일헌법 체제하의 법제정비와는 구분된다. 한반도에서 분단상황을 평화협정으로 전환하는 것은 어떤 측면에서는 '분단의 고착화'로 설명될 수 있다. 이는 국제법상「1민족 2국가 또는 2국가 2정부」체제를 사실상 및 법률상 인정한 것으로 해석될 수도 있

---

22) 이석범, "남북기본합의서와 동서독기본조약의 비교분석," 「한반도 평화와 동서독의 경험-동서독기본조약과 남북합의서의 비교분석」, 민주사회를위한변호사모임, 2018.11.21, p.58.
23) 여기에 대해 일부 학자는 이중적 구조로 설명하는 견해가 있다. 즉, 남북관계가 무력충돌과 교류협력이 병존하는 이중적 상태라는 견해가 있다(이상철, 『한반도 정전체제』(서울:한국국방연구원, 2012), pp.180-182).

다. 다만, 민족 내부에 관한 특수규정을 둠으로써 남북 내부에서는 「1민족 1국가」 체제를 의도할 수는 있을 것이다. 예컨대 동서독의 경우, 평화협정이라 할 수 있는 "동서독 기본조약"에 대해 그 명칭형식을 "기본"이라는 명칭을 사용함으로써 "동서독 기본조약"이 독일의 내독간 특수한 조약이고, 분단에 관한 영구 '분단조약'(Teilungsvertrag)이 아님을 나타내고 있다.24) 따라서 남북간에도 이러한 기술적 문구의 삽입이 필요하다. 이에 반해 남북이 통일되거나 또는 통일을 염두에 둔 경우, 즉 헌법제3조가 개폐된 상태 및 통일헌법 체제 하에서의 법제정비는 「1민족 1정부 또는 1국가 1정부」 체제를 목표로 하는 법제정비를 의미한다. 이는「법률상 통일국가 및 통일정부」 상태를 염두에 두고 있다. 남북의 분단된 현실에서는 통일헌법을 목표로 한 법제정비가 가장 이상적이다.

(3) 국내법질서 및 국제법질서, 남북의 특수한 법질서
i) 국내법질서 하에서의 법제 정비

(가) 국내법 관계의 이해
한반도의 현실은 현재 정전체제25) 하에 있다. 즉, 한반도

---

24) 1973년 7월 31일 독일연방헌법재판소는 "기본조약이 분단조약이 아니므로 기본법에 합치된다고 판결하였다. 기본조약은특수한 조약으로서, 형식은 국제법상의 조약을 따랐으나 내용적으로는 내독 간 관계를 규정한다고 보았다(한스 오아힘 하인츠, 전게논문, p.28)."
25) 정전체제는 정전협정의 발효로 인하여 정치 군사적으로 대치상태이며, 법적으로 교전 쌍방간 적대관계를 유지하고, 남북간 군사적 긴장, 무력충돌 및 전쟁 위협이 공존하는 상태이다(이상철, 상게논문).

의 법률관계는 남북이 냉전체제 이후 정전협정에 따른 군사적 상황의 대치로 인하여 안보법의 존치의 필요성이 있다. 이렇듯 한반도는 정전협정(휴전협정) 체제가 유지되고 있으며, 남북은 언제든 전쟁을 재개할 수 있다. 따라서 남북은 군사적 대치의 상황을 완전히 배제할 수 없다. 이러한 국내 법적·정치적 현실은 현재의 헌법과 국가보안법, 대법원판례, 헌법재판소 결정 등이 개정·변경·폐지되지 않고 존치되고 있다. 또 최고법인 헌법에 따라 북한을 국가로 승인할 수 없는 상황을 인식함으로써 한국 국내의 실정법질서에 따른 남북관계발전에관한법률 제3조(남한과 북한의 관계) 제1항 "남한과 북한의 관계는 국가간의 관계가 아닌 통일을 지향하는 과정에서 잠정적으로 형성되는 특수관계"라는 규정을 두어 잠정적으로 해결하고 있다.

(나) 국내법질서에서의 법제정비

1948년 7월 17일 제정(헌법제1호)된 이래, 현행 헌법제3조 및 제4조는 국내의 성문법 체계상 최고법·상위법·근본법으로서 남한이 북한에 대해 '국가적 통일'을 규정하고 있는 대표적 규정이다. 다만 헌법제4조는 견해에 따라서는 '민족적 통일'로 해석할 수도 있다. 통일전 독일의 경우, 서독기본법(헌법) 제23조는 법치적 통일을 규정하고, 제146조는 민족적 통일을 규정한 것으로 보인다.

헌법에 의할 경우 하위법령의 법제정비는 헌법 합치적일 것을 요하고, 헌법의 개정·변경없는 국내법령의 정비가 헌법을 위반한 경우에는 효력이 없다. 즉, 현행 헌법 제3조가 해석변경이나 개정된 상태가 아닌 경우에는 법제정비는 헌법 합치적일 것을 요한다. 현행 헌법 제3조(영토조항)에 기초할 경우는 대한민국이 미수복지구 회복에 의한 흡수통일의 경우에는 현체제 하에서의 법제정비가 필요하고, 흡수통일이 아닌 남북간 합의통일의 경우에는 새로운 '통일헌법' 체제 하에서의 법제정비일 것을 요한다.[26]

현행 헌법 체제하에서의 법령정비는 법률상 「1민족 1정부 또는 1국가 1정부」체제하에서 법제도의 정비이다. 현행 헌법제3조(영토)는 한반도 전역을 대한민국의 영토로 규정하고 있다. 이 규정의 해석에 의할 경우 북한지역은 미수복지구이고 반란단체에 불과하며, 북한정부는 일반적으로 국제법상 국가의 요건을 갖춘 경우에도 대한민국과의 관계에서 대한민국의 헌법상 「지방적·사실상의 정부」에 불과하다. 이와 같은 법리는 헌법제3조와 국가보안법제2조에 대한 해석과 대법원판례 4292형상48, 90도1451, 헌재결정 92헌바6, 89헌마240 등에 잘 나타나 있다. 국내법질서 하에서는 헌법 전문의 "평화적 통일의 사명"및 제4조의 "평화적 통일정책 수립"을 위하여 헌법 제3조상 반국가단체와도 외교적 교섭을 할 수 있다. 이는 헌법질서에 합치된 법률행위이다. 헌법 제3조 및 제4조와 헌법 제66조제3항·제69조·제92조가 상호간 양립할 수 없는 상충관계[27]에 있으나 헌법재판소 판결(92헌바6)은 북한의 법적 지위에 대해 북한은 반국가단체(전자 2개조항)이면서 평화통일을 위한 동반자(후자 3개조항)로서의 2중적 지위를 인정하고 있다. 헌법재판소의 이러한 해석은 상충되는 양가간의 규범조화적 해석을 도모한 것으로 보는 견해

---

26) 김철수, 『新稿憲法學新論』(서울:박영사, 1994), pp.79-80.
27) 권영성, 전게서, p.124.

가 있다.28)

그러나 외교적 교섭 이상의 행위는 국제법상 묵시적 국가 승인으로 간주될 수 있어서 그에 대한 남북관계 정립이 필요하고, 그에 따라「남북관계발전에 관한 법률」(이하 "남북관계발전법"이라 함) 제3조에 의하여 특수관계를 설정하고 있다.

ii) 국제법질서 하에서의 법제정비

1991년도 남북은 동시 유엔에 가입하여 남북이 모두 국제법상 독립국가이다. 남북은 각자 상대국에 대하여 유엔가입을 명시적으로 반대하지 않고, 수용함으로써 결과적으로 국제법상 국가승인과 같은 효과를 발생시켰다. 남북이 유엔의 회원국으로서의 지위에 있는 동안은 유엔헌장상 동등한 권리의무의 주체이고, 일반국제법의 적용대상인 것을 부정할 수 없다. 따라서 간접적으로 북한의 국가성을 승인한 것이다. 이러한 사실은 북한에게 국가만이 회원국이 되는 국제연합에 가입을 반대하지 않고 묵인한 것으로 볼 수 있다. 이는 국내법질서와는 상치되지만 양자는 병존되고 있다. 동서독기본조약(1972.12.21) 제1조 "독일연방공화국과 독일민주공화국은 동등한 권리의 토대 위에서 정상화된 선린관계를 발전시킨다."는 '선린'과 '호혜의 원칙'을 서독이 동독에 대하여 사실상 및 법률상 인정할 것을 규정하고 있다. 즉, 독일 내부의 독자적인 2개의 국제법 주체가 있는 것을 「인정한 것이 아니라 인정할 것을」규정하고 있다. 한반도와 같은 모순된 구조에 직면하지 않고 동서독은 이를 해결한 것으로 볼

---

28) 권영성, 상게서, p.125.

수 있다. 특히 제1조의 "호혜평등을 바탕으로" 서독은 동독의 법질서가 불법질서가 아닌 합법질서로 인정하고 있다. 이러한 기초 위에서 동서독은 1972년 유엔에 가입하였다. 동서독의 경우 기본관계조약을 체결하면서 상이한 입장의 사안은 본조약 내용에 명시하는 것보다는 의정서, 서한, 성명, 유보 등에 의해 기술적으로 해결함으로써 일관성을 유지하고 있다. 이에 반해 한반도는 1991년 남북이 동시 유엔가입 및 기본관계합의서를 체결했음에도 불구하고 한국은 북한의 법질서를 현재도 법률상 인정하지 않고 있다.

iii) 남북의 특수한 법질서 하에서의 법제정비

(가) 남북의 특수한 법률관계의 이해

남북한은 모두 국내의 법적·정치적 현실에 따라 상호 국가로 승인하지 않고 있다. 이는 「대한민국 헌법」 제3조(영토) "대한민국의 영토는 한반도와 그 부속도서"라는 규정 및 전문 "평화적 통일사명", 제4조(통일정책) "평화적 통일정책 수립", 제66조(대통령의 지위·책무 및 의무) 제3항 '대통령의 평화적 통일의무'가 존재한다. 북한 역시 「조선민주주의인민공화국 사회주의헌법」에서 영토에 관한 직접적인 규정은 없지만, 서문 "나라의 통일을 민족지상의 과업"으로 규정하고, 서문에서만 '통일'을 6번 언급하고 있다. 따라서 남북은 모두 국내법상 어느 일방은 국가가 아니다.

한편, 남북은 1991년 상호 유엔의 회원국으로 가입하였다. 따라서 남북은 모두 국가만이 가입하는 국제연합헌장 제4조의 유엔회원국 및 동 헌장 제93조의 국제사법재판소의 당사국의 지위를 취득함으로써 국제법상 국가이다.

남북은 국내법상은 어느 일방은 국가가 아니지만 국제법상은 모두 국가이다. 이러한 상황은 냉전체제가 해체되면서 발생한 것이며, 그 결과로서 남북의 교류 협력의 필요성이 요청되는 상황을 만들었다. 이러한 정치적 상황은 남북의 법률관계에도 영향을 미쳐 정전체제(전시)와 평화체제(평시)[29]가 동시에 병존하는 모순된 구조의 법률관계를 갖게 만들었다.[30] 즉, 냉전체제가 잔존하는 부분과 냉전체제가 해체되면서 새롭게 탄생된 부분이 함께 병존하는 상황을 만든 것이다. 정전체제 및 냉전체제 하에서는 남북이 각자의 헌법질서에 의해 국내법과 국제법이 충돌 없이 국내법질서만으로 해결하였으나 그럴 수 없는 상황이 발생한 것이다. 1991년 남북이 동시 유엔가입 이후에는 국제법상 남북이 모두 국가인 현실을 헌법 제3조가 충분히 반영하고 있지 못한 것이다. 여기에 대해 유엔가입 후 오늘의 상황에서 헌법 제3조는 "우리의 통일정책에 걸림돌이 되는 독소조항"이 되고 있다는 견해가 있다.[31]

이 같은 상반된 법률관계 속에서 1990년대 이후 정치적 진전은 남북의 경제·사회·문화·군사 등의 분야에서 교류·협력이 증가함으로써 각자의 법적 지위에서 새로운 입법의 탄생을 요구하였다. 즉 남북의 실정법 질서를 해결 해 줄 특수한 입법을 필요로 한 것이다. 이렇게 탄생된 법률이

---

29) 평화체제는 법적으로 전쟁종결 및 평화회복, 남북군사기구 구성과 운영, 남북 군사적 안정성 제고의 상태로, 남북관계가 전쟁위험이 해소되어 평화가 공존하는 상태이다(이상철, 상게주석).
30) 남북관계가 무력충돌과 교류협력이 병존하는 이중적 상태이다(이상철, 상게주석).
31) 권영성, 전게서, p.124.

1990년 「남북교류협력에 관한 법률」, 1999년 「통일지원법」, 2005년 「남북관계발전에 관한 법률」(이하 "남북관계발전법"이라 함)로 볼 수 있다. 이러한 법률들은 모두 현재의 헌법 제3조에 의한 헌법질서에 반하지 않고 합치되는 법률이다.

그러나 오늘 한반도에서 남북의 상황은 또 다른 '법률사실'(jurisitische Tatsache)의 발생을 예고하고 있다. 즉, 종전선언 내지는 평화협정이 논의되고 있다. 남북이 국내법질서로 해결되지 않는 법률관계를 현재까지는 특수관계론을 적용하여 해결하였으나 앞으로 특수관계론을 적용하여도 해결할 수 없는 법률관계의 탄생을 예고하고 있다. 국제법상 종전선언은 법률효과를 발생시키지 않는다. 그러므로 남북의 국내법관계에 영향을 미치지 않는다. 따라서 문제가 되는 것은 남북이 당사자가 되는 평화협정 또는 평화조약이다. 북한은 이미 정전협정 및 제네바 정치협상, 포로협상, 1992년 남북기본합의서 제5조, 그리고 각종 남북합의서, 헌법재판소 판결 등을 통하여 그 정치적 실체를 인정받음으로서 반도단체가 아닌 교전단체 승인을 받았다. 즉, 한국이 인정하든 안하든 것과는 관계없이 북한은 이미 국제법뿐만 아니라 국내법에 의해서도 교전단체의 지위에 있다. 다만 대법원은 북한을 '반도단체' 또는 '외국'으로 지칭하고 있다. 한국법에 의하면 대한민국이 조선민주주의 인민공화국에 대한 관계에서 대한민국이 중앙정부(*de jure* government) 또는 본국정부이고, 조선민주주의 인민국공화국은 사실상의 정부(*de facto* government) 또는 교전단체에 해당한다.

그런 북한과의 관계에서 남북이 전쟁의 종결을 위해 평화협상을 체결하는 것은 국제법상 또는 국내법상 어떤 의미일까? 국제법상 북한은 이미 유엔회원국의 지위를 획득함으로써 한국과 동등한 국가이기 때문에 더 이상 평화협정의 당사국이 되는 것은 문제가 없다. 국제법상 일반적으로 평화협정의 체결은 "전쟁상태의 종결과 평화의 회복을 규정함과 동시에 평화회복 후의 당사국간의 법적 관계를 규정하는 것이 보통이다.32)" 예컨대　"영역조항·정치조항(안전·국적·사권·권익·조약 등)·군사조항(육군·해군·공군 등)·경제조항(배상·재산·권리·이익 등)·전쟁범죄인 등33)"이 평화협정에 포함된다. 남북이 평화협정을 충족하기 위해 이러한 사항들을 규정하는 것은 국제법상은 아무 문제가 없다. 문제가 되는 것은 국내법질서 또는 헌법질서이다. 남북이 평화협정을 체결하면서 헌법제3조를 그대로 두고 영토조항을 삽입할 수 있는가? 물론 러일 평화조약에서는 영토조항을 유보한 사례가 있다. 남북도 영토조항을 유보할 수 있다. 또한 남북이 평화협정을 체결하면서 남북특수관계를 설정하는 명시규정을 둠으로써 '남북의 법적 관계'도 유보할 수 있다. 그러나 일반국제법상 평화협정의 목적, 당사자, 그 내용, 법적 효과 등을 고려했을 때, 북한이 국가로서 승인된 것을 부인할 수는 없다. 또한 남북이 당사자로서 평화협정을 체결하면서 영토와 국경, 법적 관계 등을 유보할 수는 있지만 영토에 관하여 유보한 경우에는 국제법상 현상유지의 원칙(principle of *uti possidetis*)이 적용된다는 것이 다수설이다.34) 따라서 평화조약 체결당시의 영토 및 국경의 현상을

---

32) 이한기, 『(신정판) 국제법강의』(서울:박영사, 2007), p.829.
33) 김정균 · 성재호, 『(제5개정판) 국제법』(서울:박영사, 2006), p.743.

그대로 남북이 승인하는 것으로 간주된다. 다만, 특수관계 규정을 두어 남북 내부의 국경으로 설정할 수는 있다. 특히, 평화협정의 목적이 해당 지역의 평화와 안녕을 위한 것이라면, 그러한 체제의 구축이 당사자들이 점령하고 있는 지역에 직접적이고 영구적인 평화를 발생시키는 효과가 발생한다. 이는 '분단의 영구고착화'로 쉽게 설명될 수 있다. 따라서 남북이 직접적인 당사자로서 영구적인 성격의 양자조약인 평화협정을 체결할 경우 이는 명백히 묵시적 국가승인으로 간주될 수도 있다. 그러므로 평화협정의 체결은 <u>현행 헌법제3조의 개폐와 위헌 여부가 문제될 수 있다.</u>

(나) 3중적 구조에서의 법제정비

(ㄱ) 특수한 체제 하에서의 법제정비

오늘 한국은 국내법 질서의 효력이 미치지 않는 사실상의 국가, 북한과의 관계에서 법질서를 어떻게 해결할 것인지가 문제된다. 이러한 모순은 현실적으로 남북관계발전법 제3조의 규정에 의해 임시적·잠정적으로 해결하고 있다. 「남북관계발전에관한법률」 제3조(남한과 북한의 관계) 제1항 "남한과 북한의 관계는 국가간의 관계가 아닌 통일을 지향하는 과정에서 잠정적으로 형성되는 특수관계이다."라고 규정함으로써 국내의 헌법 질서에 따라 합치적으로 해결하고 있다. 이는 어떤 측면에서 통일 전까지 한시적 측면이나 또는 단기적 측면, 잠적적 측면에서 해결하고자 하는 의도를 배제할 수 없다. 이 경우 법상 효력은 통일 전까지 한시적으로 발생

---

34) 이한기, 전게서, pp.829-830.

되지만 통일이 장기화 될 경우 분단의 고착화로 인하여, 사실상 「1민족 2정부 또는 1국가 2정부」를 정당화 하기 위한 특수법임을 부인할 수 없다. 따라서 현행 헌법제3조와 하위법인 남북관계발전법 제3조에 따른 법제정비는 실질적으로는 사실상 「1민족 2정부 또는 1국가 2정부」 체제하에서의 법제정비가 된다. 법치주의의 틀 내에서 현재와 같이 잠적적이고, 헌법 합치적 법제정비는 현재의 상황, 즉 국내법체제로도, 국제법체제로도 이해할 수 없는 특수한 성격의 체제를 해결하기 위한 것으로서 법제정비는 제한될 수밖에 없다.

(ㄴ) 평화협정 체제 하에서의 법제정비

남북이 당사자로서 평화협정을 체결할 경우 새로운 법률사실의 발생으로 북한은 더 이상 교전단체나 반국가단체가 아니다. 이는 북한이 국내법질서에서 벗어나 새로운 법적 지위를 취득하게 되는 것을 의미한다. 즉, 남북한의 법질서는 더 이상 불법질서로 규정할 수 없는 것을 의미한다. 이 경우 헌법과 평화협정이 양립할 수 있는 방안을 찾아야 한다. 양자가 양립할 수 있는 제일 좋은 방법은 헌법제3조의 개폐이다. 그렇지 않을 경우 국내법상 위헌 여부와 국제법상 국가책임의 문제가 발생할 것이다. 일부 견해[35]는 이를 실무적·기술적으로 해결할 것을 제시한다. 예컨대 "평화협정 내에 명확한 통일조항을 두어 평화협정과 통일의 공존을 모색[36]" 하는 방법이다. 이 견해에 찬성한다. 독일의 경우는 조약이

---

35) 김덕주, "한반도 평화협정의 특수성과 주요 쟁점," 「IFANS:주요 국제문제분석 2018-19」, 국립외교원 외교안보연구소, 2019.06.07, p.27.
36) 김덕주, 상게논문.

명칭형식에서 '기본조약' 명칭의 사용으로 일반국제법상 국가들의 외교조약이 아님을 나타내고 있다. 남북의 특수한 상황을 반영한 오늘의 현실에서는 헌법과 국가보안법의 개정을 요하고, 남북기본조약과 남북통합헌법의 제정을 요하며, 남북교류협력에 관한 법률, 남북관계발전에 관한 법률, 통일지원법, 국적법, 지방자치법, 지방자치단체의 각종 통일 교육조례 등에 대하여 대폭 완화와 확대하는 개정이 필요하다.

|제3절| 결론

남북은 먼저 법제정비의 기본방향으로서 민족 내부의 자결권을 존중하고, 분단의 고착화를 지양하며, 국제법상 상호 동등성을 존중하며, 남북 내부의 국경을 획정해야 하고, 통일원칙을 고수해야 한다.

다음, 법제정비의 기본원칙으로 남북은 법치주의에 기반해야 하며, 국제법원칙을 준수할 수 있는 법규범을 마련해야 한다.

끝으로, 평화협정을 체결하여 종전을 하는 경우에 어느 한 당사자가 주체가 되어 한반도를 통일하는 법령은 개폐될 것을 요한다. 그런 측면에서 헌법제3조 및 국가보안법의 개폐와 그 밖의 법령의 완화 및 확장을 위한 개정이 필요하다.

제 5 장

판문점선언상 종전선언

명지대학교 명예교수, 법학박사 김명기

|제1절| 서론

남 북 두 정상은 2018년 4월 27일 판문점 평화의 집에서 "판문점 선언"을 발표했다. 동선언은 2018년 6월 12일 싱가포르에서 미북 두 정상이 발표한 "싱가포르 합의문"에 의해 확인되었다. "판문점 선언" 제3항 제3목은 다음과 같이 선언하고 있다.

> 남과 북은 정전협정 체결 65년이 되는 올해에 종전을 선언하고 정전협정을 평화협정으로 전환하며 항구적이고 공고한 평화체제 구축을 위한 남·북·미 3자 또는 남·북·미·중 4자회담개최를 적극 추진해나가기로 하였다.

위의 선언 중 "남과 북은 정전협정체결 65년이 되는 올해에 종전을 선언하고 정전협정을 평화협정으로 전환하며"라는 선언은 올해에 "종전을 선언"한다는 것이다.

이 연구는 국제법상 남과 북이 2자가, 남·북·미 3자 또는 남·북·미·중 4자가 "종전선언"의 당사자가 될 수 있느냐를 검토해보려고 시도된 것이다.

이하 (ⅰ) 종전선언의 일반적 고찰, (ⅱ) 판문점 선언에서의 종전선언, (ⅲ) 한반도 정전체제의 당사자, 그리고 (ⅳ) 종전선언의 당사자 순으로 기술하고 (ⅴ) 결론에서 관계 정부당국에 대하여 몇 가지 정책대안을 제의하기로 한다.

이 연구의 법사상적 기초는 법실증주의이며, 연구방법은 법해석론적 접근이다. 따라서 이 연구의 대상은 *lex lata*이다.

다만, 정책대안의 제의는 *lex ferenda*를 대상으로 한다.

이 연구에서 몇 가지 용어의 정의를 하기로 한다. "평화조약"은 추상명사로서의 평화조약을 뜻하고 "평화협정"은 판문점 선언에서의 평화조약을 의미하고, "휴전협정"은 추상명사로서의 휴전협정을 뜻하고, "정전협정"은 1953년 7월 27일에 체결된 휴전협정을 의미하는 뜻으로 사용하기로 한다. 또한 "남" 또는 "남한"은 대한민국을 뜻하고, "북" 또는 "북한"은 "조선민주주의인민공화국"을 의미하는 것으로 사용하기로 한다.

| 제2절 | # 종전선언에 관한 일반적 고찰

1. 종전선언의 의의와 성격

가. 종전선언의 의의

종전선언은 전승국이 전패국에 대해 전쟁상태의 종료(termination of state of war)의 일방적 선언(unilateral declaration)으로 사실상 전쟁의 종료 방식인 적대행위의 종료(cessation of hostility)와 구별된다. 즉, 사실상 적대행위의 종료는 전쟁의 종료방법이지만, 종전선언은 전쟁의 종료방법이 아니다. 그러므로 종전선언을 해도 전쟁상태는 그대로 존속한다.[1]

나. 종전선언의 성격

종전선언은 전승국의 일방적 선언이다. 따라서 전승국의 종전선언에 대한 전패국의 수락선언이 있다 하더라도 종전선언은 일방적 선언이지 쌍방적 행위가 아니다. 그러므로 종전선언은 국제법상 일방적 선언에 관한 규칙에 의해 규율된다. 일방적 선언은 구속력을 갖는다.[2]

2. 종전선언의 주체와 방식

가. 종전선언의 주체

종전선언의 주체는 교전당사자인 전승국이고 그 상대방은 교전당사자인 전패국이다.[3] 전승국이 다수일 경우, 공동 종전선언을 할 수가 있으나, 전승국과 전패국은 공동으로 종전선언을 할 수 없다. 그런 전례가 없다. 1956년 10월 19일 "

---

1) Wilhelm G. Grewe, "Peace Treaties", *EPIL*, Vol.4, 1982, p.104; D. Ottensooser, "Termination of War by Unilateral Declaration", *BYIL*, Vol. 29, 1952, p.435; H. Lauterphacht (ed.), *Oppenheim's International Law*, Vol.2, 7th ed. (London: Longmans, 1952), pp.607-608.; 김명기, 『국제법원론』, 하 (서울: 박영사, 1969, p.1446); 대한민국 국방부, 『전쟁법해설서』 (서울: 국방부, 2010) p.351.
2) "The court can be in no doubt as to the binding character of all these declaration" *German Interest in Polish upper Silesia* Case: PCIJ, *Series-A*, No.7, 1926, p.13.);
3) Grewe, *supra* n.1, p.104; J. G. Starke, *Introduction to International Law*, 9th ed. (London: Butterworth, 1984), p.546; Edmund Jan Osmanczyk, *Encyclopedia of the United Nations*, 2nd ed. (New York: Taylor, 1990), p.1990.

소·일공동선언″(Joint Soviet-Japan Declaration)은 공동선언 형식의 평화조약이지 정전선언은 아니다. 1951년 9월 8일의 ″대일평화조약″(Peace Treaty with Japan)에 소련은 서명하지 아니했으므로 그 뒤 일본과 공동선언을 통해 평화조약을 체결한 것이다. 그러므로 이것은 종전선언이 아니라 평화조약의 한 형태인 것이다. 전승국인 소련과 전패국인 일본이 종전선언을 한 것이 아니라 공동선언 형식의 평화조약을 체결한 것이다.

대일평화조약에 48연합국이 서명했으나 소련은 이에 서명하지 아니하고 별도로 일본과의 평화조약은 공동선언의 형식으로 평화조약을 체결한 것이다.

이는 분리평화조약(separate peace treaty)의 대표적 예이고, 또한 공동선언(joint declaration)형식의 평화조약의 대표적 예이다. 1951년 7월 9일에 미국, 영국, 프랑스에 의한 독일에 대한 종전선언은 공동종전선언의 예이다. 물론 이는 수개의 전승국에 의한 공동선언인 것이고 전승국과 전패국 간의 공동선언이 아니다.

나. 종전선언의 방식

종전선언의 방식은 전승국의 국내법에 의해 따르며,4) 국제법은 종전선언의 방식에 관해 아무런 규정을 두고 있지 아니하다.5) 프랑스의 경우, 정부칙령(Government Decret)의 형식으로, 영국은 공식관보(Official Gazette)의 형식으로, 미국

---

4) G. Schwarzenberger and E. D. Brown, *A Manual of International Law*, 5th ed.(London: Stevens, 1967), p.174; Ottensooser, *supra* n.1, p.435; Grewe, *supra* n.1, p.104.
5) *Ibid*.

은 대통령선언(President Declaration)의 형식으로 한다.6) 한국은 어떤 형식으로 종전선언을 해야 하는지 헌법상으로도 법률상으로도 이에 관한 명확한 규정이 없으므로 이에 관한 국제법학자와 헌법학자간의 학제연구가 요구된다.7)

3. 종전선언의 평화조약과의 관계와 내용

가. 평화조약과의 관계

전승국에 의한 종전선언이 있은 후, 평화조약이 체결되는 것이 일반적인 관행이다. 따라서 종전선언은 평화조약과 별도의 종전 방법이 아니다. 종전선언 그 후 체결되는 평화조약에 확인되는 것이 일반적이므로 종전선언은 평화조약의 일부라고 볼 수도 있다.8)

나. 종전선언의 내용

종전선언은 전쟁상태의 종료(termination of state of war)를 내용으로 한다. 따라서 이는 전쟁의 사실상 종료방법인 "적대행위의 종료"(cessation of hostility)와 구별된다. 그러므로 종전선언은 전쟁의 본질에 관한 행위설을 극복한 상태설에 입각한 것이라고 볼 수 있다. 그리고 전쟁의 종료방법인 적대행위의 종료로 보는 것은 행위설에 입각한 것이다.

---

6) *Ibid.*
7) "법령 등 공포에 관한 법률"이 적용되는 것인가, "헌법"의 강화조약에 관한 규정이 적용되는 것인가(제73조, 제74조, 제60조)의 문제가 제기 되어있다.
8) Lauterphacht, *supra* n.1, pp.607-608.

4. 종전선언의 효과

종전선언은 상대방의 수락(acception) 또는 묵인(acquisition)이 있음을 요한다. 상대방의 수락 또는 묵인이 있어도 종전선언은 정치적·선언적 효과만을 가질 뿐 새로운 상태(new states)를 창출하지 못한다. 즉, 종전선언으로 평화상태가 이룩되는 것은 아니다.[9] 그러므로 종전선언은 전쟁의 종료방법이 아니다.[10]

5. 종전선언의 사례

제1차 대전 전에는 대부분의 전쟁은 선전포고에 의해 시작되고 평화조약의 체결에 의해 종식되었으나 제1차 대전 이후의 전쟁은 선전포고로 개시되고 평화조약에 의해 종료되는 관행이 감소된 형태로 존재하게 되었다. 제1차 대전 이후 평화조약의 체결 없이 외교관계의 설정이나 기타 다른 형태의 조약의 체결로 전쟁상태가 종료되었다. 예컨대 1716년 스웨덴과 폴란드, 1720년 스페인과 프랑스, 1801년 페르시아와 러시아, 1867년 프랑스와 벨기에, 1866년 페르시아와 리히텐슈타인, 1818년 러시아와 독일간의 조약의 체결, 1921년 7월 2일 미국 의회의 공동선언 등을 들 수 있다. 제2차 대전 이후 독일의 완전패배, 무조건 항복에 의해 독일과 평화조약을 체결할 수 없었으므로 대부분의 연합국은 종전선언으로 독일과의 전쟁상태를 종료했으며 종전선언의 실례로 보면 다음과 같다.

---

9) Grewe, *supra* n.1, p.104
10) *Ibid.*

1. 1918년 2월 10일 러시아 독일에 대한 종전선언
   이는 독일에 의해 거부[11]
2. 1921년 7월 2일 미국의회의 독일에 대한 종전선언
   독일에 의해 수락되고 1921년 8월 25일에
   평화조약이 체결되고 동 평화조약에 의해
   동 선언은 확인되었다.[12]
3. 1921년 11월 14일 미국의 독일에 대한 종전선언
   1919년 6월 28일 미국은 독일과 평화조약
   을 체결
   1919년 11월 19일 미의회 평화조약 비준
   거부[13]
4. 1951년 5월 17일 이집트 독일에 대한 종전선언[14]
5. 1951년 7월 5일 파키스탄 독일에 대한 종전선언[15]
6. 1951년 7월 7일 멕시코 독일에 대한 종전선언[16]
7. 1951년 7월 9일 미·영·불 독일에 대한 공동종전선언[17]
8. 1951년 7월 9일 뉴질랜드 독일에 대한 종전선언[18]
9. 1951년 7월 9일 남아프리카공화국 독일에 대한 종전선언[19]
10. 1951년 7월 9일 오스트리아 독일에 대한 종전선언[20]
11. 1951년 7월 9일 영국 독일에 대한 종전선언[21]

---

11) *Ibid.*
12) *Ibid.*
13) Ottensooser, *supra* n.1, pp.435-437.
14) *Ibid.*, p.442.
15) Academy of Sciences of the USSR, Institute of State and Law, *International Law* (Moscow: Foreign Languages Publisher, 1960), p.450.
16) Ottensooser, *supra* n.1, p.442.
17) Academy of Sciences of the USSR, *supra* n.15, p.451.
18) Ottensooser, *supra* n.1, p.442.
19) *Ibid.*
20) *Ibid.*
21) *Ibid.*, p.441.

12. 1951년 7월 9일 프랑스 독일에 대한 종전선언[22]

13. 1951년 7월 23일 이태리 독일에 대한 종전선언[23]

14. 1951년 7월 23일 네덜란드 독일에 대한 종전선언[24]

15. 1951년 9월 17일 페루 독일에 대한 종전선언[25]

16. 1951년 10월 24일 미국 독일에 대한 종전선언

    1945년 6월 5일 미·영·불·소 "베를린공동선언" 동 선언의 의미·해석에 관한 구구

    1950년 9월 9일 영·미·불 외상 뉴욕에서 "뉴욕성명" 발표: 각기 국내법에 따라 종전선언의 필요성 주장

    1951년 10월 24일 미 대통령 독일에 대한 종전선언[26]

17. 1951년 10월 24일 미대통령 독일에 대한 종전선언[27]

18. 1951년 12월 26일 인도 독일에 대한 종전선언[28]

19. 1952년 4월 29일 인도 일본에 대한 종전선언[29]

20. 1955년 1월 25일 소련 독일에 대한 종전선언[30]

21. 2003년 5월 2일 미국 이라크에 대해 종전선언

    아브라함 링컨 함상에서 부시 대통령 종전선언[31]

---

22) *Ibid.*

23) *Ibid.*, p.442.

24) *Ibid.*, pp.441-442.

25) *Ibid.*, p.442.

26) *Ibid.*, pp.437-438.

27) *Ibid.*, p.442.

28) Academy of Sciences of the USSR, *supra* n.15, p.450.

29) *Ibid.*, p.451.

30) *Ibid.*, p.450.

31) Mohammad Taghi Karoubi, *Just or Unjust War* (Burtington, VT, Ashgate, 2004) p.201;대한민국 국방부, 전주 1, p.351.

| 제3절 | 판문점선언에서의 종전선언

1. 시기문제

　"판문점선언" 제3항 제3목은 "…연내에 종전선언을 하고 정전협정을 평화협정으로 전환하며…"라고 규정하고 있다. (ⅰ) 2018년에 종전선언을 하고, 2018년에 평화협정도 체결한다는 의미인지 (ⅱ) 2018년에 종전선언을 하고 그 후에 평화협정을 체결한다는 의미인지 불명확하나, 아마도 후자의 의미로 해석된다. 평화협정 체결에는 많은 시간이 소요되기 때문이다. 북·미가 북의 핵폐기와 그 조건에 관해 합의점을 이루지 못한 것으로 보여지는 오늘(2018.7.) (ⅰ)냐 (ⅱ)냐의 문제는 별의미가 없다고 본다. "종전선언"도 2018년에 할 수 있을지 난망되기 때문이다.

2. 당사자문제

　종래의 관행은 종전선언은 전승국이 전패국에 대한 선언인데 (ⅰ) 남과 북 어느 쪽이 전승국이고 어느 쪽이 전패국인지, (ⅱ)남과 북 어느 쪽도 전승국도 전패국도 아니고 공동으로 종전선언을 한다는 의미라면 그것은 전승국이 전패국에 대해 하는 종래의 종전선언의 관행에 반하는 것이다.

그리고 종전선언은 그 후 평화조약의 일부로 보는 것이 관행인데 남과 북이 평화협정을 체결할 수 없으므로 남·북·미 3자, 남·북·미·중 4자가 종전선언을 한다는 의미인지 명백하지 아니하다.

"판문점선언"은 "정전협정을 평화협정으로 전환하며"라고 선언한 것으로 보면 "정전협정"을 폐지한다는 의미인데 "정전협정"의 폐지 당사자는 후술하는 바와 같이 남·북 2자, 남·북·미 3자, 남·북·미·중 4자도 아니기 때문이다.

3. 내용문제

전쟁상태가 종료되었다는 선언인데, 그 후에 행하여진 평화협정은 "정전협정"을 평화협정으로 전환한다는 것으로 보아 종전선언으로 정전협정도 폐지하는 내용은 포함하지 아니한다면 그것은 종전선언이 아닌 것이다. 아마도 종전선언으로 종전협정을 폐기하는 내용은 포함되지 않을 것으로 보여진다. 그렇다면 이 종전선언은 어떤 의미를 갖는지 의문이다.

4. 상대방문제

종전선언은 상대방의 수락을 요하는 바, 상대방은 누구인지 명백하지 아니하다. 남이 북에 대해서, 북이 남에 대해서 또는 남북공동으로 국제연합에 대해서인지 명백하지 아니하다.

|제4절| 한반도 정전체제의 당사자

1. 남측의 당사자

가. 국제연합

1953년 7월 27일의 정전협정의 일방 서명자는 "국제연합 군사령관 미육군대장"(General United States Army Commander-in-Chief, United Nations Command) M. W. Clark로 현명되어 있다. 7월 7일의 결의(S/1588)에 의거 성립된 국제연합군사령부는 국제연합의 주요기관인 안전보장이사회의 보조기관이며 또 동 결의에 의거 동 사령부의 기관담당자인 국제연합군사령관의 임명이 미국의 위임되어 있으며 이에 따라 미국은 국제연합의 대리인으로서 국제연합군사령관을 임명한 것이다. 따라서 정전협정의 일방당사자는 국제연합 자체이며 안전보장이사회의 보조기관인 국제연합군사령부도 그의 기관 담당자인 국제연합국사령도 아닌 것이다. 국제연합군사령관은 국제연합기관의 담당자에 불과하다. "특정기관에게 타 기관을 설립하도록 허가하는 헌장의 규정은 권한을 위임하는 허가의 의미로 해석[32]되기" 때문이다.

국제연합은 국제법상 법인격자로서 그의 기능을 위해 조

---

32) H. Kelsen, *Recent Trends in the Law of the United Nations*(New York: Praeger, 1951), p.142.

약을 체결할 능력이 있다는 점은 규정되고 있다[33]. 헌장 제104조는 국제연합법인격을 명시하고 있으며, 1946년 12월 "조약의 등록과 공간에 관한 총회의 결의" 제4조 제1항(a)에서 국제연합의 조약체결능력이 확인되었고[34], 또 *The Reparation* Case(1949)에서 국제사법재판소는 국제연합의 조약체결권을 인정하는 권고적 의견을 표시했다[35]. 그리고 국제연합의 조약체결능력은 국제연합의 회원국이나 그의 전문기관과의 조약에 한정되는 것이 아니다[36].

문제는 국제연합군사령관이 국제연합의 당사자로 되는 "정전협정"을 체결할 권한이 있는가에 있다. 7월 7일의 결의(S/1588)에서 안보리는 통합군사령부(국제연합군사령부)를 설치하고, 그 사령관의 임명을 미국에 위임했으나 정전협정의 체결권을 동 사령관에 위임한 바 없고, 또 국제연합의 또 다른 주요기관인 총회나 사무총장도 이를 동 사령관이나 미국

---

33) *Ibid.*, pp.142-43; J. G. Starke, *An Introduction to International Law*, 5th ed.(London: Butterworth, 1958), p.432; M. Akehurst, *A Modern Introduction to International Law*(London: George Allen, 1970), p.92; Schwarzenberger and Brown, *supra* n.4, p.79-80; I. Brownlie, *Principles of Public International Law*(Oxford: Clarendon, 1966), p.522; W. L. Gould, *An Introduction to International Law*(New York: Harper, 1957), p.504; C. Parry, "Treaty-Making Power of the United Nations", *BYIL*, Vol. 26, 1949, p.110.
34) 장소군, 『국제법적 이론 및 실천』(타이페이: 제명문사업공사, 중화민국64), p.5; R. Higgins, *The Development of International Law Through the Political Organs of the United Nations*(London: Oxford University Press, 1966), p.243.
35) I. Brownlie, *supra* n.33, p.519; ICJ *Reports*, 1949, p.188; "*UN Administrative Tribunal* Case": ICJ, *Reports*, 1954, p.57.
36) L. McNair, *The Law of Treaties*(Oxford: Clarendon, 1961), p.52; Higgins, *supra* 34, p.242; Gould, *supra* n.33, p.204.

에 위임한 바 없기 때문이다.

국가의 조약체결권은 국내법에 의해 규정되며 국제기구의 그것은 국제기구의 기본법에 의해 결정된다.[37] 헌장은 제 43조에 안보리가 특별협정을 체결할 수 있음을 규정하고, 제63조에 경제사회이사회의 협약체결권을 규정하고 있으며, 조약을 체결할 특정기관을 명시하고 있지 않다. 국제연합의 모든 주요기관은 국제연합의 과업에 관한 특수분야에서 국제연합을 대신하여 조약을 체결할 권능을 갖는다.[38] 국제연합이 체결하는 대부분의 조약은 사무총장 자신에 의해서 서명되어 왔으나 그중 행정적인 사항이나 특권의 면제에 관한 사항은 사무총장 자신의 발의에 의한 것이고 기타사항은 총회의 허가나 요구에 의한 것이었다.

1960년 8월의 "국제연합과 콩고공화국 간의 재정원조에 관한 협정"은 사무차장 M. de Seynes에 의하여 국제연합을 위하여 서명되었으며[39] "UNEF를 위한 레바논과의 잠정협정"은 UNEF사령관 J. H Burns 소장에 의해 서명되었다. R. Higgins는 UNEF는 총회의 보조기관이나 이는 국제적 인격을 결하므로 J. H Burns장군은 UNEF를 위해서가 아니라 사무총장의 대리인으로서 서명한 것이라고 논급한다.[40]

1953년 7월 27일의 정전협정에의 국제연합군 사령관 M.W. Clark 장군의 서명도, 국제연합군사령부는 안전보장이사회의 보조기관이고 국제법상 인격이 없으므로 국제연합국

---

37) H. Kelsen, *Principles of International Law*, 2nd ed. (New York : Holt, 1967), p.460.
38) Higgins, *supra n.* 34, p.250.
39) *Ibid.,* p.253.
40) *Ibid.*

사령부를 위해서가 아니라 국제연합을 위해서 사무총장의 대리인으로 서명한 것으로 이해될 수 있다. 그러나 관점을 달리하여 군사령관에게 조약체결권이 부여되는 것은 국내법의 규정이나 국제기구의 기본법의 규정에 의해서가 아니라 직접 국제법에 의해서 부여된다는[41] 점을 착안하여 볼 때 M.W. Clark 장군의 정전협정에의 서명은 사무총장의 대리인으로서가 아니라 사령관이라는 직접기관으로서 행한 것으로 이해하여야 한다. 이런 고려에서 간과해서 안될 점은 국제법에 의해 직접 부여되는 군사령관의 조약체결권은 군사적 사항에 한정되며 정치적 문제에 관한 것은 그의 권한 외에 있다는 것이다.[42] 한국정전협정에는 정치적 사항의 규정이 없으며 이는 차후에 고위의 정치적 수준에서 해결하도록 규정하고 있으며 군사령관은 오직 군사적 성질의 것만을 해결한 것이다.[43] 또한 한국정전은 소위 "일반휴전(general armistice)"이며[44], 일반휴전은 총사령관만이 체결할 권한이 인정된다.[45]

---

41) Kelsen, *supra n* 37, p.463 ; M. Greenspan, *The Modern Law of Land Warfare*(Berkely and Los Angeles: California University Press, 1959), p.387 ; J. Westlake, *International Law, Part II*(Cambridge: Cambridge University Press, 1913), p.92 ; 최재훈·정운장, 『국제법학』(서울:법문사, 1970), p.365 ; 이병조·이중범, 『국제법신강』(서울: 일조각, 1973), p.394.

42) D. W. Bowett, *United Nations Forces*(New York: Praeger, 1964), p.52.

43) 정전협정 전문에는 "…조약과 규정들의 의도는 순전히 군사적 성질에 속하는 것이며…라고 성명하고 동협정 제5조 제62항에도 규정에 의하여 명확히 교체될 때까지 계속 효력을 가진다"라고 규정하여 동협정이 군사적 성질의 것임을 명시하고 있다. 회담문 M. B. Ridgway 장군은 정치문제나 영토문제에 관해 합의해서는 안 된다는 지령을 받았다(W. H. Vatcher, *Panmunjom*(Westport: Greenwood, 1958), p. 28.)

44) Great Britain, The War Office, *The Law of War on Land*,

따라서 국제연하군사령관의 정전협정에의 서명은 그의 권한 내의 행위로 인정된다.46)

이와 같이 국제연합군사령관은 국제연합의 특별수권 없이 "국제연합을 위하여"(on behalf of the United Nations) 정전 협정을 체결할 권한을 당연히 갖는다. 이는 정전협정의 체결을 체결당일 사무총장에 보고했을 때47) 국제연합은 국제연합 군사령관이 정전협정을 체결할 권한이 없다고 지적한바 없었다는 사실과 상기 사무총장의 미발간된 각서에서도 특별수권 없이 미국은 정전협정을 체결할 권한이 있음을 인정한48) 사실에 의해 확인되었다. 국제연합 법률고문 A. Feller도 안보리의 별도의 결의 없이 미국은 정전협정을 체결할 권한을 갖는다고 했다.49) 요컨대 국제연합군사령관에 의해 체결된 정전협정의 당사자는 안보리의 보조기관인 "국제연합국사령부"가 아니라 법인격자인 국제연합 자체인 것이다.

나. 대한민국(비당사자)

남북 간의 관계를 정확히 이해하기 위해서는 법적으로 남

PartⅢ(London: H.M.S.O., 1958), para, 423, p.126, n.2.

45) Schwarzenberger and Brown, *supra* n.4, p.216.

46) 그리고 위헌절차에 의해 체결된 조약의 국제법상 유효성은 일반적으로 인정된다(조약법 협약 제46조). 따라서 정전협정의 체결이 국제연합군사령관의 권한을 넘은 것이다 할지라도 그것은 국제법상 유효하다.

47) L. M. Goodrich, *Korea: A Study of United States Policy in the United Nations*(New York: Council on Foreign Relations, 1956), pp.195-96.

48) *Ibid.*, pp. 183-84.

49) W. G. Hermes, *U.S. Army in the Korean War, Truce Tent and Fighting Front*(Washington, D.C. : United States Government Printing Office, 1966), p.16.

북 간의 관계를 공식화한 정전협정의 체결경위와 그 근거를 고찰할 필요가 있다. 국제연합군사령관이 정전협정을 체결한 권한은 16개 참전국과의 관계에서는 국제연합과 이들 참전국 간에 특별협정의 체결이나 개별적 책임에 의한 것이 아니라, 1950년 7월 7일의 안전보장이사회의 결의에 의거한 것으로 이해되고 있다.[50] 그리고 대한대국과의 관계에서는 작전지휘권이양공한에 의해 정전협정을 체결한 권한이 작전지휘권 속에 포함되어 이양된 것으로 보아야 할 것이다. 만일 작전지휘권 속에 정전협정을 체결할 권한이 포함되어 있지 않다 해도 이는 대한민국과 국제연합군사령관과의 관계이며, 국제연합과 북한 및 중국과의 관계에서는 그 효력을 다툴 수 없는 것이다. 뿐만 아니라 군사령관은 일반 국제법에 의해 직접 군사에 관한 조약을 체결할 권한이 부여되어 있기 때문에[51] 국제연합군사령관이 한국군을 위한 정전협정을 체결한 것은 북한 및 중국과의 관계에서 다툴 수 없는 것이다.[52]

이와 같이 국제연합 안전보장이사회의 국제연합군사령부 설치결의 및 국제연합군사령관에의 작전지휘권이양공한에 의해 "군사적인 측면"에서 남북 간의 관계는 국제연합과 북한 및 중국이 그 법적 주체로 되어 있는 것이다. 그렇다고 대한민국군이 국제연합군이 되는 것도 아니며, 또 대한민국이 북한 및 중국과의 관계에서 정전협정의 법적 당사자가 되는 것은 아니다.[53] 휴정회담간 대한민국이 당사자로 포함되지 않

---

50) *Ibid.*

51) H. Kelsen, *supra* n.37, p.463.

52) 만일 대한민국과의 관계에서 국제연합군사령관이 정전협정을 체결할 권한이 없고 16개 참전국과의 관계에서만 그것이 있는 것으로 본다면 한국군의 적대행위의 정지를 설명할 수 없다.

53) 국제연합군사령관의 서명에는 대한민국을 위한 현명(顯名)이

는다는 양측대표의 확인이 있었다.[54] 그러나 이는 군사적 측면에서 본 것이며, 정치적 측면에서는 물론 대한민국은 법적 당사자인 것이다.

2. 북측 당사자

정전협정의 북측 서명권자는 조선민주주의인민공화국 최고사령관 김일성과 중국인민지원군 사령관 팽덕회이다. 그러므로 북측의 당사자는 북한과 중국인 것은 검토의 여지가 없다. 다만 중국인민지원권이기 때문에 이는 중국의 국가기관이 아니라는 주장을 중국이 공식적으로 한 바 없으므로, 본래의 중국의 뜻은 중국 국가기관이 아니라고 하려는 의도인 것으로 보이나, 중국은 이 인민지원군이 국가기관이 아니라는 것에 대해서 아무런 이의를 제기 한 바 없다.

없으며 대한민국은 정전협정에 반대했다는 점을 고려할 때 대한민국은 정전협정의 법적 당사자가 될 수 없다. 또 대한민국대표가 군사정전위원의 위원으로 임명되어 왔으나 이는 국제연합군사령관이 서명한 정전협정의 규정(제20항)에 의해 국제연합군사령관이 임명한 것이며, 정전협정의 직접규정으로 위원이 되어온 것이 아니다. 그리고 국제연합군사령관이 미군을 위원으로 임명한다고 해서 미군이 정전협정의 당사자가 될 수는 없는 것이다. 그러므로 군사정전 위원회의 위원으로 한국대표가 임명되어 왔다는 사실을 가지고 대한민국이 정전협정의 당사자라는 견해는 법적으로 부당하다. 그러나 후술하는 바와 같이 정전협정을 떠나 정치 문제에 관해 대한민국은 법적 당사자인 것이다.

54) Conference at Panmunjom on Armistice Proposal/7, 12, July 1953, pp.1442-43.

종전선언의 당사자

상술한 종전협정의 당사자는 군사문제의 당사자이고 평화협정의 당사자는 정치문제의 당사자로서 양자는 엄격히 구별된다. 종전선언의 당사자가 군사문제의 당사자로 볼지 정치문제의 당사자로 볼 지는 검토를 요하지만 일단 그것은 평화협정의 일부로 보아서 정치문제의 당사자라고 본다. 그러므로 여기서 한반도의 정치문제의 당사자에 관해서 검토해보기로 한다.

1. 정전협정

평화조약의 체결로 정전협정은 효력을 상실하게 되므로, 정전협정과 무관한 평화조약은 전쟁상태의 종료와 무관한 안전보관조약에 불과한 것이다. "정전협정"은 제 60항에 "남북평화조약"의 체결에 관한 규정을 두고 있다. 그러므로 "남북평화조약"은 "정전협정"에 근거하여야 함은 물론이다. 따라서 "남북평화조약"의 체결 당사자도 "정정협정"의 규정에 근거하여야 한다.

가. 정전협정의 규정

"정전협정"은 그 자체에 휴전이 정치문제까지 해결하는 것이 아니라는 취지와 정치문제의 해결을 위해 정치회담이 개최되어야 한다고 다음과 같이 규정하고 있다.

(1) 전문의 규정

"정전협정"은 최종적인 평화적 해결이 달성될 때까지 한국에 있어서의 전대행위를 정지하는 군사적 성질의 협정이며 교전당사자간에 정치적 문제까지 해결하려는 것을 목적으로 한 것이 아니었다.[55] "정전협정" 전문은 이런 취지를 다음과 같이 선명하고 있다.

> ...한국충돌을 정지시키기 위하여 또한 최종적인 평화적 해결이 달성될 때까지 한국에서의 적대행위와 일체의 무력행동의 안전한 정지를 보장하는 종결을 수립할 목적으로 ... 이 조건과 규정들의 의도는 순전히 군사적 정지를 위하는 것이며...

(2) 제 60항의 규정

"정전협정" 본문에도 전문의 일반적 규정을 구체화하여 정치회담의 개최에 관해 다음과 같은 명문규정을 두고 있다.

> 한국문제의 평화적 해결을 보장하기 위하여 쌍방군사령관은 관제 각국 정부에 정정협정이 조인되고 효력을 발생한 후 3개월 내에 각기 대표를 파견하여 쌍방의 한층 더 고위의 정치회담을 소집하고 한국으로부터의 모든 외국군대의 철거 및 한국문제의 평화적 해결 등 문제들을 해결할 것을 이에 건의한다.[56]

---

55) Vatcher, *supra* n.43, p.28; J.F. Schnabel, *United States Army In the Korean War, Policy and Direction*(Washington, DC: USGPO, 1972), p.403.
56) 제4조 제60항; Bowett, *supra* n.42, p.52.

이와 같은 "정정협정"의 규정에 의해 제네바회담이 소집되게 되었다.

이와 같이 제 60항은 정치문제의 해결을 위해 정치회담의 개최를 권고하면서 그 당사자로 "쌍방의 관계각국 정부"(governments of the countries concerned)로 규정하고 있다. 쌍방의 관계각국정부가 구체적으로 어느 국가의 정부이냐의 해석 문제를 남기고 있으나 쌍방의 관계국 정부는 공산측을 위해서 북한과 중국이, 국제연합 측을 위해서는 남한과 16개 참전국이 각각 포함됨은 물론이다. 따라서, 이는 정치문제의 당사자의 범위를 제시한 것임에는 논의의 여지가 없다.

2. 국제연합총회의 결의

가. 총회결의의 내용

상기한 "정전협정" 제60항의 규정에도 불구하고 공산권의 비타협적인 태도로 정치회담의 개최는 지연되었으며, 이에 국제연합 총회에서 정치회담의 개최방법에 관한 문제가 토의되게 되었다. 1953년 8월 28일 국제연합 총회는 "정전협정"의 체결을 심의하고 동 협정 제4조 제 60항의 규정에 의거한 정치회담의 개최를 환영하는 내용의 다음과 같은 결의를 채택했다[57].

---

57) *Ibid*, 김명기, 전주, 1, p.98.

A

1~2 (생략)

3. ... 쌍방 고위 수뇌의 정치회담을 개최할 것을 쌍방의 관계각국에 건의한다는 내용의 휴정협정에 포함을 권고하며,

4. 그러한 회담의 개최를 환영하며,

5. 다음과 같이 권고한다.

(a) 한국에 있는 통합권사령관 하에 군대를 파견한 측은 국제연합의 결정에 의하여 군대를 파견한 회원국 중 대한민국과 함께 참가할 것을 원하는 국가들이 회담에 참가한다. 참가하는 정부는 완전한 행동자유를 가지고 회담에서 각기 행동하며 그들이 당사자가 되어 있는 결정이나 협정에 의하여서만 구속을 받는다.

(b) 미국정부는 전지 (a)에 언급된 기타 참가국과 협의 후 1953년 10월 28일 이전 가능한 조속한 시일 내에 쌍방이 수락하는 장소와 시일에 정치회담을 개최하기 위하여 상대방과 협의한다.

(c)-(d) (생략)

B

총회는, ...

만약 타방이 원한다면 소련이 한국정치회담에 참가하는 것을 권고한다.[58]

총회는,

개최된 제7차 총회에 제출되었으며 총회가 권고한 한국문제에 관한 제안을 총회의 관계 의사록과 함께 중화인민공화국 중앙인민정부와 조선민주주의인민공화국에 통보하며 적절히 권고할 것을 향후정부에게 요청한다[59].

---

58) GA/711(Ⅶ)

위 총회의 결의는 통합군사령부측의 정치회담 참가국을 "통합군사령부하에 군대를 파견한 측은 대한민국과 함께 참가할 것을 원하는 국가"로 규정했으나 공산 측의 정치회담 참가국은 구체적으로 열거하지 아니하고 "타방"라고 표시하고, (B항 후단) 타방이 원하면 소련의 정치회담에 참가하는 것을 권고한다(B항, 후단)라고 규정하여, 결국 타방인 "북한과 중국" 그리고 북한과 중국이 원하면 소련이 정치회담의 당사국이라고 간접적으로 정치회담의 당사국을 북한, 중국 그리고 소련으로 규정했다.[60]

상기한 국제연합의 결의에 따라 미국은 정치회담개최에 관한 절차 문제를 해결할 목적으로 1953년 10월 26일부터 판문점에서 중국 및 북한대표들과 준비회담을 가졌으나 공산측이 부당한 조건을 요구하므로 아무런 결실을 얻지 못하고 이는 중단되고 말았다. 그 후 1954년 1월 25일부터 베를린에서 개최된 독일 및 오스트리아회담에 관해 토의하기 위한 미·영·불·소 4대국 외상회의에서 2월 18일 한국문제의 평화적 해결을 위한 정치회담을 4월 26일부터 제네바에서 개최할 것과 정치회담의 당사자를 미·영·불·소·중·대한민국·북한 및 기타 참가국으로 할 것에 합의를 보았다.[61]

나. 총회결의의 적용

오늘 남한도 북한도 모두 국제연합의 회원국이므로 양 당사자에게 "국제연합헌장"의 규정이 적용되게 된다. 물론 이 "남북평화조약"을 보장하는 국가로 미국과 중국이 고려되는데 이들도 국제연합의 회원국이기 때문에 이들에게도 "국제연합헌장"이 적용되는 것은

---

59) GA/711(Ⅶ)
60) Bowett, *supra* n.42, p.61.
61) M.D. Donelan and M.J. Grieve, *International Disputes* (London; Europa, 1973), p.61.

물론이다. "국제연합헌장" 제2조 제5항은 "국제연합 회원국은 국제연합이 이 헌장에 따라 취한 어떠한 조치에도 모든 원조를 제공하라"고 규정하고 있다. 그러므로 "남북평화조약"의 당사자인 남한과 북한 그리고 "남북평화조약"의 보장국가는 국제연합총회의 상기 결의의 적용을 받게 된다. 따라서 상기 총회의 결의를 "남북평화조약" 당사자와 보장자에게 적용됨은 물론이다.

다. 총회결의의 구속력

한국전쟁에 국제연합회원국이 참전했으므로 국제연합총회는 한국의 휴전과 평화조약체결에 지대한 관심을 갖고 "정전협정"의 규정을 존중하면서 평화조약의 당사자를 제시하고 있다.

물론 총회결의는 그 자체 법적 구속력이 있는 것은 아니지만, 국제연합총회의 결의의 효력은 국제관습법의 존재 확인, 법적 확신의 증거, 헌장의 유권적 해석, 법의 일반원칙, 국제 여론의 증거, 또는 사실상 구속력이 있다는 학설과 판례를 보면 다음과 같다.

가. 학설

(1) Robert Jennings와 Arthur Watts[62]

(2) Milan Sahovic[63]

(3) Olga Sukovic[64]

---

62) Robert Jennings and Arthur Watts(eds.), *Oppenheim's International Law,* Vol.1, 9th ed.(London : Longman, 1992), p.334, n.3.

63) Milan Sahovic, "Codification of the Legal Principles of Coexistence and Development of Contemporary International Law," in Sahovic(ed.), *Friendly Relations* (New York: Oceana, 1972), p.49.

(4) D.H.N. Johnson [65)]

(5) Ian Brownlie[66)]

(6) F. Blain Sloan,[67)]

(7) Michel Virally[68)]

(8) Peter Malanczuk[69)]

(9) I. B. Sohn[70)]

(10) J.G. Starke[71)]

(11) Malcolum N. Shaw[72)]

---

64) Sukovic Olga, "Principle of Equal Rights and Self-Determination of Peoples," in Sahovic(ed.), *Friendly Relations* (New York: Oceana, 1972), p.338.

65) D. H. N. Johnson, "The Effect of Resolutions of the General Assembly of the United Nations," *BYIL,* Vol.32, 1955-56, pp.108, 121.

66) Ian Brownlie, *Principles of Public International Law,* 5th ed.(Oxford: Oxford University Press, 1998), p.15.

67) Bliane Sloan, "The Binding Force of a Recommendation of the General Assembly of the United Nations", *BYIL,* Vol 25, 1948. pp.24, 32.

68) Michel Virally, "The Sources of International Law," in Max Sorensen(ed.), *Manual of Public International Law*(New York: Macmillan, 1968), p.162.

69) Peter Malanczuk (ed.), *Akehurst's Modern Introduction to International Law,* 7th ed. (London: Routledge, 1987), p.379.

70) L. B. Sohn, "The Authority of the United Nations to Establish and Maintain a Permanent UN Forces," *AJIL,* Vol.52, 1958, p.231, n.11.

71) J. G. Starke, *supra* n.3, p.51.

72) Malcolm N. Shaw, *International Law,* 4th ed.(Cambridge: Cambridge University Press, 1997), p.92.

나. 판례

(1) *Fisheries* Case(1951)[73]

(2) *Reservation to the Genocide Convention* Case(1951)[74]

(3) *South West Africa* Case(1955)[75]

(4) *Military and Paramilitary Activities* Case(1986)[76]

(5) *Legality of the Threat or Use of Nuclear Weapons Advisory Opinion*(1996)[77]

따라서 위의 "국제연합총회의 결의 711호(Ⅶ)"는 사실상 법적 구속력을 갖는 것이다.

3. 베를린 외상회담

베를린외상회담은 자의로 한국의 정치문제의 당사자로 지지한 것이 아니고 "국제연합 총회의 결의 제 711호(Ⅶ)"에 근거한 것이다. 한국정치문제서 당사자로 구체적으로 제시한 것이다.

이상에서 고찰해 본바와 같이 한반도 평화조약의 당사자는 (ⅰ)"정전협정" 제 60항에 근거한 (ⅱ)"국제연합총회의 결의의 제 711호(Ⅶ)"와 이 국제연합총회 결에 근거한 (ⅲ)베를린외상회담에서의 합의 그리고 이 합의에 근거한 (ⅳ)제네바정치회담에 의해 확정되어 있다. 즉 한반도 평화조약체결의 당사자는 국제연합 측을 위에 한국과 첨전 16개국 (남아연방 제외) 그리고 북측을 위해 북

---

73) ICJ, *Reports,* 1951, pp.148-49.
74) ICJ, *Reports* 1951, p.52.
75) ICJ, *Reports,* 1955, p.115.
76) ICJ, *Reports,* 1986, pp.89-90.
77) ICJ, *Reports,* 1996, para.70.

한, 중국과 러시아인 것이다. 그러므로 이 18개 국가 중에서 참가를 희망하는 국가가 평화조약체결의 당사자로 되어야 한다[78].

4. 제네바 정치 회담

베를린 외상회담에서 제시한 한국의 정치문제의 당사자는 제네바회담의 참가국에 의해 확인되었다. 이에 따라 1954년 4월 26일부터 6월 15일까지 제네바에서 정치회담이 개최되었다. 국제연합 측에서는 대한민국과 참전 16개국 중 남아프리카를 제외한 15개국이, 공산 측에서는 북한, 중국, 및 소련이 참가했으며, 이 회의는 외상급이 참석했다. 상술한 바와 같이 제네바회담의 당사자는 남한 측은 국제연합총회의 결의[79] A5(a)에 의해, 북한 측은 동 결의 B에 의해 각각 정해졌으며, 구체적인 참가국은 베르린 외상회담에서 정해졌다[80].

요컨대, "국제연합총회의 결의 제711호(vii)"에 의하지 아니하고 남한, 북한, 미국, 중국이 임의로 남북평화조약의 당사자를 정하는 것은 이들이 "국제연합헌장"의 규정을 위반하는 것이다.

이를 위해 평화조약체결 예비회담을 개최되고 이 예비회담에서 평화조약체결의 당사자를 확정하여야할 것이다. 예비회담의 소집주체는 남북한이 되어야 할 것이다.

이상에서 검토하여본 바와 마찬가지로, 한반도의 정치문제의 당

---

78) U.S., Department of State, *Bulletin* (March 1954), pp.317-18.
79) GA/711(Ⅶ) .
80) Donelan and Grieve, *supra* n.61, p.61; 김명기, 전주, 1, pp.98-99.

사자는 군사문제의 당사자와 구별되며 정치문제의 당사자는 정전협정 제60의 규정에 의거 국제연합총회의결의 제711(Ⅶ)결의에 의거 남측은 남한과 16개 참전국 북측은 북한과 중국 그리고 그들이 원하면 소련으로 정하여졌으므로 앞으로 체결될 평화협정의 당사자는 이 당사자에 의해서 이루어져야 되고 평화협정의 전단계로 이루어지는 종전선언도 이들 당사자의 범위 내에서 이루어져야 하고 이들 당사자가 어떤 형식이든지 참가할 수 있는 형식을 고려하여야 한다.

| 제6절 | **결론**

　"판문점 선언" 제3항 제3목의 "…올해에 종전을 선언하고 정전협정을 평화협정으로 전환하며…"라 규정하고 동항 제4목을 "남과 북은 완전한 비핵화를 통해 핵 없는 한반도를 실현한다는 공동의 목표를 확인하였다." 라고 규정하고 있다.

　"판문점 선언"의 제1성과는 물론 제3목의 한반도 비핵화이고 제2성과는 종전선언과 평화협정의 체결의 추진이라고 할 수 있다. 그러나 제4목의 완전한 비핵화는 미북 간의 비핵화형태와 조건에 관한 협상의 불성취로 한반도의 완전한 비핵화는 속단하기 어려운 상태에 있다. 제3목의 올해에 종전선언과 평화협정의 체결 또한 미·북간의 핵협상의 불성취로 그 실현이 적어도 올해에는 실현되기 어려운 상태에 있다.

　이 연구는 한반도의 완전한 비핵화 즉 북한의 핵폐기 실현될 것을 전제로 종전선언에 관한 국제법적 검토인 것이다. 동 선언의 제3항 제4목의 한반도의 비핵화가 성취되지 아니한다면 동제3목의 종전선언은 실현될 수 없고 따라서 이 연구도 무의미한 것으로 도로로 귀결되고 말 것이다.

　이 연구는 "판문점 선언"일 2018년 4월 27일 시작된 것이다.

　그러나 제4목의 한반도의 완전한 비핵화가 실현될 가능성이 전혀 없는 것이 아니므로 이러한 불확실성을 고려 종전선언에 관한 논급을 할 수 밖에 없다고 본다.

　"판문점 선언"에서의 "종전선언"에 관해 다음과 같은 문제점을 제시하기로 한다.

첫째로, 종전선언은 전승국이 전패국에 대하여 하는 것인바, 남과 북 어느 쪽도 전승국도 전패국도 아닌 상황에서 종전선언은 지금까지의 국제관행에 반한다. 남북공동으로 국제연합에 대한 또는 16개 참전국에 대한 종전선언을 할 수 없는 것이라면 "판문점 선언"상 종전선언은 실현될 수 없는 허구에 불과한 것이다.

둘째로, 한국전쟁 주체는 "정전협정"의 서명권자에 표시된 바와 같이 남과 북이 아니므로 남과 북은 종전선언의 당사자가 될 수 없다.

셋째로, 종전선언으로 전쟁상태는 종료되는 것이 아니라는 것이 지금까지의 국제관행이므로 종전선언으로 정전협정을 폐지하려는 의도는 실현될 수 없을 뿐만 아니라 국제연합이 일방 당사자로 되어있는 정전협정은 남·북 2자, 남·북·미 3자 또는 남·북·미·중 4자간의 합의로 폐지시킬 수 없으므로 종전선언으로 "정전협정"을 폐기하려는 의도가 남·북에 있었다면 그것도 실현할 수 없는 가상일뿐 아니라 남과 북의 종전선언으로 정전협정을 폐지하려는 의도는 실현 불가능한 것이다.

그러므로 정부관계 당국에 대해 다음과 같은 몇 가지 정책제안을 하기로 한다.

첫째로, 예비회담의 개최

"판문점 선언" 제3항 제3목에 규정된 남·북·미 3자 또는 남·북·미·중 4자회담을 "평화협정"을 체결하기 위한 예비회담으로 소집하고 이 예비회담에서 종전선언 없이 평화협정체결의 기본틀, 즉 당사자, 내용, 정전협정의 폐지 방안 등의 틀을 정한다.

둘째로, 북한의 완전 비핵화이후 평화협정체결 논의

북한의 완전비핵화가 실현되기 전에는 종전선언 또는 평화협정체결에 관한 북과의 어떠한 합의도 하지 아니한다.

셋째로, 평화협정 초안의 준비

북한의 완전한 비핵화의 대비 평화협정의 초안을 준비한다. 특히 정전협정의 폐기방안과 작전통제권의 귀속문제에 관해 대책을 강구한다.

넷째로, "국제연합헌장"에 따른 한국전쟁의 정리

국제연합이 일방 당사자로 되어있는 한국전쟁의 정리를 국제연합헌장에 따라 정리하는 기본방책을 수립한다.

다섯째로, "평화협정" 체결 전 한미상호방위조약의 보완

종전선언 또는 평화조약 체결 전 "한미상호방위조약"을 미국과 협의하여 보완한다.

제 6 장

국제연합군사령부의 해체와
국군의 전시작전통제권

명지대학교 명예교수, 법학박사 김명기
명지대학교 주임교수, 법학박사 김영기

2018년 4월 27일 남북 두 정상은 판문점 평화의 집에서 "한반도의 평화와 번역, 통일을 위한 판문점선언" (이하 "판문점선언" 이라 한다.)을 공포했다. 동 선언 제 3항 제3목은 "...연내에 종전선언을 하고 정전협정을 평화협정으로 전환한다..."고 규정하고 있다. 정전협정이 평화협정으로 전환되게 되면 정정협정의 일방 서명자이고 동시에 정전협정의 시행기관인 국제연합군사령부는 그 임무를 다하고 해체되게 되고 주한국제연합군은 철수하게 될 것이다. 물론 한미연합군사령부는 당연히 해체되는 것이 아니다. 연합군사령부는 국제연합안보리의 50년 6월 27일의 결의와 7월 7일의 결의에 의해 성립된 것이므로 국제연합군사령부 해체는 안보리의 결의를 요한다. 주한미군도 당연히 철수하게 되는 것은 아니다. 국군에 대한 작전통제권은 (i) 국제연합군과의 관계에서 국제연합군사령관에게 이양되어 있고, (ii) 주한미군과의 관계에서는 한미연합군사령관에게 이양되어 있다. 만일 국제연합군사령부가 해체되게 되어 국제연합군사령관의 지위가 소멸되게 되면 그에 귀속되어 있는 국군에 대한 작전통제권도 소멸되게 되어 국제연합군과의 관계에서 국군에 대한 작정통제권은 한국에 환수되게 된다.

(i) 미군과의 관계에서 한미연합군사령관에게 귀속되어 있는 국군에 대한 작전통제권은 일견 아무런 변화가 없을 것

같으나 한미연합군사령관의 국군에 대한 작전통제권은 한미연합군사령관이 ″국제연합군사령관을 겸하는 동안″ 이라는 조건이 부하여져 있다. 국제연합군사령부가 해체되게 되어 국제연합군사령관의 직위가 소멸되게 되면 한미연합군사령관의 국군에 대한 작전통제권도 소멸되게 된다. 만일 한국과 미국이 한미연합군사령관의 국군에 대한 작전통제권을 그대로 유지하려면 별도의 합의를 요한다. 한미연합군사령관의 국군에 대한 작전통제권이 부여된 것은 1978년 10월 17일에 한국 외무부장관과 주한미대사간의 ″한미연합군사령부 설치에 관한 교환각서″에 의거한 것이므로 이의 환수도 한국 외무부장관과 주한미대사간의 한미연합군사령관의 국군에 대한 작전통제권은 한미연합군사령관이 국제연합군사령관의 직위를 겸직하지 아니해도 그대로 유지된다는 내용의 교환각서의 형식으로 행하여 져야 할 것이다.

이 연구는 위 (ii)의 경우 2014년 10월 23일 제46차 한미안보협의회 한미공동선언의 효력이 미치게 되므로 동 공동선언을 검토 해 보려는 것이다.

또한 이 연구는 특정정권의 안보정책을 비판하고 또다른 정권의 안보정책을 지지찬동하려는 것이 결코 아니고 대한민국의 안보관계 장관과 관계 국회의원 그리고 청와대 안보담당관에게 대한민국 국군에 대한 작전통제권의 이양과 환수에 관한 실정법의 제규정을 이해터득케 하려는 의미를 갖고 있다. 그 의미의 필요성은 국회 외통위 국정감사의 질문과 답변수준 그리고 내용으로 보다 명백히 입증된다. 이는 국회회의록에 물적 증거로 남아있다.

1950년 7월 15일 이승만 대통령의 연합군총사령관 맥아더 장군에게 보낸 "작전지휘권이양공한"과 동 사령관의 회한에 의해 국군에 대한 작전지휘권이 국제연합군총사령관에 이양된 이후 오늘까지 한국에 환수되지 아니하고 있다. 2007년 2월 한미국방장관회담에서 2015년 12월 1일에 전시작전통제권을 이양하도록 합의했다.

그러나 북한의 핵무기 개발과 장거리 미사일의 발사위협으로 박근혜 정부는 2015년 12월 1일에 환수하기로 합의했던 전시작전통제권의 환수를 한국군과 동맹국의 핵심군사능력을 구비하고 역내 안전보장환경이 안정적인 때에 전시작전통제권을 전환하기로 하는 내용의 "제46차 한미안보협의회의 공동성명"(이하 "안보협의회 공동성명"이라 약칭한다)에 한미 국방부 장관은 2014년 10월 23일 서명 발표했다.

동 공동성명은 15개항으로 구성되어 있으며 그 중 제11항에 조건부 전시작전통제권 전환에 관한 규정을 두고 있다. 종전까지 기한부로 연기해 오던 전시작전통제권의 환수시기를 동 공동성명은 조건부로 연기했다. "기한"은 시간의 경과에 따라 자동적 필연적으로 도래 되는 것이지만 "조건"은 그 성취여부가 불확실한 것이므로 자동적 필연적으로 도래되는 것이 아니므로 조건부 전시작전 통제권 전환은 사실상 무기한 연기라는 비판이 있다.

조약의 해석은 당사자의 추후의 관행(subsequent practice)에 따라야 한다. 다만 타방 당사자의 동의를 요한다.(조약법 협약 제 31조 제3항 C) 안보협의회 공동성명 제11항은 작전통제권 환수의 기한을 규정하지 아니하고 조건부로 규정하고 있으므로 작전통제권의 환수가 무기한 연기되었다는 해석은 가능하다. 그러나 한국 국방부가 조건의 성취시기를 2020년대 초로 설정했으므로 조약법 협약 제31조 제3항 C의 규정에 따라 작전통제권 환수시기는 무기한 연기된 것이 아니라 2020년대 초로 기한이 정해진 것이다. 단, 미국의 명시적·묵시적 동의가 요구된다. 이 연구는 "안보협의회의 공동성명"에 관한 법적 제문제를 검토하기 위해 시도된 것이다. 2014년 10월 국회 국방위원회의와 외교통일위원회의 국정감사에서 논의된 동 공동성명에 관한 법적 제문제를 검토하는 것은 간접적으로 양 위원회에서 여야 의원의 주장과 관계장관의 답변에 대한 비판이 될 수도 있다. 상당수의 주장과 답변이 헌법의 부지와 국제법의 부지에 기인한 것이다.

이 연구는 "안보협의회의 공동성명"에 의한 조건부 전시작전통제권 전환연기 정책의 당부를 논하려는 것이 아니라 특정 정권의 정책을 비판하고 다른 특정 정권의 정책을 찬성·지지하려는 것도 아니다. 오직 이에 관련된 헌법상 문제 그리고 국제법상 문제를 제시하여 차년도 국정감사의 수준을 제고해 보려는 의도가 잠재되어 있음을 밝혀 드리기로 한다.

이 연구의 법사상적 기초는 법실증주의이며, 이 연구의 방법론은 법해석적 접근인 것이다. 따라서 이 연구는 *lex ferender*가 아니라 *lex lata*를 대상으로 한 것이다.

이하 "안보협의회의 공동성명의 법적 성격의 검토", "안보협의회의 공동성명의 위헌성의 검토", "안보협의회의 공동성명의 법적 효력의 검토" 순으로 기술하고, "결론"에서 몇가지 정책대안을 제시하기로 한다.

| 제2절 | 안보협의회의 공동성명의 법적 성격의 검토

"안보협의회의 공동성명"이 국제법상 조약인지 단순한 정치적 선언에 불과한 것인지를 검토해 보기로 한다.

1. 국제법상 조약

가. 조약의 의의

국제법상 조약이란 문서에 의한 국제법주체간 합의를 내용으로 하는 성문국제법이다.[1]

   (i) 조약은 명시적인 합의로서 문서(written form)에 의한 합의이며 구두에 의한 합의(oral agreement)는 그 자체로는 조약과 같이 법적 구속력이 있으나 그것을 조약으로 보지 않음이 일반적이다.[2] 그리고 문서는 하나의 문서에 서명하는

---

1) T.O. Elias, *The Modern Law of Treaties* (Leyden: Sijthoff, 1974), pp. 13-14; George Schwarzenberger and E.D. Brown, *A Manual of International Law,* 6th de.(Milton: Professional Books, 1976), pp.121-22; Lord McNair, *The Law of Treaties* (Oxford: Clarendon, 1961), pp.3-4.
2) Robert Jennings and Arthur Watts(eds.), *Oppenheim's International Law,* 9th ed., Vol. 1(London : Longman, 1992),

것이 일반적이나 교환공문, 교환각서처럼 별개의 문서에 서
명하는 경우도 있다. 이와 같이 문서에 의한 합의의 형식은
제한이 없으며 그 형식은 조약당사자가 정한다.[3]

(ii) 조약은 국제법 주체간의 합의나, 수동적 주체에 불과
한 개인은 조약을 체결할 당사자능력이 없으며 능동적 주체
인 국가·국제조직·교전단체·반도단체 등은 조약당사자능력이
있다.[4]

(iii) 국제연합 총회의 결의는 국가간의 합의나, 조약은 아
니다.[5] 이는 가끔 관습국제법의 근거가 되며[6] 또는 국제법
발전에 영향을 준다.[7] 이와 같이 법적 구속력은 없으나 형성
과정에 있는 법을 "soft law"라 한다.[8]

나. 명칭

조약의 명칭은 여러 가지가 있으며 어느 것이나 국제법상
조약이며 체약당사자를 구속하는 효력에는 차이가 없다. 조
약·협약·협정·약정·결정서·의정서·선언·규정·합의서·각서·교환

---

p.1201; Gerhard von Glahn, *Law Among Nations*, 4th ed.(New
York: Macmillan, 1981), p.503; McNair, (1961), pp.7-8; Vienna
Convention, Art, 2, 1(a); I.C.J., *Reports*, 1952, p.220; I.C.J.,
Reports, 1962, pp.474-79.

3) Jennings and Watts(eds.), (1992), p.1208 ; I.C.j., *Reports*, 1961,
p.31.

4) Schwarzenberger and Brown, (1976), p.122.

5) Mark W. Janis, *An Introduction to International Law*
(Boston:Little Brown, 1988), p.43.

6) *Ibid*,; I.C.J., *Reports*, 1975, pp.12,31-37.

7) Janis, (1988), p.44; United Nations, General Assembly
Resolution 3232(xxix), November 12, 1974, Preamble.

8) Mark E. Villiger, *Customary International Law and Treaies*
(Dordrecht: Martinus, 1985), p.xxix

공문·잠정협약·헌장 등의 명칭을 사용하는데 관한 국제법상 규정은 전혀 없다.9)

2. 안보협의회 공동성명의 조약인 근거

"안보협의회의 공동성명"은 국제법상 조약인 근거는 다음과 같다.

가. 국제법 주체

"안보협의회의 공동성명"은 일방은 한민구 국방장관에 의해 대표되는 대한민국이고 타방은 헤이글 국방장관에 의해 대표되는 미합중국이다. 대한민국과 미합중국이 각기 국제법상의 조약을 체결할 능력을 가진 국가임은 검토의 여지가 없다.

나. 합의

"안보협의회의 공동성명"이 한미간의 합의임은 다음과 같

---

9) Jennigs and Watts, (1992), p.1208; McNair, (1961), pp.30-31; Schwarzenberger and Brown, 앞의 책, p.121; J. G. Starke, *Introduction to international Law*, 9th ed. (London: Butterworth, 1984), p.417; Glahn. (1981), p.481; Richard N. Swift, *International Law.* (New York: John Wiley & Sons, 1969), pp.442-43; Hans Kelsen *Principles of international law,* 2nd ed. (NewYork: Holt 1966), p.455; Gerard J. Mangone, *The Elements* of *international Law; Casebook*(Homewood: Dorsey, 1963), p.71; 김명기, 「국제법 원론」, 상(서울:박영사, 1996), p.46-47.

은 근거로 보아 명백하다.

다음과 같은 이유에서 "안보협의회의 공동성명"은 한미간의 합의이므로 이는 조약이다.

(ⅰ) 동 공동성명은 "…양국정상의 공약을 재확인하였다"라고 규정하고 있는 바 (제2항), 양국정상의 공약은 양국정상이 공동약속 즉 공동합의를 뜻하므로 이의 재확인은 한미간의 합의이다.

(ⅱ) 동 공동성명은 "양국장관이 SCM에서 합의한"이라고 규정하고 있는 바(제2항), 이는 동 공동성명이 한미간의 합의를 기초로 하고 있다는 뜻이므로 이는 한미간의 합의이다.

(ⅲ) 동 공동성명은 "양장관은 … 결정하였다"라고 규정하고 있는 바(제2항), 이는 양장관이 각기 결정하였다고 표시하지 아니했으므로 이는 양장관이 합의하였다는 의미이다.

(ⅳ) 동 공동성명은 "공조를 계속해 나갈 것임을 재확인하였다"라고 규정하고 있는 바(제4항), 이는 한미 양국이 공조를 계속해 나갈 것을 합의하였다는 뜻이므로 이는 한미간의 합의이다.

(ⅴ) 동 공동성명은 "… 하기로 약속하였다"고 규정하고 있는 바(제4항), 약속하였다는 것은 합의하였다는 뜻이다.

(ⅵ) 동 공동성명은 " … 지속적 공약을 재확인하였다"라고 규정하고 있는 바 (제6항), 공약의 재확인은 공동약속의 재확인으로 이는 한미간의 합의를 뜻한다.

(ⅶ) 동 공동성명은 "… 완료하기로 약속하였다"라고 규정하고 있는 바(제4항), 약속아였다는 합의하였다를 의미한다.

(ⅷ) 동 공동성명은 "… 유지해나가기로 합의하였다"라고 규정하고 있는 바(제6항), 이 합의는 물론 한미간의 합의이다.

(ⅸ) 동 공동성명은 "… 긴밀히 협의해 나가기로 약속하였다"고 규정하고 있는 바 (제8항), 약속은 상호합의를 뜻하는 것이므로 이는 한미간의 합의이다.

(ⅹ) 동 공동성명은 "… 증진해 나가기로 약속하였다"고 규정하고 있는 바(제8항), 약속은 상호합의를 뜻하는 것이므로 이는 한미간의 합의이다.

(ⅺ) 동 공동성명은 "… 협력강화를 위해 노력해 나갈 것이다"라고 규정하고 있는 바(제9호), 이는 노력해나갈 것을 합의하였다는 것이다.

(ⅻ)동 공동성명은 "… 추진하기로 합의하였다" 라고 규정하고 있는바(제11항), 이 합의는 물론 합의이다.

(ⅹⅲ) 동 공동성명은 "… 나가기로 동의하였다"라고 규정하고 있는 바 (제12항), 이 동의는 합의를 뜻함은 물론이다.

(ⅹⅳ) 동 공동성명은 "…이행해나가기로 합의하였다"라고 규정하고 있는 바(제14항), 이 합의는 물론 합의이다.

다. 문서

동 공동성명은 양국 국방장관의 서명했으므로10) 문서에

---

10) 연합뉴스, 2014.10.27. 국방위 외통위 국감, 작전권전환연기공방, p.1.
　동 공동성명은 발표되었다 (김명기, "국제법상 작전통제권 환수에 따라 제기되는 법적 제문제와 그
　에 대한 대책방안"「입법과 정책」 제7권 제2호, 2015, p.206.

의한 합의임은 검토의 여지가 없다.

|제3절| 안보협의회의 공동성명 제1항의 위헌성 검토

1. 헌법 제74조 제1항의 위반

가. 헌법 제74조 제1항의 규정

헌법 제74조 제1항은 대통령의 국군통수권에 관해 다음과 같이 규정하고 있다. "대통령은 헌법과 법률이 정하는 바에 의하여 국군을 통수한다"

나. 헌법 제74조 제1항의 해석

이 규정 중 "헌법이 정하는 바에 의하여"로 다음 조항을 둘 수 있다.

(1) 헌법제60조 제1항

헌법 제60조 제1항은 중요 조약의 체결·비준에 대한 국회의 동의권을 다음과 같이 규정하고 있다.

국회는 상호원조 또는 안전보장에 관한 조약, 중요한 국제조직에 관한 조약, 우호통상항 해조약, 주권의 제약에 관한 조약, 강화조약, 국가나 국민에게 중요한 재정적 부담을 지우는 조약, 또는 입법사항에 관한 조약의 체결·비준에 대한 동의권을 가진다.

대통령이 이 헌법 제60조 제1항의 규정에 의하지 아니하고 국군에 대한 전시작전통제권의 전환을 국회의 동의 없이 공동성명의 형식적인 조약을 체결하는 것은 동 공동성명이 "안전보장에 관한 조약", "주권의 제약에 관한 조약" 또는 "입법사항에 관한 조약"에 해당되므로 헌법 제60조 제1항이 정하는 바에 의한 것이 아니므로 이는 헌법 제74조 제1항의 규정을 위반한 것이다. 헌법 제60조 제1항의 위반여부는 다음의 후술하는 사항에서 심도있게 검토하기로 한다.

(2) 국군조직법 제9조 제1항

헌법 제74조 제1항의 규정 중 "… 법률이 정하는 바에 의하여"로 국군조직법(법률 제1082호, 2011.7.14.) 제9조 제1항을 둘 수 있다. 동 조항은 합동참모의장의 작전지휘권에 관해 다음과 같이 규정하고 있다.

합동참모의장은 군령에 관하여 국방부장관을 보좌하며, 국방부 장관의 명을 받아 전투를 주임무로 하는 각군의 전투부대를 지휘·감독한다. 다만, 평시 독립여단급 이상의 부대이동 등 주요 군사사항은 국방부장관의 승인을 받아야 한다.

이와 같이 국군조직법은 전투부대와 합동부대에 대한 작전 지휘·감독권을 합동참모의장에게 부여하고 있다. 한미연합군사령관·국제연합군사령관에게 작전통제권을 부여하는 것은 위 국군조직법에 저촉되는 것이므로 이는 헌법 제74조 제1항의 규정에 따라 "법률이 정하는 바에 의하여" 한 것이 아니므로 이는 헌법 제74조 제1항의 규정을 위반한 헌법위반행위인 것이다.

2. 헌법 제60조 제1항의 위반

가. 헌법 제60조 제1항의 규정

헌법 제60조 제1항은 국회는 중요한 조약의 체결·비준에 동의권이 있다고 다음과 같이 규정하고 있다.

국회는 상호원조 또는 안전보장에 관한 조약, 중요한 국제조직에 관한 조약, 우호통상항해 조약, 주권의 제약에 관한 조약, 강화조약, 국가나 국민에게 중요한 재정적 부담을 지우는 조약 또는 입법사항에 관한 조약의 체결·비준에 대한 동의권을 가진다.

나. 헌법 제60조 제1항의 해석

(1) 조약

위의 규정 중 "… 조약"은 대한민국과 국제법 주체간에 체결된 국제법상 문서에 의한 합의로 그 명칭을 불문한다.

따라서 그 명칭이 조약(treaty), 협약(convention), 약정 (agreement), 의정서(protocol), 교환각서(exchange of notes), 약정(act), 합의록(agreed minutes), 규정 (status), 규약(convenant), 선언(declaration), 그리고 합의서(agreement) 등을 불문하고 동조에 규정된 조약이다. 그러므로 "안보협의 회의 공동성명"은 공동성명(Joint Declaration)으로 헌법 제60조 제1항에 규정된 조약임은 검토의 여지가 없다.

(2) 체결·비준

위 규정 중 "…체결·비준에 대한 동의권을 가진다"는 의미는 비준을 요하지 아니하고 조약은 체결에 대한 동의권을 가지며, 비준을 요하는 조약은 비준에 대한 동의권을 가진다는 것이다.[11] 그러므로 "체결·비준"은 "체결 및 비준"이 아니라 "체결 또는 비준"을 의미한다. 체결은 조약 내용에 대한 서명이며, 비준은 서명된 조약의 내용을 조약체결권자의 확인행위이다.

(가) 서명

서명은 전권대표가 조약내용에 대하여 이를 명시적으로 승인하는 행위이다. 서명에 의하여 조약의 내용은 확정되나 (조약법협약 제12조), 원칙적으로 조약이 성립되는 것도 아니고 효력이 발생되는 것도 아니다.[12] 서명 후 조약의 내용은 일방적으로 수정하지 못한다.[13] 국제회의에서 다수국가간의

---

11) 한수웅, 「헌법학」 (서울:범우사, 2013), p.343. 유사한 견해 김학성 「헌법학원론」 제3판 (서울:피앤씨미디어, 2013), p.814.
12) 한수웅, (2013), p.814; , pp.203-204.
13) McNair, (1961), p.204.

조약을 채택할 경우 본국 정부의 사후승인을 요건으로 하여 전권대표가 잠정서명하는 경우가 있다. 이를 '아드·레프렌덤'(*ad referendum*)의 서명이라 한다.14) 잠정서명은 그의 본국에 의하여 확인될 경우에 조약의 완전한 서명을 구성한다(제12조 제2항 b).

(나) 비준

비준이라 함은 전권대표가 서명한 조약내용에 대하여 조약체결권자가 최종적으로 이를 확인하는 행위이다.

전권대표가 서명한 후 다시 비준을 하는 것은 (i) 전권대표의 훈령에 대한 오해 유무의 확인, (ii) 서명 후 사정의 변화, (iii) 의회의 동의를 얻을 기회의 부여, (iv) 조약내용의 전면적 재검토 등을 위한 것이다.

모든 조약이 다 비준을 필요로 하는 것은 아니다. 비준을 요하는 조약은 그 내용에 비준조항을 규정하는 것이 보통이다.

조약에 비준한 경우 이를 증명하기 위하여 작성되는 일정한 형식의 서면을 비준서(instruments of ratification)라 하며, 원칙적으로 2국가간의 조약에 있어서는 비준서를 상호교환하고, 다수국가간의 조약에서는 일정한 장소에 기탁한다. 이를 비준서의 교환·기탁이라 한다.15)

일반적으로 승인된 국제관습에 의하면 조약문에 비준을 요한다는 명시적 규정이 없어도 조약은 비준을 요하나, 몇몇 예외가 인정된다.16) 그 예외의 경우는 다음과 같다.17)

---

14) Jennings and Watts(eds.), (1992), pp.1224-1225, n.5.
15) Jennings and Watts(eds.), (1992), p.1234.
16) Hersch Lauterpacht, *Oppenheim's International Law*, Vol.1,

(i) 국가원수가 체결하는 조약18)

(ii) 조약의 집행에 급속을 요한다고 인정된 조약19)

(iii) 서명만으로 효력을 발생한다고 규정된 조약

(iv) 의정서·선언 등 비교적 중요하지 않은 조약20)

(v) 교환각서21)

선언은 일반적으로 그 선언 자체 내에 비준을 요한다는
규정이 없는 한 비준을 요하지 아니하는 조약이므로22) "안보

　8th ed.(London: Longmans, 1955), p.906; Ian Brownlie, *Principles of Public International Law*(Oxford: Clarendon, 1966), p.420; McNair, (1961), p.133, Gerard J. Mangone, *The Elements of International Law*, A Casebook(Illionois: Dorsey, 1963), p.172.

17) Lauterpacht, (1955), p.906.

18) 1815년의 신성동맹은 페르시아 왕과 오스트리아·러시아 황제간
　에 서명되었다(Oscar Svarlien, *An Introduction to the Law of Nations*(New York: Mcgraw-Hill, 1956), p.272).

19) 시행에 급속을 요한다고 규정한 조약의 예는 다음과 같다.
　　(i) 1902년의 "영·일동맹조약" 제6조
　　(ii) 1905년의 "영·일동맹조약" 제8조
　　(iii) 1911년의 "영·일동맹조약" 제6조
　　1840년 7월 15일 "영·오스트리아·러시아간의 Turco·이집트의
　평화에 관한 런던조약"은 비준없이 시행되었다. 체약국은 가능한
　한 속히 분쟁을 해결하기를 원했기 때문이다.
　　이 이외에도 1939년 8월 25일의 "Anglo-Polish Treaty", 1944
　년 12월 19일의 "Anglo-Ethiopian Agreement", 1945년 8월 9일
　의 "전범자처벌에 관한 4자협약", 1943년 12월 12일의
　"Soviet-Gech-Slovak Treaty" 등을 들 수 있다 (Lauterpacht, (1955) p.906.).

20) I.C.J., *Reports*, 1952, p.60.

21) D.P.O'Connell, *International Law*, Vol.1, 2nd ed.(London: Stevens and Sons, 1970), p.222.

22) H. Blix, "The Requirement of Ratification", *BYIL*, Vol.30, 1953, pp.371-73; G.G. Fitzmaurice "Do Treaties need

협의회의공동성명"은 동 선언에 비준을 요한다는 명시적 규정이 없으므로 동 공동성명은 비준을 요하지 아니하는 조약이므로 헌법 제60조 제1항의 규정에 의해 국회의 비준 동의를 요하지 아니하는 조약이다. 동 공동성명은 비준을 요하지 아니하므로 "체결"에 대한 국회의 동의가 요구되는 조약인 것이다. 동 공동성명은 "체결"에 국회의 동의를 받지 아니한 것이므로 헌법 제60조 제 1항의 규정을 위반한 헌법위반행위인 것이다.

(3) 주권의 제약에 관한 조약

위에 규정된 체결·비준의 국회의 동의를 요하는 조약은 한정적인 것이며 예시적인 것이 아니며,23) 그 중 "안보협의회의공동선언" 제11항과 가장 관계있는 것은 "주권의 제약에 관한 조약"이므로 본 연구에서는 "주권의 제약에 관한 조약"에 관해서만 고찰하기로 한다. 작전통제권 환수는 그 자체 주권의 제한이 아니라 제한되었던 주권의 회복이다. 그러나 예기되었던 작전통수권 환수의 연기는 주권의 제한의 속성을 갖는다. 그러므로 이 연구에서 작전통제권 환수의 연기를 주권의 제한으로 표시하기로 한다. "주권의 제약"은 헌법 법률상 용어이고 주권의 제한은 학문상 용어이다. 이 연구에서는

Ratification", *BYIL*, Vol.15, 1934, p.1273; Jennings and Watts, (1992), p.1230; H. Lauterpacht, *Reports on the Law of Treaties*, submitted ILC, on 24 March, 1953; McNair, (1961), pp.85-87; *Ambatielos* Case (1952): ICJ, *Reports*, 1952, p.36; *Re Dime Nyguyen Huu* Case (1939): *ILR*, Vol.28, p.436,
23) 장영수, 「헌법학」 제9판(서울: 홍문사, 2015), p.243; 차강진, 「헌법강의」(서울: 청출어람, 2014), p.1058; 김학성, 「헌법학원론」(서울: 피앤씨미디어, 2015), p.411; 2008.3.27. 2006 헌라4.

헌법규정을 논할 때는 '주권의 제약'으로 표기하기로 한다.

가. 국가주권을 규정한 국제규범

(1) 국제연합헌장

1945년 10월 24일에 발효된 "국제연합헌장"(Charter of the United Nations) 제2조 제1항은 다음과 같이 규정하고 있다.

> 기구는 모든 회원국의 주권평등의 원칙에 기초한다 (the organization is based on the Principle of the sovereign equality of all its members)라고 하여 주권평등을 국제연합의 제1의 원칙으로 규정하고 있다.

(2) 국가의 권리 의무에 관한 선언

1949년 12월 6일 국제연합에 총회가 채택한 "국가의 권리 의무에 관한 선언"(Declaration on Rights and Duties of States)[24]은 주권, 독립권, 평등권, 국내문제관할권, 자위권, 불간섭의 의무를 규정하고 있는바 주권을 첫째의 것으로 규정하고 있다.

(3) 헬싱키 선언

1975년 8월 1일 헬싱키에서 개최된 유럽안보협의회의 (Confeence on Security and Cooperation in Europe)에서 미·소를 포함한 35개국 정상이 동월 2일에 서명한 헬싱키 최종의정서 (Helsinki Final Declaration) 중 "헬싱키 선

---

24) United Nations, General Assembly Resolution 375(iv).,December 6, 1949.

언"(Helsinki Declaration)에는 첫째로 주권평등을 선언하고 있다.[25]

나. 주권의 의의와 속성

(1)주권의 의의

주권을 국가의 권리를 규정한 상술한 국제문서에도 주권을 정의한 규정은 없다. 그러므로 주권의 정의는 학자의 정의에서 찾을 수밖에 없다.

Henry C. Black은 주권을 다음과 같이 정의하고 있다.

주권은 최고의 절대적 그리고 통제할 수 없는 어떠한 독립국가에 의해 지배하는 최고의 정치적 권위인 권력이다 (the supreme, absolute and uncontrollable power by which any independent state is governed supreme political authority).[26]

J.G. Starke는 국가가 향유하는 불가양의 권리라고 다음과 같이 정의하고 있다.

주권은 국가가 선호하는 바와 같이 할 수 있는 불가양의 권리를 갖는 것을 의미하는 것으로 추론된다 (sovereignty was assumed to mean that a stale had an inalienable right to do so it pleased).[27]

---

25) Ian Brownlie, *Basic Documents in International Law*, 3rd ed.(Oxford: Clarendon, 1983), pp.35 ff.

26) Henry C. Black, *Black's Law Dictionary*, 5th ed.(San Paul Minn: West, 1979), p.1262.

Hans Kelsen은 주권은 그 자체 권리가 아니라 국가의 본질적인 지격이라고 다음과 같이 기술하고 있다.

주권은 국가의 하나의 본질적인 자격이다(sovereignty is a essentially quality of the state).[28]

James Crawford도 Kelsen과 같이 주권을 권리로 보지 아니하고

주권은 그 자체 하나의 권리가 아니라 국가 자격을 위한 기준이다(sovereignty it is not itself a right is it a criteria for statehood).[29]

Hans Kelsen은 주권을 최고의 법적 권위라고 다음과 같이 기술하고 있다.

주권은 국내법상 최고의 법적 권위이다(sovereignty is supreme legal authority in internal law).[30]

Robert Jennings and Arthur Watts는 국가는 독립성을 갖고 따라서 주권을 갖는다라고 하며 주권의 독립성을 다음과 같이 동일시하는 기술을 하고 있다.

---

27) J.G. Starke, *Introduction to International Law*, 9th ed.(London:Butterworth, 1984), p.361.
28) Kelsen, (1966), p.192.
29) James Crawford, *The Creation of States in International Law*(Oxford: Clarendon, 1979), p.27.
30) Kelsen, (1966), pp.581-83.

어떤 국가도 통상적으로 독립성을 갖는다. 따라서 주권을 갖는다(a state normally possesses independence and therefore sovereignty).[31]

Jaques Maritain은 주권은 상대적 권력이라고 다음과 같이 기술하고 있다.

어떤 국가도 다른 국가의 평등권에 저촉되지 아니하는 한 그의 주권을 행사할 수 있다. 따라서 주권은 상대적인 것이며 절대적 최고의 권력이 아니다(any state may exercise its sovereign right in so far as they do not conflict with the equal rights of other states. sovereignty therefore means a relative, but not an absolute highest power).[32]

Jean Bodin은 주권을 최고의 절대적인 것으로 보고 있다.

주권은 시민과 국민에 대해 가장 최고의 절대적이고 완전한 권력이다. 국민들로부터 나오는 이 권력은 신의 영상인 군주 속에 체화된다(sovereignty is the most high absolute and perpetual power over citizens and subjects. this power derived from the people is embodied in the prince who is the image of God).[33]

---

31) Jennings and Watts, (1992), p.123.
32) Jaques Maritain, *Man and State*(Chicago: the University of Chicago Press, 1951), pp.28ff.
33) Jean Bodin, *De la Republique*, Book I, Chapter.8.

(2) 주권의 속성

이상에서 본 몇몇 주권의 정의의 내용을 보면 주권은 대내적으로 최고성·절대성을 갖고 대외적으로 독립성을 갖는 것으로 구성되어 있다.

Kurt Von Schushnigg은 주권의 속성을 다음과 같이 대내적 독립과 대외적 독립으로 설명하고 있다.

대내적 독립과 대외적 독립을 의미하는 주권은 영토에서 전 영토와 주민에 대한 완전한 관할권과 외국의 간섭으로부터의 자유를 의미한다(sovereignty meaning external and internal independence implies full territorial and personal jurisdiction within the territorial and freedom from foreign interference).34)

Nkambo Mugerwa는 주권의 내용은 대내적으로 국가의 절대적 권리이고 대외적으로 독립성이라고 다음과 같이 기술하고 있다.

주권의 대내적 관점은 국가가 그 자신의 기구의 성격을 결정하고 그 자신이 선택한 법을 시행하고 그들의 존중을 확보하는 국가의 절대적 권리 또는 권능이다. 주권의 대외적 관점은 독립성이다(the internal aspect of sovereignty is the state's exclusive right or competence to determine the character of its own institutions to enact law of its own choice and ensure their respect. External aspect of sovereignty is known as

---

34) Kurt Von Schushnigg, *International Law*(Milwaukee: Bruce, 1959), p.74.

independence).[35]

(3) 독립성

주권의 대외적 측면인 독립성은 다음과 같이 정의되고 있다.

G.G.Wilson은 다음과 같이 정의하고 있다.

국제법의 관점에서 독립은 다른 국가와의 고립이나 불관계의 필연성 있는 대외적인 정치적 통제로부터의 독립이다 (independence from the political control not necessdry isolation or non-relationship with other states).[36]

Jagues Maritain은 독립은 그의 영토내에서 완전한 영토적 대인적 관할권과 외국의 간섭으로부터 자유라고 다음과 같이 기술하고 있다.

독립은 그의 영토 내에서 완전한 영토적 대인적 관할권과 외국의 간섭으로 부터의 자유를 의미한다 (independence implies full territorial and personal jurisdiction within the territory and freedom from foreign interference). [37]

---

35) Nkambo Mugerwa, "Subject of International law" in M. Sorensen(ed.), *Manual of Public International Law*(London: Macmillan, 1968), p.253.
36) G.G.Wilson, *International law,* 9ht ed. (NewYork: Silver, 1940), p.77.
37) Maritain, (1951), p.285.

A.V.W. Thomas는 독립성을 다음과 같이 정의하고 있다.

　대외적 독립, 그것은 국가가 다른 국가와 유지하기를 희망하는 관계를 방해없이 결정하는 국가의 권력이다 (external independence, that is, the power of a state to determine the Relations it desire to maintain with other states without interference).[38]

Max Huher 중재관은 *Island of Palmas* case(1928)에서 주권은 대내적으로 절대성을 갖고 대외적으로 독립성을 갖는다고 다음과 같이 기술하고 있다.

　주권은 국가의 활동을 현시할 절대적 권리일 뿐 아니라 국가 간의 관계에 있어서 주권은 독립성을 의미한다 (sovereignty involves not only the exclusive right to display the activities of state but sovereign in the relations between stater signified independence).[39]

J.G. Starke는 독립권은 배타적 통제권리라고 다음과 같이 정의하고 있다.

　독립은 그 자신의 대내적 문제를 통제할 배타적 통제권이다(the power exclusively to control it's own domestic affairs).[40]

---

38) A.V.W Thomas, *Non-Intervention* (Dallas: SM University Press, 1956), p.70.
39) UN, *RIAA*, Vol.2, 1948, p.8.
40) Starke, (1984), p.96.

Aleksander Magarasevic은 독립은 정치적 자결주의와 사회적 변혁이라고 다음과 같이 정의하고 있다.

독립성은 정치적 자결주의 권리, 사회적 변형의 권리 그리고 그들의 천연적 부와 자원의 자유로운 처분의 권리이다(right to political self-determination, social transformation and right to free disposal of their natural wealth and resources).[41]

국제연합총회가 1970년 10월 24일 채택한 "우호협력관계원칙선언"은 독립성을 다음과 같이 규정하고 있다.

각 국가는 타국가의 어떤 형태로든 간섭 없이 그의 정치적, 사회적, 경제적 그리고 문화적 제도를 자유롭게 선택하는 불가양의 권리를 갖는다(every state has an inalienable right to choose it's political, economic, social and cultural system, without interference in any from of other state).[42]

이상의 주권의 의의와 속성에서 검토해 본 바와 같이 주권의 대외적 속성인 독립성은 타국의 간섭을 받음이 없이 국가의 대외적, 대내적 문제를 자유롭게 결정할 수 있는 권리이다.

---

41) Aleksander Magarasevic, "The Soreveign Eguality of States." in Milan Shovic(ed.), *Principles of International Law concerning Friendly Relations, and Cooperation*(NewYork: Oceana, 1972), p.212.
42) General Assembly Resolution 2625(XXV), 24 October 1970

국군에 대한 전시작전통제권 환수를 기한부가 아닌 조건부로 연기하는 것은 사실상 무기한 연기로 이를 규정한 "안보협의회의 공동성명"은 국군조직법이 규정에 의한 합참의장의 작전통제권을 배제하는 것으로 동 성명은 헌법 제60조 제1항에 규정된 "주권의 제약에 관한 조약"이다.

요컨대, 이상에서 검토해 본 바와 같이 "안보협의회의 공동성명"은 주권의 제약에 관한 조약이며, 공동선언은 비준을 요하지 아니하는 조약이므로 동 공동선언은 국회의 "비준동의권"이 있는 것이 아니라 "체결 동의권"이 있는 조약이다. 동 공동성명은 국회의 "체결 동의를 거치지 아니하고 체결된 것이므로 동 공동선언은 헌법 제60조 제1항의 규정을 위반한 위헌행위인 것이다.

| 제4절 | 안보협의회의 공동성명의 법적 효력의 검토

1. 국내법적 효력
가. 헌법 제6조 제1항의 규정
조약의 국내법적 효력에 관해 헌법 제6조 제1항은 다음과 같이 규정하고 있다.

　　헌법에 의하여 체결, 공포된 조약과 일반적으로 승인된
국제법규는 국내법과 같은 효력을 가진다.

나. 헌법 제6조 제1항의 해석

　　위의 규정 중 "조약"은 그 명칭을 불문하고 국제법 주체
간의 문서에 의한 명시적 합의이므로 "안보협의회의 공동성
명"이 "조약"에 포함됨은 물론이다. 동 공동성명이 관보에 게
재되어 공포되지 아니했으므로 이는 법률이 동일한 효력이
인지되지 아니한다.

(1) 수용·변형의 절차

　　헌법은 "헌법에 의해 체결·공포된 조약은 국내법과 같은
효력을 가진다"라고 규정하여 특별한 국내적 입법절차, 즉
변형절차를 거침이 없이 당연히 국내적 효력을 가진다고 보
는 것이 통설이다.[43]

---

43) 박일경, 「신헌법원론」(서울:법경출판사, 1986), p.158; 김철수,
　　「헌법학신론」(서울:박영사, 1988), p.156; 허영, 「한국헌법론」
　　(서울:박영사, 1990), p.174; 박관숙, "조약과 국제법의 관계,"
　　「국제법학회논총」, 제15권 제1호, 1970, p.171; 양건, "국제법과
　　국내법의 관계," 「국제법학학회논총」, 제23권 합병호, 1978,
　　p.172; 이한기, 「국제법강의」(서울:박영사, 1990), pp.154-56; 이
　　병조·이중범, 「국제법신강」(서울:일조각, 1990), p.27; 최재훈·
　　정운장, 「국제법강의」(부산:헌범사, 1990), p.87; 홍성화, 「국제
　　법개론」(서울:건국대학교출판부, 1990), p.59; 김문달, 「국제법
　　강의」(서울:법문사,1984) p.67; 정용태, 「국제법개설」(서울:형
　　설출판사, 1985), p. 80.
　　　조약의 체결에 국회가 동의권을 갖고 있지만(헌법 제60조), 이
　　동의를 조약을 국내법으로 변형하는 절차로 볼 수 없다(박원철,

(2) 효력의 순위

(가) 헌법·조약 동위설

이 설은 조약이 국내법 중 헌법과 동일한 효력이 있다고 한다. 그 논거로 헌법인 헌법전문에 국제평화주의와 국제법 존중주의를 헌법의 기본원칙으로 선명하고 있는 것을 든다.[44]

(나) 법률(또는 명령)·조약 동위설

이 설은 조약을 국회의 동의를 요하는 조약과 이를 요하지 아니하는 조약으로 구분하여, 전자에 대하여는 법률과 동일한 효력을 후자에 대하여는 대통령령과 동일한 효력을 인정한다. 이는 조약에 대한 국회의 동의에 요하는 의결정족수와 법률안에 대한 그것이 재적과반수의 출석과 출석과반수의 찬성으로 동일하다는 것을 근거로 한다. 이 설이 통설이라 할 수 있다.[45] 통설인 법률·조약동위설이 타당하다. 왜냐하면 (i)조약을 헌법과 동위의 것으로 보면 헌법 개정 절차에 의하지 아니하고 그보다 간이한 절차로 헌법을 개정하는 결

"우리 나라 국내법상 조약의 체결과 효력에 관한 연구," 사법대학원 석사학위논문, 1970, p.53; 제성호, "조약의 체결·비준에 대한 국회동의권," 「국제법학회논총」, 제32권 제2호, 1988, p.286).

44) 최재훈·정운장, 전주 43, p.77; 백도선, 「현대국제법학」(서울: 보문각, 1963), p.74; 김기수, 「현대국제법체계」(서울:창문사, 1950), p.21.

45) 문홍주, 「제6공화국 한국헌법」(서울: 해암사, 1987), p.148; 안용교, 「한국헌법」서울: 고시연구사, 1986), p.159; 권영성, 「헌법학원론」(서울: 법문사, 1986), p.187; 김철수, 전주 43, p.158; 박일경, 전주 43, p.160; 허영, 전주 43, p.176; 강창웅, 「헌법연습」(서울: 박영사, 1988), p.160.

과가 되므로 이는 허용될 수 없기 때문이다. 또 (ⅱ) 대부분의 민주주의국가는 법률과 동일한 효력을 인정하고 있으며, 국회의 동의를 요하는 조약이 헌법상 법률보다 상위 또는 법률보다 하위라는 적극적인 규정이 없기 때문이다.

따라서 "안보협의회의 공동성명"은 국내적으로 변형하는 특별한 절차없이 국내 법률과 같은 효력이 있는 것으로 본다. 그 결과 동 공동성명은 법률인 "국군조직법"과 내용상 저촉되게 되며 양자의 저촉은 신법우선의 원칙 적용되므로46) 동 공동성명이 "국군조직법"에 우선하며 적용하게 된다. 여기 다음의 두 문제가 제기되게 된다.

(3) 공포된 조약

헌법 제6조 제1항의 국내법과 동일한 효력이 인정되는 조약은 "체결·공포된" 조약이다.47) "법령 등 공포에 관한 법률"에 의하며 조약은 관보에 게재하여 공포하도록 규정되어 있으므로 동 공동성명이 관보에 게재되어 공포될 것을 조건으로 국내법률과 같은 효력이 인정된다는 것이다. 동 공동성명이 관보에 게재되어 공포되지 아니했으므로 이는 법률과 같은 효력이 인정되지 아니한다.

---

46) 이준일, 「헌법강의」, 제6판(서울:홍보사, 2015), p.189 ; 김웅규, 「헌법일반론과 판례」(서울: 지원사, 2015), p.164.
47) 장영수, 「헌법학」, 제9권(서울: 홍문사, 2015), p.243 : 정종섭, 「헌법소원법」 (서울: 박영사, 2014), p.255 ; 허영, 「헌법소송법」 (서울: 박영사, 2015), p.215; 1978. 11. 26. 97헌바65.

(4) 헌법재판소의 위헌법률심사

문제는 헌법을 위반하여 체결된 동 공동성명이 국내법률 동일한 효력이 인정되느냐이다. 전술한 바와 같이 동 공동성명은 헌법 제74조 제1항과 제60조 제1항을 위반하여 체결된 조약이다. 그러나 동 공동성명이 공포된 경우 헌법재판소에 의해 위헌심판이 있기 전까지는 법적 효력을 갖는다. 헌법재판소의 법률의 위헌심판은 다음의 두 가지 심판에 의한다.

(가)법원의 제청에 의한 위헌법률심판

헌법 제107조 제1항은 법률이 헌법에 위반되는 여부가 재판의 전제로 된 경우 법원의 제청에 의해 헌법재판소의 심판에 의한다고 다음과 같이 규정하고 있다.

법률이 헌법에 위반되는 여부가 재판의 전제로 된 경우에 법원은 헌법재판소에 제청하여 그 심판에 의하여 재판한다.

위의 규정 중 법률에는 체결·공포된 조약이 포함되므로 "안보협의회의 공동성명"의 위헌여부는 법원의 제청에 의하여 헌법재판소의 심판에 의하여 정하여 지게 된다.[48] 헌법재판소가 "안보협의회의 공동성명"은 위헌이라는 심판을 하게 되며 동 공동성명은 소급하여 효력을 상실하게 된다. (헌법재판소법 제47조제2항)

---

48) 2006.2.23. 2005헌바268; 2001.3.21. 99헌마139; 2001.9.27. 2000헌바20; 1999.4.29. 27헌가14.

(나) 헌법소원에 의한 위헌법률의 심판

헌법 제111조 제5호는 헌법재판소는 법률이 정하는 헌법소원에 관한 심판을 한다라고 규정하고 있다. 이 규정에 근거한 헌법재판소법 제68조는 헌법소원에 관해 다음과 같이 규정하고 있다.

공권력의 행사 또는 불행사로 인하여 헌법상 보장된 기본권을 침해받는 자는 법원의 재판을 제외하고는 헌법재판소에 헌법소원을 청구할 수 있다.

위 규정에 의거 위헌조약은 헌법소원의 대상이 된다. "안보협의회의 공동성명"에 의한 기본권의 침해를 받은 자가 헌법소원을 제기한 경우 헌법재판소의 심판에 의해 동 공동성명의 위헌여부가 정하여지게 된다. 헌법재판소의 위헌심판의 효력은 소급하여 효력을 상실하게 된다 (제75조제6항).
요컨대, "안보협의회의 공동성명"이 헌법 제74조, 제60조 등을 위반한 것이라 할지라도 헌법재판소의 위헌심판이 있기 전까지는 그대로 효력을 갖는다. 위헌 심판이 있으면 소급하여 효력을 상실하게 된다.

2. 국제적 효력

"안보협의회의 공동선언"이 헌법재판소의 위헌심판에 의해 소급하여 그 효력을 상실하게 되었을 때 이를 이유로 동 공동성언의 효력을 미국에 대해 부인할 수 있느냐의 문제가 "안보협의회의 공동선언"의 대외적 효력의 문제이다. 이 문제애 관해 학설과 판례는 일치되어 있지 아니하나 "조약법협약"제46조는 원칙적으로 국내법 위반을 원용할 수 없다고 다음과 같이 규정하고 있다.

국가는 조약체결에 관한 국내법 규정에 위반이 명백하고 또한 근본적으로 중요한 자국의 국내법규정에 관련되지 아니하면, 조약의 구속을 받게 하는 자국의 동의를 무효화시키기 위하여 자국의 동의가 그러한 국내법 규정에 위반되어 표시되어 있다는 사실을 원용할 수 없다(제1항). 위반은 통상의 관행에 근거하고 또는 성실하게 행동하는 모든 국가에게 객관적으로 명확한 경우에는 명백한 위반이 된다(제2항).[49]

따라서 "안보협의회의 공동선언"이 한국의 헌법의 규정을 위반하여 체결한 것이므로 이는 무효라고 한국이 미국에 대해 주장할 수 없는 것이 원칙이다. 그 위반이 명백하고 중요한 것임을 입증하는 경우에는 한국은 미국에 대해 동 공동성명이 무효되고 주장할 수 있는 것이다.

---

49) cf: Brownlie, (1966), pp.167-68; Elias, (1974), pp.142-52; McNair, (1961), p.69; ILC, *Year Book of ILC.1951*, Vol.II, p.73; Ian Sinclair, *The Vienna Convention on the Law of Treaties,* 2nd ed.(Manchester: Manchester University Press. 1984), pp.169-71; PCIJ, *Series A/B*, No. 44,1932,p.24; PCIJ, *Series A/B*, No.53, 1933, pp.56-71;PCIJ, *Series A/B* No. 46,1932,p.170.

| 제5절 | **결론**

1. 요약정리

상술한 바로 다음과 같이 요약정리하기로 한다.

(ⅰ)"안보협의회의 공동선언"의 명칭은 "공동선언"이지만 그것은 국제법상 국제법의 주 체인 한국과 미국간의 문서에 의한 명시적 합의로 국제법상 "조약"인 것이다.

(ⅱ)헌법 제74조 제1항에 "대통령은 헌법과 법률이 전하는 바에 의하여 국군을 통솔한 다"라고 규정하고 있는 바, 대통령이 헌법 제60조 와 국군조직법 제9조 제1항에 의거 하지 아니하고 "안보협의회의 공동성명"을 체결한 것은 헌법 제74조와 국군조 직법 제9조 제1항을 위반한 것이다. 그러니 공동성명은 헌법재판소의 위헌판결이 있기 전까지는 유효한 것으로 취급된다.

(ⅲ)헌법 제60조 제1항의 규정에 의거 주권의 제약에 관한 조약은 국회의 동의를 얻어 체결 또는 비준하여야 한다. 비준을 요하는 조약은 비준시에 비준을 요하지 아니하는 조약은 체결 시에 각각 국회의 동의를 요한다. 주권은 대내적으로 최고성·절대성을 뜻하고 대외적으로는 독립성을 뜻한다. 그리고 독립성은 타국의 간섭 없이 대내적·대 외적 정책을 자유로이 결정 할 수 있는 특성을 의미한다. 국군의 작전통제권을 타국 의 군사령관이 행사하는 것은 한국이 안보주권을 제한하는 것이다. 따라서 국군의 작전 통제권에 관한

조약을 체결 또는 비준시 국회의 동의를 요하는 조약이다.

(ⅳ)헌법절차에 따라 체결·공포된 조약은 국내법과 같은 효력을 갖는다. "안보협의회의 공동성명"은 관보에 게재하여 공포되지 아니했으므로 이는 국내법과 동일한 효력이 있는 것이 아니다.

2. 정책 대안의 제의

"판문점선언"의 이행으로 정전협정의 평화협정으로 전환되게 되면 결국 정전협정은 폐지되게 되고 정전협정이 폐지되게 되면 정전협정의 일방의 서명권자이고 정전협정의 시행기관인 국제연합군사령부는 해체되게 된다. 그것이 바로 북이 기도했던 바임을 남은 알아야 한다. 국제연합군사령부가 해체되게 되면 국제연합군사령관의 국군에 대한 작전통제권은 소멸되게 되고, 한미연합군사령관의 국군에 대한 작전통제권도 그의 국제연합군사령관의 지위를 상실하게 됨에 따라 상실되게 된다. 그러나 한미연합군이 현상유지를 원한다면 한국과 미국이 이에 관해 새로운 합의를 요하게 된다. 이 새로운 합의는 2014년 10월 23일 제46차 한미안보협의회의 공동선언에 기초한 것이어야 한다.

이에 정부관계당국에 대해 다음과 같은 몇 가지 정책제안을 제의하기로 한다.

(ⅰ)정전협정이 평화협정으로 전환되어 국제연합군사령부가 해체되기 전에 평화협정이 체결되어도 한미연합군사령부를 존치할 것인가 해체할 것인가의 정부결정을 자주적으로 하고, 이 정책결정에 따라 미국과 협의한다.

(ⅱ)만일 한미연합군사령부를 존치하기로 결정한다면 작전통제권의 환수에 관해 "제46차 안보협의회의 공동선언"에 따른 정책을 입안·시행한다.

(ⅲ)"조건의 기초한 작전권 전환"에서 조건의 내용인 대한민국과 동맹국의 "핵심적 군사 능력"과 "안보환경의 안정성"의 내용을 구체화하여 제시하여 "조건에 기초한 작전통제권 전환"이 무기한 연기라는 주장을 배제한다. 그리고 서론에서 언급한 바와 같이 조약법 협약 제31조 제3항 C의 규정에 의거 한국국방부가 2020년대 초로 작전통제권 환수시기를 잠정적으로 정하였으므로 작전통제권 환수시기는 무기한 연기된 것이 아니다.

(ⅳ)"안보협의회의 공동성명"의 국내법상 효력을 부여하기 위해서는 이를 관보에 게재하여 공포한다.

(ⅴ)국회국정감사에서 작전통제권의 이양 또는 전환연기는 주권의 제약이라는 국회의원의질의에 대해 이는 주권과 무관한 군사령관간의 관계에 불과하다는 장관의 답변에 대해 수정 답변할 것을 준비하여 차년도 국정감사에 대비한다.

(ⅵ)국회국정감사에서 작전통제권 전환연기는 주권과 무관한 것이므로 이에 관한 공동성명은 비준을 요하지 아니하고 따라서 국회의 비준동의를 요하지 아니한다는 장관의 답변을 공동성명(선언)은 국제법상 비준을 요하지 아니하는 조약이므로 안보협의회의 공동성명은 비준을 요하지 아니하고 따라서 국회의 비준동의가 요구되지 아니한다. 그러나 비준을 요하지 아니하는 조약은 체결 시에 국회의 동의를 요한다는 취지의 답변으로 수정하여 차년도 국정감사에 대비한다.

(ⅶ)이 연구결과를 국회 국방위원회와 통일 외교위원회

그리고 국방부와 외교부에 송부하여 정책에 반영하도록 촉구한다.

제 **7** 장

대한민국에서의 국가승인과 정부승인

동북아역사재단 연구위원, 법학박사 유하영

※※ 이 논문은 제17회 국제법학자대회 (대한국제법학회, 2017.10.21) 발표문을 전재합니다.

| 제1절 | 서언

*1*987년 9월 22일 제9차 개정된 대한민국 헌법 전문에는

"대한민국은 3.1운동으로 건립된 대한민국 임시정부의 법통을 계승하고 … "라는 명문규정을 둠으로서 현 대한민국 정부가 중국 상해에서 수립된 대한민국 임시정부의 법통성을 계승하였음을 천명하고 있다. 이 규정에 대한 국제법 연구는 현재까지도 그리 많지 않으나 이 규정으로 말미암아 대한민국 임시정부는 대한제국의 법통을 계승한 현 대한민국의 전 정부 실체임을 명문으로 천명하고 있다.[1]

"무효인 조약에 의한 불법적 점령은 침략이며, 무효인 조약에 의한 내정간섭은 위법한 간섭으로 침략이다". 대한민국 임시정부에 의한 대일무력투쟁은 국제법상 합법이며, 국제법상의 요건을 구비한 대한민국임시정부에 대한 승인은 합법정부에 대한 재확인일 뿐이다. 이러한 견지에서 조선의 개국과 대한제국 그리고 대한민국임시정부 수립까지의 기간이 일제의 대한침략기간이라고 한다면, 이후 제2차 세계대전의 종료까지의 기간은 대한민국의 대일항전 기간이다.

일제의 침략에 최후까지 저항한 대한제국 고종황제의 급

---

1) 3·1운동은 … 대한민국이 세워지고 임시정부가 조직되어 한국 역사에서 최초로 민주공화정체가 등장한 것이다. 이로 말미암아 3·1운동과 대한민국 임시정부는 역사적 정통성과 정당성을 확보했다(김희곤, "3·1운동과 대한민국 임시정부의 세계사적 의미," 『3·1운동과 1919년의 세계사적 의의』 동북아역사재단, 2010, 31쪽.).

작스런 승하는 한민족에게 "3.1운동"이라는 최초 비폭력 대일항쟁을 촉발하였다. 3.1운동의 결과로 조직 통합된 대한민국임시정부는 국내와 국외에서 본격적인 대일무력항쟁을 전개하여 1945년 환국하기까지 약 27년간을 대한민국을 대표하는 유일한 정통정부로 실존했었다.

2008년 이명박 정부에서 시작된 소위 "건국(절)" 논란은 지난 박근혜 정부의 국정 역사교과서 편찬 논란으로 쟁점화되었으나 올해 새로운 정부에서 다시 원점으로 되돌아 선 것으로 판단된다. 이에 본고에서는 역사교육 및 교과서의 목적을 현상유지와 현상타파로 이분화 했던 지난 9년간의 국내적 논란을 역사학계 및 국제법학계의 관점에서 다시금 검토하기로 한다.

이하 일제 침략에 관해 국제법적 연혁적 고찰을 하고, 대한민국임시정부의 실체 및 승인문제를 검토하고, 대한제국과 대한민국임시정부 그리고 대한민국정부에 이르는 "법적 정통성"과 그 실제 과정을 법적 사료에 기초하여 분석하여 국제법상 대한민국의 국가승인 및 정부승인의 확인 및 시점을 결론하기로 한다. 본 연구에서 "법통성"이란 "국가의 동일성"(identity of state)을 의미하는 것으로, 그리고 "정통성"이란 "정부의 합법성"(legitimacy of government)을 뜻하는 것으로 각각 사용하기로 한다. 본고는 법실증주의에 기반을 둔 법해석학 연구이며, 국제법 및 역사사료 문헌연구방법을 사용한다.

1. 조선의 개국과 대한제국의 법적 지위

　　쇄국정책을 고수해오던 조선은 밀려드는 외세에 밀려 1876년 일본과 "조일수호조규" 그리고 1882년 미국과 "조미수호통상조규"(Treaty of Amity and Commerce between the United States America and Corea)를 최초 체결한 뒤 서양 9개 국가와 국교를 수립하였다. 19세기를 전후하여 동아시아에 진출한 서구제국은 당시까지 전제군주국인 조선에서의 이권을 차지하기 위해 중국, 일제와 러시아 등 조선의 주변국들과 자주 충돌하였다. 1894년의 청일 전쟁과 1905년의 러일전쟁으로 일제는 대한침략의 전제조건인 제3국의 묵인을 그 강화조약들에서 확보 받았고, 영국, 미국 등과의 "밀약"에 의해서도 한국에서의 일제의 영향력을 상호 인정을 받았다.

　　이러한 상황 하에서 조선은 1897년(고종 34년) 10월 11일 국호를 "대한", 년호를 "광무"로 정하고 근대 입헌전제군주 국가형태의 "대한제국"의 수립을 내외에 선포하였다. 이미 1895년에는 "홍범14조"를[2] 공포하여 시행한 바 있으며, 1899

---

2) "홍범14조"는 1895년 1월 7일 고종황제와 왕자가 종각에서 자주독립의 기초를 굳게 할 결심을 선서하고 개혁의 요강으로 포고문인데, 그 내용은 국정의 민주적 개혁을 약속한 14개조문의 근대적 성질을

년에는 근대적 의미의 헌법인 "대한민국국제"가[3] 공포되었다. 그러나 비운의 대한제국은 국내외에 제국의 수립을 선포한 지 채 10년이 못되는 1905년 8월 22일 일제에 의한 소위 "을사늑약"으로 외교에 관한 권한을 강탈당했다. 1904년부터 기도되어진 이 외교권한의 박탈은 당시에 있어서도 불법 무효였으나 미국을 위시한 대부분의 외교사절은 1906년 서울에서 전면 철수하였다.[4]

1907년 일제가 다시금 내정에 관한 권한을 그리고 1910년에는 소위 "한일 병합에 관한 조약"을 앞세워 대한제국을 불법강점하기에 이르렀다. 제국의 수립을 전후한 강탈과정에서까지도 일제는 자신들의 불법과 침략행위에 대한 합법화를 위장하기 위해 무수한 불법과 무력의 방법들을 동원하였다. 최초 조선이 자유 독립국임을 표명한 1876년 조일수호조규에서 부터 1910년까지 계속되어지는 일제의 불법 침략으로 대한제국의 지위는 자주독립국에서 피보호국으로 다시 피병합국으로 전락이 강제되어진 것이다.

일제에 의한 대한침략의 과정은 한마디로 조선의 "개국"에서 부터이다. 이러한 데에는 조선이 근대화되기 시작하며 일제와 체결한 일련의 "불평등조약"(Unequal Treaty)과 강박

가진 기본법이라 할 수 있고, …(유진오, 신고헌법해의, 탐구당, 1953, pp.10-11.)

3) 1898년 8월 17일에 공포된 "대한민국국제"는 전문 9개조로 된 기본법이라 할 수 있는데 제1조 "대한국은 세계만국이 공인하는 자주독립제국이다."라는 조항 이외에는 절대군주론을 규정해 놓은 비민주적 기본법이라 할 수 있다 (유진오, 상게서,pp.14-16.).

4) 동아일보사, 『3.1운동 50주년기념논집』(서울:동아일보사,1969), p.943 ; 김명기,『국제법상 남북한의 법적 지위』,(서울:화학사,1980), p.161 ; 이한기, 『한국의 영토』,(서울:서울대학교 출판부,1969), pp.274-78.

과 사기에 의한 "불법 무효"(null and void)의 조약 그리고 제2차 세계대전이 완전히 종료되고 새로이 대한민국정부가 정식 수립되기까지 일제에 의한 대한침략과 불법지배는 계속 되었다. 이러한 침략의 과정을 국제법의 측면에서 연혁 적으 로 고찰하면 다음과 같다.

2. 한일간 조약과 한일 관계 : 조약을 통한 한국 침략

가. 1876년 2월 26일 조일수호조규

1876년 2월 26일 이른바 "운양호사건"을 빌미로 "강화도 조약"(조일수호통상항해조규)5)을 체결한 것을 시발점으로 일 본은 조선 침략의 법적 구실을 마련한다.6) 이 조규는 大朝鮮

---

5) 국회도서관 입법조사국, 1964, 구한말조약휘찬(상·중·하)에서는 근대조약이 기록되어 있는 바 한일간의 조약 47개, 한중국간 32 개, 한·외국간 63개, 일본이 제3국과 체결한 조약 20개가 있으 나 필자는 이에 관한 진위여부 검증은 아직 하지 못했다.

6) "운양호 사건에서 조일수호조규가 체결될 때까지의 경위를 멕켄 지 기자는 담음과 같이 기록한다. " 즉 1876년 장군 黑田과 백작 井上은 두척의 군함과 세척의 수송선으로 구성된 함대를 이끌고 서울 근해에 닻을 내리고 '조약을 체결하든가, 전쟁을 하든가'(to make a treaty or to make war) 양자택일하라고 강요했던 것이 다. 조약은 3주일이 지나기도 전에 체결되었다."(F. A. Mckenzie, 1908, *The Tragedy of Korea, 1908*, New York, 2nd. ed. 1969 (by Yonsei University Press, Seoul) p. 12 ; 鈴木敬夫, 1989, 『법을 통한 조선 식민지 지배에 관한 연구』, 서울 : 고 대민족문화연구소, p.15.).

國中樞府事 申憲, 大朝鮮國副官都摠府副摠官 尹滋承과 大日本國特命全權辨理大臣 陸軍中將 兼 參議開拓長官 黑田淸隆, 大日本國特命副全權辨理大臣議官 井上 馨간에 체결되었다.

이 조규 주요 조항은 제1관(조), 제7관, 제10관으로 다음과 같다.

제1관(조) 조선국은 자주국이며 일본국과 평등한 권리를 보유한다. 금후에 양국이 화친의 성의를 표하고자 할 진대 모름지기 피아 동등한 예의로서 상대할지며 추호도 侵越 猜嫌함이 있어서는 아니될 것이다. 우선 종전에 교정저해의 화근이던 제법규를 혁제하고 極力寬裕弘通의 법규를 개확하여 쌍방의 영원한 안녕을 기한다. … (중략) …

제7관(조) 조선국의 연해 도서 암초는 종전에 審檢을 하지 않은 까닭에 지극히 위험하므로 일본국의 항해자가 자유로 해양을 측량함을 허가하여 그 위치 深淺을 명세히 하고 도지를 편제하여 양국선객으로 하여금 위험을 피하고 평온하게 항해할 수 있도록 한다. … (중략) …

제10관 일본국인민이 조선국지정의 각항에 在留中 만약 罪科를 범하고 조선국인민에게 관계되는 사건은 모두 일본국 관원이 심의할 것이다. 만약 조선국 인민이 죄과를 범하고 일본국인민에게 관계되는 사건은 모두 조선국 관원이 査辦할 것이다. 단 쌍방이 다 각기 국률에 의거하여 재판하되 조금도 袒庇함이 없이 극력 공평 충당한 재판을 할 것이다.[7]

---

7) 국회도서관 입법조사국, 1964, 『 舊韓末條約彙纂(上)』, 입법참고

이 조규는 조선이 일본과 체결한 최초의 조약이지만 일본의 대한침략과 식민 지배를 허용하게 되는 시발점이 되었다. 먼저 제1조는 "조선국은 자주국"이라는 조항은 이후 몇 차례 유사하게 더 사용되었고 유례없는 규정이지만 이는 그대로 반대 해석하게 되면 비자주국이라는 의미로 해석될 여지가 있다. 둘째 일본은 이 조규 제7관으로 인해 조선의 근해에 자유롭게 진출하고 통상과 어업 및 측량 활동을 시작하게 되었다. 셋째, 제10조에 의해 사실상의 일본인의 "영사재판권"[8]을 인정하게 되었다.

1976년 8월 24일 조인된 "조일수호조규부록" 제7관은 "일본국인민은 일본국의 제화폐로서 조선국인민의 소유물과 교환할 수 있고 조선국인민은 그 교환한 일본국의 제화폐로 일본국소산의 제화물을 매득할 수 있으니 이시로 조선국의 지정한 제항에 있어서는 인민상호간에 통용할 수 있다. 일본국인민은 조선국의 "동화폐를 사용운수"할 수 있다. 양국인민으로 감히 錢貨를 私鑄하는 자가 있다면 각 그 국가의 제법률에 비추어 처단한다." 또 제10관에서는 "조선국은 아직 해외제국과 통신을 하지 않고 있다. 그러나 일본국은 수호경년하여 締盟한 제국과 우의를 보유하고 있는 관계상 금후 제국의 선박이 풍파로 곤경에 빠져 연변지방에 표류하게 된다면

자료 제18호, 9~16쪽.
8) 1858년 영일통상조약 제4조는 "일본대군의 영토내에 거주하는 모든 영국인민 상호간에 재산 또는 신분상의 권리에 관해서 발생하는 모든 사건은 영국관헌의 관할에 속한다" 이어 제6조는 "영일양국인민의 紛議는 모두 영국영사관의 조정에 맡긴다. 만약 조정 불가능한 경우에는, 영국영사관은 일본관헌의 원조를 청해 양자협력하에 형평한 결정을 한다."라고 규정한다(鈴木敬夫, 앞의 책, 17쪽.).

조선국인민은 모름지기 이를 愛恤않을 리가 없는지라 해당 표민이 그 본국에 환송되기를 원망할 때에는 조선국정부로부터 각항구주류의 일본 관리관에게 遞致하여 본국으로 송환한다. 해관은 이를 응락하여야 한다."라고 규정하여 한국내의 화폐가 일본으로 유입되어 구내 화폐유통의 혼란과 재정적 부담을 지게 되었고, 제3국민에 대한 권한이 상실되기 시작했다. 이 부록은 講修官議政府堂上 趙寅熙와 理事官外務大丞 宮本小一간에 체결되었다.

이외에도 1882년 8월 30일 "임오군란" 이후 "제물포조약" 과 동일 "조일수호조규속약"이 조인되었다. 1885년 1월 9일에는 갑신정변으로 인한 "한성조약" 및 그 "부칙"이 체결되었다. 1894년 "잠정합동조관"은 일본 군경의 한국진출을 가속화 했다.9)

나. 1904년 2월 23일 한일의정서

1904년 2월 10일 일본은 대러시아 선전포고를 하고 2월 23일 강압하에 수공동맹을 전제로한 "한일의정서"가 外部大臣臨時署理 陸軍參將 李址鎔과 特命全權公使 林權助간에 조인되었다. 동 의정서는 다음과 같이 외교에 관한 권한을 빼앗았다.10)

제2조 대일본제국정부는 대한제국 황실을 확실한 친의로서 안전 강령케 할 것
제3조 대일본제국정부는 대한제국의 독립과 영토보전

---

9) 유하영, "근대조약을 통한 한일 기본관계와 어업관계," 『독도문제의 학제적 연구』, 동북아역사재단, 2009, p. 65.
10) 동 의정서는 3월 8일자로 「관보」에 발표되었다.

을 확실히 확증할 것

    제5조 대한제국정부와 대일본제국정부는 상호의 승인 없이는 본 협정의 취지에 반하는 협약을 제3국과의 사이에 체결하지 않을 것

다. 1904년 8월 22일 한일외국인고문용빙에 관한 협정서(원래 명칭 없슴, 일:제1차한일협약)

    1.(제1조에 해당) 대한정부는 대일본정부가 추천하는 일본인 1명을 재정고문으로 하여 대한정부에 傭聘하고 재무에 관한 사항은 일절 기 의견을 詢하여 시행할 것

    1.(제3조 해당) 대한정부는 외국과의 조약을 체결하며 기타 중요한 외교안건 즉 외국인에 대한 특권허여와 계약 등의 일 처리에 관하여서는 미리 대일본정부와 협의할 것

    동 협정서는 외부대신서리 尹致昊와 일본전권공사 林權助 간에 체결된 문서인 이것으로 재정고문에 目賀田種太郎을, 외교고문에 일본국외무성근무촉탁의 미국인 D.W.Stevens를, 다시 丸山重俊을 경무고문에 幣原坦을 학부참여관으로 용빙케 했다. 이후 대한제국의 일체의 외교권과 사무가 일제에 의해 합법화되어 처리되었고 소위 고문정치가 시작되었다.

라. 1905년 11월 17일 한일협상조약(원래 명칭 없음, 을사늑약 ; 제2차한일협약)

    동 조약[11]은 1905년 7월 29일 "태프트-가스라밀약"(The

Taft-Katsura Agreement)과 동년 8월 12일 "제2차 영일동맹" 그리고 9월 5일 러일전쟁의 결과 "포츠머스(Portsmouth) 강화조약" 등으로 이미 한국에 대한 일본의 지배권을 사실상 승인받은 상태에서 "보호"라는 미명과 강박하에 한국의 "외교권"을 완전히 박탈하고 외국에 일본의 지배를 받는 "피보호국"으로 전락했다. 이로써 그간 주둔한 모든 외국 외교공관이 서울에서 철수하기에 이르렀다. 동 조약의 전문 5개 조항은 다음과 같다.

제1조 일본 정부는 재동경 외무성을 경유하여 금후에 한국이 외국에 대하는 관계 내지 사무를 감리, 지휘할 것이요. 일본국의 외교대표자 내지 영사는 외국에 있어서의 한국의 신민 내지 이익을 보호할 것임.

제2조 일본국정부는 한국과 타국간에 현존하는 조약의 실행을 완수하는 임무에 당하고 한국정부는 금후에 일본국정부의 중개에 경유치않고서 국제적 성질을 가진 하등의 조약이나 또는 약속을 하지 않기를 상약함.

제3조 일본국정부는 기 대표자로 하여금 한국 황실폐하의 궐하에 일명의 통감을 두되 통감은 전혀 외교에 관한 사항을 관리하기 위하여 경성에 주재하고 친히 한국 황실폐하에게 내알하는 권리를 유함. 일본국정부는 또한 한국의 각 개항장 내지 기타 일본국 정부가 필요하다고 인정하는 지역에 이사관을 설치하는 권리를 가지되 이사관은 통감의 지휘하에 종래 재한국 일본영사에게 속하던 일체의 직권을 집행하고 아울러 본 협약의 조관을 완전히 실행하기 위하여 필요로 하는 일체의 사무를 장리할 것임.

---

11) 동 조약의 영문 명칭은 "The Convention of 1905, between Japan and Corea"로 외국정부에 보낸 비방록에 표시되어 있다.

제4조 일본국과 한국간에 현존하는 조약 내지 약속은 본협약에 저촉하지 않는 한 모두 다 효력을 계속하는 것임.

제5조 일본국정부는 한국 황실의 안녕과 존엄을 유지하기를 보증함.

동 조약 제3조에서 "한국황제폐하의 궐하에 일명의 통감을 치"한다고 규정함으로써 소위 "통감정치"를 시행하도록 하였다. 이로써 일제는 1904년 한일의정서에 이어 대한제국의 재정과 외교에 관한 권한 일체를 강탈하였다. 동 조약의 체결과정과 그 효력에 관하여 당시 고종황제는 다음과 같은 전문을 미국인 황제고문 헐버트(Homer B. Hulbert)에게 발송한 바 있다.12)

짐은 총칼의 위협과 강요 아래 최근 한일 양국간에 체결된 소위 보호조약이 무효임을 선언한다. 짐은 이에 동의한 적이 없고 금후에도 결코 아니할 것이라 이 뜻을 미국 정부에 전달하기 바란다.

마. 1907년 7월 24일 한일신협약(정미 7조약 ; 일: 제3차한일협약)

1097년 제2차 헤이그 국제평화회의 밀사파견을 빌미로 고종 황

---

12) R.T.Oliver, *Syngman Rhee:The Man Bhind The Myth*,(New York:Dodd, 1955), p.55;국회사무처, 『구한말조약휘찬』,(서울:국회사무처,1975),P.;국사편찬위원회, 『한국독립운동사   Ⅰ』,1965, pp.67-68.

제가 양위하고 새 황제가 즉위한 지 4일후인 7월 24일 內閣總理大臣勳2等 李完用과 統監侯爵 伊藤博文은 대한제국 외교권에 이어 내정에 관한 일체의 권한을 빼앗은 소위 "정미7조약"을 계획대로 체결했다. 주요 조항은 다음과 같다.

제1조 한국정부는 시정개선에 관하여 통감의 지도를 受할 사
제2조 한국정부의 법령제정 및 중요한 행정상의 처분은 豫히 통감의 승인을 經할 사
제3조 한국의 사법 사무는 보통 행정사무와 此를 구분할 사
제4조 한국고등관리의 임면은 통감의 동의로써 此를 행할 사

이후 한일간에는 "재한국일본신민에 대한 경찰사무집행에 관한 협정서"를 10월 29일 체결했다. 1909년 3월 15일에는 "재한국외국인민에 대한 경찰사무에 관한 한일협정서"를 체결하고 동년 7월 12일에는 한국의 사법과 감옥사무를 일본정부에 위탁하는 각서인 "기유각서"를 체결했다. 다시 1910년 6월 24일에는 "한국경찰권위탁각서"를 체결하여 명실공히 "경찰권"을 빼앗음으로서 사실상 국가 주권의 전부를 빼앗았다.

바. 한일합방조약 및 선언(병탄조약 ; 한일합병조약)

1910년 8월 22일 소위 "한일합방조약" 제1조는 "한국 황제폐하는 한국 전부에 관한 모든 통치권을 완전히 그리고 영구히 일본국 황제폐하에게 양여한다."wp8조에서 "본 조약은 한국황제폐하 및 일

본 황제폐하의 재가를 경한 자니 공포일로 부터 이를 시행한다." 라고 규정하여 마치 법적으로 "대한제국의 소멸"을 가져온 것으로 보인다.13) 이 규정에 의할 때, 본래의 주권자인 국민과 민족의 의사와는 관계없이 강요된 이 통치권의 양여 조약의 효력에 매우 중대한 의문점이 있다고 말하지 않을 수 없을 것이다.14) 대한제국에 대한 일제 침략은 이미 1904년에서 1907년까지의 침략과정에서 황제 국가 통치권의 거의 전부를 강탈했고 이러한 것을 대외적으로 합법화를 묵인 받을 수 있었기 때문이다.15)

국제법상 그 내용에 관해서도 기존의 "침략조약"의 내용을 그대로 담고 있어 이는 실제 대외 과시와 선전을 위한 거짓 행위에 지나지 않는다.16) 동 조약의 명칭은 "한국병합에 관한 조약"이며, 8월 29일의 영문 선언문 명칭은 "Declaration as to The Annexation of Korea to The Empire of Japan"으로 되어 있다.17)

---

13) 국제법상 "합병"(merger)과 "병합"(annexation)의 차이는 전자가 대등결합에 의한 신국가 창설이고 후자는 결합체의 일방이 소멸하여 기존국가에 흡수되는 것을 말한다.

14) Vattel은 군주는 국민의 충성과 자유를 양도할 권리를 갖지 않는다고 한다(E. Vattel, *Droit des gens,* English trans., Book II, Chap. VI §263.).

15) 1909년10월 안중근 의사의 이등박문(일제의 한국총독)암살사건을 계기로 일제는 매국단체인 일진회를 앞세워 한일연방론, 합병론을 제창하도록 하다가 결국 이완용으로 하여금 병합선언문을 강제 체결하여 비밀리에 허위 공표토록 했다(김영수, 『대한민국임시정부헌법론』, 삼영사, 1980, p. 45.); 국제화해단체(IFER)가 국제법위원회(UNHRC)에 제출한 보고서 (1993.2.15.일자) 참조.

16) 대한제국의 완전한 소멸로 기존에 인식되어온 동 조약은 동 조약 제5조에서와 같이 일제에 의해 임명된 자인 이완용과 대한제국의 통감인 데라우찌(寺內正毅)간 불법적으로 서명되어 7일만인 8월 29일 일방적으로 대내외에 공표되었다.

17) 근대시기 조약문에서의 조선 및 한국 국명 표기는 대부분 "Corea"로 표시하고 있다. 1882년 최초 서양국가와 체결한 조약

사. 1965년 한일기본관계조약

1965년 체결된 한일기본관계에 관한 조약 제2조와 제3조는 과거사 청산과 국가관계 회복과 관련 단지 다음과 같이 추상적으로 규정한다.

제2조
1910년 8월 22일 및 그 이전에 대한제국과 대 일본제국간에 체결된 모든 조약 및 협정이 "이미 무효"(already null and void)임을 확인한다.
제3조
대한민국 정부가 국제연합총회의 결의 제195호(Ⅲ)호에 명시된 바와 같이, "한반도에 있어서의 유일한 합법 정부"(only lawful government in Korea)임을 확인한다.

제2차 세계대전 종료와 1951년 "대일평화조약"이후 한일간에 체결된 "한일 기본관계조약"의 해석과 관련 지금도 한일간의 국제법 학자간에는 평행적 논의를 거듭하고 있다.

이면서도 미국의 비준 동의 여부가 불확실한 "조미수호통상항해조규"와 "제물포조약" 등의 국명 영문 표기의 경우에서도 "Corea"로 표시하고 있다. 이러한 영문 국명 표기는 1897년 "인천항 일본거류지 확장에 관한 주한각국사신회의 협정서" 1905년 일본정부가 불법의 "한일협상조약"(을사보호조약) 체결이후 영, 미, 불, 독, 오스트로-헝거리, 벨지움, 덴마크, 중국 등에 보낸 "각서"까지 유지되었다. 그러나 1910년 "한국병합에 관한 선언" 상의 영문 표기는 "Korea"로 변경되어 표기되었다. 그 후 1913년 "재조선각국거류지제도 폐지에 관한 조선총독부 사무국장과 당해 체약국 영사관 협의회의 의정서"에서는 일본어식 영문의 한국 국명인 "조센"(Chosen)으로 변경 표기되었다.

3. 제침략조약의 효력과 대한제국의 소멸 문제

　전술한 바와 같이 1904년부터의 제침략조약에 의해 대한제국 고종황제의 통치권은 일제에 불법적으로 강탈되었다. 그러면 당시에서의 일반 국제법은 현 일본의 주장에서와 같이 이를 합법적인 것으로 묵인하였는가? 또한 일련의 제침략조약들은 당시의 국제법과 국내법상으로 합법적인 내용과 절차적 요건을 구비하였는가? 그리고 대한제국이 소멸되었다면 현 대한민국은 대한제국과의 법적 정통성이 단절된 신생국인가? 등의 의문을 제기할 수 있다.

　무엇보다도 먼저, 일제에 의한 제침략조약의 당시에서의 효력 문제는 당시에서의 일체의 법적인 증거자료가 현재까지도 정확히 밝혀지고 있지 않다는 것에서 선결적인 흠결이 해결되어 있지 못하다. 다만 여기에서는 일제의 만행에 의한 제침략조약 중에서 1905년의 소위 보호조약과 1910년의 소위 병합선언에 근거하여 일제의 모든 이후의 법적 근거 기준으로 했었다는 점에서 이들 두 근거의 기초는 선결문제의 해결에 중요한 열쇠인 것만은 사실이다.

　제2차 세계대전의 종료와 미국과 소련의 군정통치 및 불합리한 전후처리를 거치고도 1948년 한국이 자유 독립으로 국가존속의 재확인은 되었다. 그러나 1950년부터 1953년까지의 한국동란과 분단의 고착화, 냉전적인 제국주의적인 국제법적 사고 등으로 인해 불법의 침략과 식민지배에 대한 일체의 국제법적 증거 자료는 한국, 북한과 일본간 그리고 제3국에서 아직도 완전하고 충분하게 밝혀내질 못하고 있음이 현실이다. 종래의 일반 국제법상의 보호조약의 정의와 효력의 문제는 보호조약 자체의 특수성 즉 주권의 가양성과 시대적 조류 등으로 인해 획일적으로 논할 수는 없는 것이나, 과거 일단의 경우에서 일제의 강박에 의해 국제법상의 국가의 지위를 변화시켰다.[18] 다시 말해 "국가의 소멸"(debellatio)이란 개념은 본질적으로 적대적인 국가기관의 파괴를 의미한다. 이러한 파괴는 적대국가의 국가영토를 점령하는 것으로 끝나지 않고, 그 밖의 적대국가 전투력의 부존재를 가져오며 전운의 역정에 대한 모든 희망이 사라지는 것을 의미한다.[19]

둘째로, 영토의 강제적 병합은 침략이다.[20] 앞서 주지한 바와 같이 대한제국에서 체결한 것으로 선언된 제침략조약은 대한제국 고종황제의 승인을 받은 바 없으며 오히려 황제 자신에 의해 외교적 대표권을 가진 사자에 의해 정식으로 부인되었음을 살펴보았다. 최근에 뒤늦게나마 발견되고 있는 일제에 의해 공포된 제침략조약문의 위조에 대한 직접증거는[21] 대한제국의 고종황제의 동의가 없었음을 명백히 반증하는 것이다. 또한 당시에서의 조약체결권자의 임명은 고종황제에 의한 것이 아니므로 - 당시 대한제국의 관리의 임면권은 전

---

18) James Crawford, *The Creation of State in International Law,*(Oxford:Clarendon Press,1979) pp.186, 421.; 법상으로 식민지는 국가 영토의 일부이면서도, 본토와 원칙적으로 적용되는 법을 달리하고 특히 헌법적용을 달리하는 지역을 말한다(박일경,신헌법, (서울:법경출판사,1990), p.183.).

19) Die Rechtsstellung der besetzen Rheinlande (Stuttgart 1923),S.5. zitiert nach K.H.Mattern,a.a.O.,S.8.

20) A.V.W,Thomas and A.J.Thomas, *The Concept of Aggression in International Law,* (Dallas: S.M.Univ. Press, 1972), p.54.

21) 이태진, 순종칙령 위조 서명발견경위와 의의, 1993.3 ; 윤병석,동아일보,1984.2.8.

적으로 일제에 의한 것이었다.- 일체의 침략조약들은 결국 일제 자신에 의한 조약체결이라고 할 수 밖에는 없는 법적 논리적 허구를 노출하고 있다.22) 제 최근년사이에 동구권국가와의 국교 재수립의 과정에서나 미국, 이태리, 서독, 프랑스 등과의 외교관계수립의 기산을 최초 조선과의 수호조약 체결 시로 기산하는 외교관행 역시도 대한제국과 대한민국의 법통성에 대한 간접 증거로 간주하여 이해할 수 있다.23)

셋째로, 대한제국에서의 제침략조약들은 모두 고종황제의 조약체결에서의 합의를 이루었던 것이 아니었을 뿐만 아니라, 정식의 조약의 체결권자에 의해 서명된 것도 아니므로 대한제국을 구속할 수 없는 불법 무효의 조약인 것이다. 따라서 국제, 국내법상으로 불법 무효인 조약에 대한 저항과 불복이야말로 국제법상, 국내법상으로 합법성을 구비하는 정당행위이다. 일제에 의해 강제로 와해되고 대한제국은 이후 1919년의 "3.1운동"으로 정식으로 수립된 항일조직에 의해 그 법적 정통성이 계승되었다. 요컨대 일제의 침략에 대한 저항이 계속되는 한 대한제국은 소멸한 것이 아니다.

끝으로 "불평등 조약"(unequal treaty)은 당사자 일방 또는 당사자들이 일정 집단의 이익을 선호하는 협정이다.24) 다시 말해서 불평등 조약이란 불평등한 조건에 기초하여 체결된 조약 즉 그 내용이 당사자 일방에 대해 불평등한 조약을 의미하는 것

---

22) Fracies Lei, "La Situation International De La Coree," *Droit Public International*, 1906, pp. 40-58.
23) 국회도서관 소장, 미국·서독 그리고 이태리 의회로 부터의 외교관계수립 100주년을 기념하는 각국 의회 결의안,;한불 수교 100주년 기념 세미나, 한국외국어대학교, 1984.
24) I. Detter, 1966, "The Problems of Unequal Treaty," 15 *ICLQ* 1073.

으로 본다. 그러므로 조약의 불평등성 여부는 조약의 체결과정
보다는 조약의 실질적 내용에 의해 결정된다.25) 이러한 점에서
조약의 체결과 효력 문제인 "강박"(duress) 또는 "침
략"(aggression)26) 조약과 구별된다.

| 제3절 | 대한민국 임시정부의 수립과 실체

1. 대한민국 임시정부의 수립과정

   당시의 상황에서의 몇 가지 증거들은 대한제국의 법적 정

---

25) 조약체결과정에서의 불법성에 대하여는 유하영, 1998, 「한국에
    대한 일본 식민지배에 관한 연구」, 『일본연구』제6호, pp. 2~
    5 참조.
26) 1974년 국제연합 총회 "침략의 정의에 관한 국제연합 총회의
    결의"제1조는 "침략은 어느 국가가 타국의 주권, 영토보전권 또
    는 정치적 독립에 대해 무력을 사용하거나 또는 본 규정에 규정
    된 국제연합 헌장에 위배하는 기타 방법을 사용하는 것을 지칭
    한다." 제3조에서는 "a 한 국가의 군대가 타국의 영토를 침공하
    거나 공격할 경우 도는 그와 같은 침공과 공격의 결과로 잠정적
    이나나 군사적으로 점령을 하거나 또는 무력을 사용해서 타국의
    영토 전부나 일부를 합병할 경우 … f. 한 국가가 타국이 임의로
    사용할 수 있도록 허락한 자국 영토를 타국이 제3국에 대한 침
    략행위를 범하도록 묵인하는 경우" 등을 침략행위로 규정한다
    (국제문제연구소 김명기 편, 1997,『통일·안보 조약 자료집』, 서
    울:국제문제연구소, 205쪽.

통성이 대한민국임시정부로 승계되었음을 보여주고 있다. 국제법상의 "보호조약"(Treaty of Protectorate)이 체결된 선례들은 당시의 보호조약과 같이 외교에 관한 권한 일체를 분리 강탈할 수 없는 성질의 것이었다. 또한 이후 일련의 침략조약은 이미 일반 국제법상 1905년의 보호조약이 사기 강박에 의한 불법 무효이기에 이후의 조약의 체결에는 당사자 문제, 체결능력의 문제가 선결적으로 합법적이어야 한다.

대한제국의 황제로서의 권한은 1905년부터 일제에 의해 제한되어 졌고 1907년 헤이그 밀사 파견으로 황제는 결국 강제퇴위의 결과에 이르렀다. 이에 더하여 일제는 1910년 일제에 의해 즉위한 순종황제로 하여금 일체의 황제 통치권을 양여토록 강제하였다. 이후 면면히 대한제국의 법통을 보유해 온 고종황제는 1919년 1월 급작스런 의문의 승하를 하였다. 이로서 그간 입헌전제군주국의 최고권력 보유자였던 고종황제는 대한제국에 대한 일제의 침략으로 인해 더 이상 그 권한을 보유하고 행사할 수 없었다. 그러나 대한제국의 법통을 이어받은 대한민국임시정부의 수립 및 통합은 동년 4월 13일이다. 전제군주국에서 입헌군주국 그리고 다시 입헌 민주공화국을 수립하려던 대한민국임시정부는 대일독립무력투쟁을 수행하는 망명정부로서 일제와 전쟁을 수행하는 교전단체로서의 지위와 역할을 담당했던 정통정부의 실체로 전민족의 사고를 지배하여 왔다.

1919년 당시의 대일무력투쟁은 이미 국내에서 뿐만 아니라 간도, 만주, 노령 등지에서 더욱 격화되었고 대한제국의 이주교민사회에서는 임시적인 정부를 수립하기 위한 준비가 추진되고 있었다. 일본에서의 "2.8독립선언"과 3월 1일 "대한독립선언"의 발표는 드디어 "3.1운동" 즉 대일무력투쟁을 본격적으로 전개 시켰다. 이러한 가운데 3월에는 노령에서 "대한민국의회"가 조직되었고, 4월에는 "조선민국 임시(안))" 과 "신한민국정부(안)"의 조직포고문이 선포되었으며, 동 11일에는 상해시에서 "대한민국임시정부"가 정식으로 수립 선포되었다. 한편 국내에서는 4월 23일 13개 도대표의 국민대회의 명의로 "한성정부"가 조직되었다. 이외에도 전단적인 성격의 여러 조직의 시도가 있었으나 실제로 수립된 정부조직은 대한민국 임시정부와 한성정부 그리고 노령의 국민회의 만이 사실상, 법률상의 임시정부의 수립으로 볼 수 있다.[27]

이러한 개별적, 임시적 정부의 통합은 1919년6월 안창호가 상해에서 대한민국임시정부의 내무총장으로 취임하면서 추진되었다. 이러한 통합의 방식은 대한민국 임시정부가 노령의 국민의회를 흡수·통합하고, 정부형태를 한성 정부의 형태로 개조하여 국내에서의 법통을 승계하는 개헌의 방법으로 통합되었다. 이것을 이른바 제1차 헌법개정(1919년 9월 11일 공포) 및 단일정부의 수립이다. 통합된 대한민국임시정부는 대한제국의 정부형태를 개선하여 사법부와 의정원(입법부),국무원으로 삼권을 분리하여 근대적 성문헌법을 갖는 민주공화국 정부형태를 채택하였다.

이후 대한민국임시정부는 1945년 환국할 때까지 5차에 걸친 개헌을 통해 임시적 망명정부의 헌정체제를 지속해왔으며, 27년간의 오랜 기간에 구 한국을 대표하는 정부로서의 지위를 유지하였다.[28] 다만 중국정부를 제외하고는 당시에서

---

27) 김명기·유하영, "대한민국임시정부의 정통성에 관한 연구,"「국제법학회논총」, 38-1, 1993, p. 6.
28) 제6회 임정의정원회의에서 의정원의원들은 임정의 법통은 13도

의 국제적인 호응에 있어 대한민국임시정부는 제2차 세계대전이 종료되고 남한만의 총선에 의해 신정부가 수립된 이후에서야 국제연합을 비롯한 제국가 및 국제기구로부터의 소급적인 승인을 받았다.

한국의 독립운동은 실제 국권이 상실되기 이전에서 부터 존재하였다.[29] 조선 및 대한제국에서의 의병 조직과 항일 무력투쟁이 그러한 실증이다. 1895년을 전후하여 조직 활동한 의병은 1910년경에는 만주, 간도 및 연해주 등의 지역에 근거지를 두고서 각종의 항일무력투쟁을 전개하였다. 이러한 항일의병이 정식의 국가 군사조직으로서의 조직과 체제를 갖춘 때는 1919년 12월에서였다. 당시까지 "한족회", "기원독립회", "민족독립단", "청년연합회" 등의 남북만주에 산재한 독립운동 무력단체가 하나로 통합되어 대한민국임시정부의 직속으로 "광복군총사령부"가 설치되었다. 이러한 광복군 조직의 법적 근거로는 국민의 병역의무를 규정한 대한민국 임시정부의 헌법(제10조)과 군사조직법 및 1920년이래 공포 시행된 바 있는 육군임시군제. 한국독립당 당강과 당책 등을 들 수 있으며, 이러한 건군이후에는 "광복군 총사령부 조직조례"가 제정되었다.

─────────────────

대표들의 총의에 의해 구성된 한성정부에서 유지되어야 한다고 주장하였다. 그리하여 1919년 9월 상해의 임시정부가 개헌의 형식으로 대한국민회의를 흡수하고, 상해의 대한민국임시정부를 한성정부의 형태로 개조하여 그 법통을 계승하는 형식으로 통합하게 되었다. 이것은 그 당시의 정통화과정에 대한 임정요인들의 이상을 표현한 내용이다(대한민국국회도서관, 대한민국임시정부의정원 문서, pp. 57-58.).

29) 이인수, 『대한민국의 건국』, (서울:촛불,1989), p. 31 ; 임추산, "대한민국임시정부에 대한 중화민국의 지원정책," 경희대 박사학위논문, 1975, p. 171.

한편 일제는 이미 1905년의 "청일조약"과 1909년의 "간도에 관한 청일협약",그리고 1915년의 이른바 "이십일개조약"으로 만주지역에 무력이 진출되어 있었다. 1920년에는 청국의 지방정부와 만주지역에서의 한인에 의한 무력사용을 금지시키는 "일.중협동토벌에 관한 협정"을 체결하였을 뿐만 아니라 1925년에 다시 제등총독 저격사건을 구실로 "한인취결변법강요"(;삼시협정)을 밀약하여 동 지역에서의 광복군활동을 청국과 함께 저지하려하였다. 청과 만주간 이러한 군대, 경찰의 국경출입에 관한 협정은 한국민의 주권의 침해뿐만 아니라, 궁극적으로 한국민의 항일 투쟁을 방해금지하려는 기도였다. 이는 결국 양 당사자간의 관할권 충돌문제를 발생시켰으며 이후 청일간의 관계는 악화를 거듭하게 되었다.

1931년의 만주사변에 이어 1937년 중일전쟁 격발되어 광복군은 드디어 대일 전쟁에 참가하게 되었다. 1941년 제2차 세계대전이 발발로 대일무력투쟁은 더욱 격화 되었으나 1942년 대한민국임시정부와 중국 국민당정부간에는 "한국광복군 행동준승9항"의 체결로 중국 국경 내에서의 군사작전은 독자적으로 취할 수 없게 되었다. 그러나 제2차 세계대전의 종료를 목전에 둔 1945년 5월 1일 사실상의 명시적 정부승인을 가져온 "원조한국광복군변법"이 체결되어 명실 공히 독자적인 군사작전지휘권을 행사하기에 이르렀다.

2. 대한민국 임시정부의 실체

가. 일반국제법상 망명정부의 제유형

일반적으로 소위 망명정부란 전시에 적국의 점령으로 본국을 떠나 해외에서 수립된 정부를 말한다. 구체적으로 말해서 "타국에 정복되든가 국내에 혁명 등이 발생하여 정부의 수뇌부가 외국에 망명하여 그곳에서 외국정부의 허락 하에 정부를 조직하고, 그 접수국 또는 몇 개의 외국에 의해 계속하여 그것의 정통정부로 인정되는 정부, 정권"을 말한다. 또한 "그들은 최고권력 회부을 위한 요구를 계속 주장하며, 주재를 허락한 국가로 부터 승인되고, 오랜 동안 그들의 조직에 의하여 실효적 통치를 회복키 위하여 노력한다.30) 이러한 망명정부의 형태를 분류해서 고찰하면 다음과 같은 세 가지의 범주로 나눌 수 있다.31)

첫째, 통상 망명정부의 형태로 구 정부 일체가 본국 밖으로 망명해서 영토회복을 기도하는 경우이다. 여기에는 다시 (i) 전시점령(belligerent occupation)으로 피침상태하에 있는 본국을 회복하려는 형태로 제2차 세계대전중의 벨기에(1940), 네덜란드(1940)와 노르웨이(1946) 등이 이에 속한다. 다음으로 (ii) 타국에 병합(annexation)된 본국을 회복하려는 경우로 이디오피아(1936), 폴란드(1939) 그리고 룩셈부르크(1940) 등을 들 수 있다.

둘째, 소위 임시정부의 형태로 새로운 정부인 망명단체가 임시적인 신정부를 형성하여 독립운동을 전개하는 형태이다.

---

30) Encyclopaedia of International Law, "Government-in-Exile," pp. 210-14; H.J.Schlochauer, Die Exilregierung, in Weorterbuch des Volkerrechts, Bd I,1960, S.498.

31) 망명정부의 유형별로 분류한 학자로는 K.H.Mattern과 H.Brandweiner이 있다(K.H.Mattern, Die Exilreigierung, Tubingen,1953,S.6ff; K.H.Brand- weiner, Zur Lehre von den Exilregierungeor,Oesterreichiche Zeitschrift fur Offentliches Recht,Wien,Neue Folge, Bd.III (1950-1951) Heft 4, SS.497-519.).

여기에는 (i) 전쟁에서의 항복으로 국권정지상태(debellation) 하에 있는 본국을 신생국으로 해방, 독립하려는 경우 형태이다. 여기에는 프랑스(1940)와 덴마크(1940), 불가리아(1944) 등이 있다. 한편 (ii) 제3국의 전시점령하에 있는 식민지가 신생국으로 해방 독립하려는 경우로 필리핀(1942)이 있다. 또한 (iii) 구 본국으로 부터 분리(secession) 독립하려는 경우로 체코(1915)와 자유인도운동지역(1943)이 있다.

셋째, 이러한 전술의 범주에서와는 다른 특수한 형태에서의 망명정부가 있다. 이러한 형태로는 단절된 구 본국의 법통을 회복하는 동시에 타국의 지배하에 있는 본국영토를 회복하려는 임시정부적인 망명정부가 있다.

일반적으로 망명정부에 대한 국제법상의 승인은 국내법상의 합헌성과는 관계없이 본국의 통치권을 회복하려는 노력이 계속되는 한 승인으로 인해 국가적 "동일성"(identity)과 "실효성"(effectiveness)을 승인 받는다. 대한민국 임시정부의 승인과 관련하여 국제법상의 승인은 전술에서 살펴본 유형의 분류기준 즉 망명정부의 정통성과 관련된 일정의 요건과 기준에서 다소 특수한 성격을 갖고 있다. 먼저, 정통적인 성격의 기준의 망명정부는 전쟁 중 전투를 계속하는 동안 국가의 최고 권력을 구체화 하며 평시의 정통적 망명정부는 승인에 의해 그 실효성을 확보 받는다. 다음으로, 전쟁 중에 승인된 비정통적 망명정부는 가벼운 조건하에서 반도단체 또는 교전단체로 고려될 수 있다. 그리고 평화 시의 경우에서는 그러한 승인은 본국의 국내문제에의 개입, 간섭으로 주권의 침해를 구성하기도 한다.

대한민국 임시정부의 승인에 관한 논의는 대한민국임시정

부의 국제법상 정통성의 문제와 승인이 전시인가 아니면 평시인가에 의해 망명정부로서의 승인의 요건과 어떠한 형태의 정부이었는가를 기준으로 고찰해 볼 수 있다. 첫째로, 대한민국임시정부는 대한제국과의 관계에서 국가적인 정통성이 헌법적으로 계승되어 있다. 대한민국임시정부 헌법 제5조에서의 황실존중 조항과 당시 대한민국 임시정부의 이승만 초대 임정의 수반은 1948년 대한민국 신정부의 대통령이기도 하다. 둘째로, 대한제국의 완전한 소멸이라고할 수 있는 고종황제의 승하와 대한민국임시정부의 수립의 당시는 과연 평시인가 아니면 전시인가? 이러한 논의는 결국 일제에 의한 대한 식민통치가 불법이고 무력의 사용, 그리고 침략행위라는 점, 일제의 침략에 대한 한국민의 저항 역시 무력의 사용에 해당되는가하는 전제적 검토를 필요로 하므로 다음의 장에서 좀 더 구체적으로 살펴보기로 한다.

나. 대한민국임시정부에 대한 승인의 실재

국제법상의 승인에 관한 종류와 내용을 차지하기로 하고 당시(1919년 부터 1945년까지)에서 대한민국임시정부의 승인에 관한 일체의 국제법적 외교적 문서와 증거는 아직도 정확히 공개 확인되지 않고 있다. 다만 대한민국임시정부는 망명정부 또는 임시적인 정부로서의 승인을 위한 외교적 노력을 다했음이 그간 여러 법적 증거로 나타나 왔다.

최초로, 1919년 대한민국임시정부는 파리강화회의에서나 국제연맹, 워싱톤 군축회의에서 일제의 불법 식민지배를 호소하려 하였으나 그 뜻을 이루지 못하였다. 다만 조소앙이 대표로 참석했던 제1차 코민테른회의에서 다음과 같은 결의

가 있었다.[32]

1. 본회에서 한국독립을 승인할 것.
2. 본회로 부터 대표를 선파하여 동서 정세를 조사하게 할 것.
3. 본회에서 동서를 연락하고 혁명을 촉진하게 할 것.

비록 이러한 회의 결의가 실제 국제법상의 법인격을 갖는 국제기구에 의한 승인의 효력을 갖는다고 할 수는 없겠으나 당시의 상황에서 일제의 대한식민통치의 불법성에 대한 최초의 국제적인 기구회의의 결의였다는 것에서 그 가치를 구할 수 있다.

두 번째, 당시 대한민국임시정부가 정부의 수립에 있어 중국으로부터 승인을 받았다는 논의가 있다. 이것의 실제는 임정의 총무서리인 신규식이 광동에서 수립되었던 손문의 호법정부로 부터의 승인이 있으나 이 호법정부는 이후 해체가 되어 중국의 정통정부에 의한 승인으로는 볼 수 없다. 어쨌거나 이에 관해서는 다음과 같은 기록이 남아 있다. " 1921년 10월 호법정부의 비상대총통인 손문은 다음의 5개조문의 외교국서 중 1, 2, 3항을 즉석에서 승인했다."[33] 이 "5개조문"의 내용은 다음과 같다.[34]

---

32) 독립신문, 대한민국 2년 (1920) 4월 8일자 ; 호혜춘, 『한국독립운동재중국』, (대북:중화민국사료연구중심출판, 1974), pp. 290-91.
33) 閔錫麟, 中國胡法政府承認韓國臨時政府始末記實, 혁명문헌, (대북:국민당당사회, 1954), pp. 71-72.
34) 추헌수, 『자료 한국독립운동사 I』,(서울:연세대학교출판부, 1971) pp. 437-41 ; 임추산, 전게논문, p. 71.

1. 대한민국임시정부는 호법정부를 대중화민국 정통정부로 승인하고 그 원수와 국권을 존중함.
2. 대중화민국 호법정부는 대한민국임시정부를 승인할 것.
3. 한국학생을 중화민국 군관학교에 수용할 것.
4. 500만 원을 차관할 것.
5. 조차지대를 허락하여 한국독립군을 양성케 할 것.

　세 번째로 임정을 정식 승인한 실제 사례로는 중국 국민당정부에서 이다. "중국 국민당정부는 대한민국임시정부를 지원하기 위해 외교부를 통하여 승인 안이 절충되어 중국 "참정회" 회의에서 통과되고, 당시 광부군의 통수권을 임정에 직속케 함으로서 정식의 정부승인을 취한 바 있다." 한편 중국국민당의 장개석 총재의 결정과 대한민국임시정부의 김구 주석의 동의로 1945년 5월 1일 부터 시행된 바 있는 "원조한국광복군변법"은 다음과 같은 규정을 두고 있다.

1. 한국임시정부에 소속하는 한국광복군은 조국을 광복하는 것을 목적으로 한다. 단 중국내에 있어서는 중국 군대와 협력하여 대일전쟁에 참가한다.
2. 한국광복군이 중국내에 있어서의 작전행동은 중국최고통수부의 지휘를 받는다.
3. 한국광복군이 중국내에서 훈련을 시키거나 병사를 모집할 때에는 쌍방의 협상에 의해 중국이 필요한 협조와 편의를 제공한다.
　　　　　…　　　　…　　　　　…

6. 중국 각 포로수용소에서 수용한 모든 중국포로는 감화

교육을 시킨 후 한국광복군에 전교한다.[35]

상기 협약에서는 또한 차관의 형식으로 군비를 임정에 교부한다고 되어 있기도 하다. 이러한 당시의 상황을 종합해 볼 때 임정과 국민당 정부와의 관계는 상호 정부승인을 의미하였다고 판단된다.

이외에도 임정에서는 1944년 6월 대한민국임시정부 "각서"(memorandum)을 30여개국에 보낸 바 있는데 당시 다 같은 망명정부인 자유프랑스(free-france), 폴란드 및 체코슬로바키아의 망명정부로 부터는 공식의 회답을 받은 바 있다.[36]

3. 대한민국 임시정부의 법적 지위

가. 대한민국 임시정부 승인의 요건
(1) 국가적 동일성

현 대한민국의 법통성은 대한제국의 존속을 전제로 한다.[37] 대한민국임시정부의 법통 역시 대한제국의 존속을 전제로 한다. 국제법적인 견지에서 국내적인 혁명이나 쿠데타의 경우 즉 불법적인 정부의 변경에서도 영토적인 동일성이

---

35) 국사편찬위원회, 『한국독립운동사』, p.538;중국국민당당사회소장 전문, 1945년 4월 4일자 및 4월 20일자.
36) 독립운동사편찬위원회,독립운동사자료집(별집2),1976, pp.133,142,156 ;애국동지후원회, 대한독립운동사, 1956 , pp. 353-54 ; 이현희, 『대한제국의 소멸과 상해임시정부의 수립』,(서울:한국방송공사,1981), p. 35.
37) 김명기, 『국제법상 남북한의 법적지위』, (서울:화학사,1980), p. 137.

유지되는 한 국가적인 동일성도 유지된다. 시간적인 국가의 동일성은 이때 직접적으로 그 영토위에 사는 주민의 동일성에 입각한다.[38] 즉 정부의 혁명적 변화가 있었다 해도 그 영토와 그리고 그 위에 사는 주민이 대체적으로 여전하면 그 국가도 여전히 동일 국가라는 원칙은 국제법상의 그 존재의 계속성이 중단되지 않은 때에만 적용된다. 만일 일국의 영토가 타 국가에 의하여 병합되어 존재하지 않게 된 후에 동일한 인민이 거주하는 동일한 영토위에 신생의 독립국이 수립되었다 한다면 국가로서의 계속성은 중단된다. 반면, 일국의 일부가 분리, 분열되거나 기존의 식민지가 여러 형태로 신국가를 형성하는 경우, 2개 이상의 독립국이 단일신생국을 건설하는 경우 혹은 국제적 교통에서 고립되어 있던 국가가 기존 국제사회의 일원이 되고자하는 경우 등에만 국제법상 실제로 국가의 신생성립이 문제되는 것이다.[39] 따라서 대한민국은 대한제국의 존속과 대한민국임시정부의 법통성 계승을 확인하여야 만이 전통적 국제법적인 견해인 국가적 동일성의 제요건을 확인할 수 있는 것이다. 즉 영토를 실효적으로 통치해야 된다는 요건은 실효적 통치를 회복하기 위하여 노력한다는 요건에 의하여 대치된다.

전술한 바와 같이 대한제국의 법적 지위는 일제에 의해 1904년부터 외교에 관한 권한이 상실되기 시작했고, 1905년의 소위 "보호조약"으로 피 보호국, 피식민국으로 전락되었다. 그리고 당시 1900년대를 전후하여 영국과 일본간,[40] 1908

---

38) H.Kelsen, *Principles of International Law*, 1953, p. 217 ; 영토적 변경은 그 국가의 통치권 행사의 변경을 일으킬 뿐이고 이에 의하여 국가의 동일성을 훼손하지 않는다(박일경, 전게서, p.57.).
39) H. Kelsen, Ibid.

년 미국과 일본간의 제밀약41) 청국, 제정러시아간의 조약에서42)   상호 묵인되는 바와 같이 일제에 의한 대한 식민 통치는 1910년 적어도 미국 등으로 부터 국제법상의 "병합"(Annexation)으로 묵시적인 승인은 받을 수 있었다.43) 따라서 1910년부터 1919년까지, 그리고 1919년 대한민국정부가 수립되어 국제적인 승인 구체적으로 대한민국임시정부에 대한 소급적인 세계국가의 승인이 있기까지의 대한제국 법통의 존속여부 및 계승자의 고찰은 이러한 제승인의 실제 의미를 명확히 설정해주게 된다. 요컨대 국제법상의 망명정부로서의 임시정부에 대한 승인은 그 국가적인 실효성과 동일성이 함께 승인되는 것이지만, 만일 교전단체로서의 승인으로 해석한다면 이와는 다른 승인의 법적 효과 즉 국가적 동일성은 상실된다.

(2) 국가적 계속성

제2차 세계대전 당시에 있어 강대국인 미국의 묵인이 있게 되자 여타 서구제국은 대한제국의 존속에 대하여 승인을

---

40) 1902년 영일동맹조약을 개정한 1905년 제2차 영일동맹협약 제3조는 일제의 한국 통치와 지배를 묵인하고 있다.

41) 1905년 7월 태프트 카스라 밀약, 1908년 5월 19일 한국에 있어서 산업 재산의 보호조약 (35 Stat. 2041 ; Treaty Series 506,),(국회 사무처, 전게서,   ;Department of State, Treaties And Ather International Agreement   of United States of America 1776 - 1949.-Benas,Vol.9,(Washington D.C.:U.S.G.P.O.,1972) pp.408-10.

42) 1895년의 청일간 시모노세키 조약에 기인하는 1906년 청일수호조약과 1905년 포츠머드 강화조약 제3조.

43) 동조약이 합방으로 되어 있으나 그것은 국제법상 병합(merger)이다. (Lauterpacht, p. 156.) 1882년 조미수호통상조규는 1910년 한일 병합에 관한 선언으로 동일(1910,8,29.)로 종료(terminated)되었다 (Ibid).

유보할 수밖에 없었다. 대한제국의 소멸로 간주되기 직전에 체결된 일련의 제침략조약이 불법이고 무효임을 천명한 대한제국 고종황제의 일련의 외교노력 이외에 이들 조약의 절차적인 흠결 즉 조약체결권자의 무능력, 체결과정에서의 사기, 강박 등의 사유 외에도 이들 조약들은 내용적인 측면에서의 불법, 불합리한 모순을 내포하고 있다.

첫째 1905년의 소위 보호조약은 대한제국의 조약 체결권을 실제상 부정하고 있는 반면에 조약체결권을 보유한 일제 자신과의 조약체결은 유효하다고 강변한다. 이러한 주권의 가분적 양여가 가능한가의 문제는 치지하고서라도 일제와의 조약만은 국제법상 유효하고, 가능하다는 것은 결국 자기구속력을 갖는 자신과의 조약의 체결인 것이다.44)

둘째, 1905년 과 1910년 이들 두 불법조약의 명문규정은 대한제국 황실의 안녕과 보존을 명백히 규정하고 있다.45) 제 자신을 위한 가식적인 규정인 점은 역시 제외하고서라도 1907년 고종황제의 강제퇴위, 의문의 급작스런 승하에 이르기까지 일제는 자신과의 합의 내용도 준수하지 않은 것이다. 이는 결국 자신의 침략을 합법화하기 위한 조약의 가식적 내용규정이 목적일 뿐 국제법상 성실한 조약의 이행 의무조차도 부정한다는 사실을 증명하는 것이다.

셋째, 1905년의 소위 보호조약의 공표과정에서 일제는 동

---

44) 일 국가가 자신의 영토내에서 주권적 제기능을 위임하는 조약은 당해 영토국의 동의를 획득하는 동안에만 유효하다(Inglid Delupis, *Independent State and International Law*, 1972, p.258.)

45) 불평등조약과 강제된(imposed)조약은 같은 것이다(W.L.Tung, *China and Foreign Power:The Impact and Relation to Treaties*, NewYork:Oceana, 1970), pp. 190ff ; 1905년 소위 보호조약 제5조와 1910년 소위 합방조약선언문 제3조.

조약이 국제법상의 성립요건을 충족하는 합법인 양 제국가에 허위로 공표했다. 제조약의 형식적인 성립요건으로 간주되는 황제의 재가, 비준은 이후에 있어서도 정식으로 합법적으로 행해진 바 없다. 또한 일제의 불법성이 국제적으로 비난 받기 시작한 1931년의 만주국의 수립 선포 이후 한국에서의 불법지배를 강화 고수하기 위해 더욱 악랄한 식민정책들을 자행했으며, 1940년을 전후해서는 일본의 전쟁과 국가동원사업에 한국 사람을 일본의 이름과 국적으로 동원하기 시작했던 것이다. 이러한 일련의 사실에 기초하여 미국은 제2차 세계대전의 종료와 더불어 탄생한 국제연합 헌장의 기초 작업에서 각종 비밀조약의 폐기를 주장하게된 것이다.

나. 대한민국 임시정부 승인의 법적 성질

일제에 의한 불법의 대한식민통치는 실제 대한민국임시정부 및 국내외에서의 저항에 끊임없이 직면해 왔다. 불법강점과 불법지배에 대한 저항이 결국 외국으로 부터 국가적 법통성을 다시금 재확인적인 승인을 받는 데 공헌을 했음도 물론이다. 이러한 "조직적 저항단체"에 의한 대일 무력투쟁과 중국에 의해 주어진 승인에 관해 이것들의 국제법상의 성격은 무엇인가?

(1) 망명정부로서의 승인

일제의 침략에 대한 본격적인 저항은 1904년의 군대해산에서 부터 소급한다. 이러한 저항의 국가정부적인 조직이 바로 1919년 수립된 대한민국임시정부의 수립이었으며, 입헌의 전제군주가 존속되어진 1919년이 곧바로 대한제국 정통정부의 법적 정통성이 시간적으로 존속된 기간이었다. 대한제국에서의 고위관리를 포함하여 조직되고 근대적인 성문헌법에의해 수립된 대한민국임시정부에 의한 국내 국외에서의 무력투쟁은 불법 강점과 지배를 부인하는 민족적인 무력투쟁이었다.[46] 또 조직적인 측면에서 볼 때 1937년의 중일전쟁, 1941년 태평양전쟁의 격발로 공식 선전포고와[47] 함께 참전한 대한민국임시정부하의 광복군은[48] 이후 대한민국정부가 수립되면서 국군의 모태가 되었다.

(2) 정통정부로서의 승인

국제법상 승인의 효력에 관한 학설에서 선언적 효과설에따를 때 승인의 효과는 최초 정부의 수립시기에 소급된다. 임정의 승인과 관련하여 비록 중국의 승인과 협조 하에서 대한민국임시정부가 존속할 수 있었고, 미국을 비롯한 주축국의 망명정부로서의 공식 승인은 대한민국임시정부가 환국할때까지 주어지질 않았음은 아쉽지만 사실이다. 그러나 강제로 병합된 본국을 해방시키기 위한 대일무력투쟁을 수행하고실제 참전했었음은 명백한 사실이다. 따라서 대한민국 임시정부에 대하여 승인을 행한 중국 국민당정부는 대한민국임시

---

46) 현존의 국제법은 이러한 민족해방운동을 국제법이 적용되는 무력충돌로 인정한다(김찬규, "민족해방전쟁의 법적 성격" ;제네바협약추가의정서)
47) 1941년 12월 9일 대한민국임시정부의 대일정부성명서 제1항에는 "한국 전인민은 현재 이미 반침략전선에 참가하였으니 한 개의 전투단위로서 주축국에 선전한다."(대한민국임시정부선전부, 대한민국임시정부에 관한 참고문헌, 제1집, 1949) 고 밝힌 바 있다.
48) 1949년 8월 12일 포로의 대우에 관한 제네바 제3협약의 제4조는 " ... 분쟁당사국에 속하는 기타의 민병대와 의용대의 구성원으로서영역 내에서 활동하는 자"를 포로에 포함하고 있다.

정부가 대한제국의 법통을 갖는 즉 국가적 동일성과 계속성을 승인한 최초의 정부였던 것이다.

(3) 망명정부와 제국가정부간의 관계

(가) 망명정부와 그를 승인한 국가정부와의 관계

일반적으로 망명정부의 승인은 최종적으로 본국에서 임명되고 승인된 정부와 일치하지 않는 소위 비정통적인 정부에 대해서 만이 문제가 된다. 그러나 이 경우 망명으로 생긴 국내법의 흠결은 국제법에 의해 보완될 수 있다. 여기에는 주재국으로 부터 주어지는 일반적인 지위 및 국가권력의 행사 내용을 함께 살펴보면 다음과 같다.

사적 개인이나 집단과 마찬가지로 망명정부도 주재국의 체류허가를 받아야 한다. 예컨대 제2차 세계대전중의 영국정부는 자국으로 망명한 정부들에게 이와 같은 조치를 요구하였다.[49] 더 나아가 모든 망명정부들은 자기의 정부활동을 가능하게 하기 위하여 주재국의 특별한 동의를 필요로 하는데[50] 이 동의는 일정한 조치에 의하여 부여될 수 있다.[51]

영국은 국내법에 의해 외교적 특권을 영국 영토 내에 주재하는 다수의 외국망명정부의 구성원들에게 부여하였다. 이에 따라 이후 이들 망명정부는 외교적 면책특권과 면제를 향유하였고 공사파견권의 행사가 가능하였다. 이러한 국가권력의 행사의 동의는 창설적인 의미로서 국제법상 승인의 특별한 형태를 의미한다.[52] 이러한 동의는 실제 정부승인을 포

---

49) Wolff,a.a.O., S.209.김영수 상계서 p.58 재인용
50) 주재국에 의한 영토고권은 망명정부에 대한 대인고권이 된다.
51) H.Brandweiner, Zur Lehre von den Exilregierungen, O.Z.Bd.Ⅲ Heft 4, S.508.

함하는 것으로 비정통적 정부의 망명정부로서의 승인이다.

망명정부는 일정한 범위 내에서의 정부활동 예컨대 무장한 전투력의 보유, 법원의 설치 또는 조세의 징수 등의 활동에 대하여는 주재국에 의한 특별법을 필요로 하였으며, 이는 국가가 주권에 의하여 타국의 영역 내에서 동의 없이 행동하는 것이 허용되지 않는다는 국제법의 원칙과도 일치하는 것이다.53) 명정부가 이처럼 그들이 활동할 수 있는 권리를 주재국이 부여하는 것이지만 여기에는 주권의 이양과 같은 점은 찾아볼 수 없다. 실례로 영국정부는 1940년 8월 22일의 "연합군에 관한 법"(The Allied Force Act)에서 망명정부들에게 영국 내에서 자신의 군대보유와 자신의 군사재판소에 의한 군사재판을 허용하였다. 또한 1942년 "연합국 병역법"(Allied Power War Service Act)에 의해서 영국에 있는 자국민의 징병소집도 허가하였다.54)

이러한 일련의 특별 국내 법률은 오로지 주재국의 영토상에서 고유의 주권을 행사할 수 있도록 망명정부에 대한 수권을 의미할 뿐이며, 이 경우에도 이에 관한 국가권력의 모든 활동을 포함하는 것은 아니다.55) 주재국 정부는 망명정부에게 본국의 헌법에서 규정하고 있지 않은 권리의 수여를 행하지 않는다.

---

52) Ibid. p. 509.
53) H.Lauterpacht, op.cit.,supra note , pp.294-95.
54) F.E.Oppenheimer,"Government in Exile in International Law" 36 *AJIL*(1942), pp. 568-75.
55) Wolff, a.a. S.219.

(나) 망명정부를 미승인한 국가정부와의 관계

망명정부를 승인하지 아니한 국가는 망명정부와 그 구성원을 사적 개인이나 집단으로 보았다. 주재국내에서 이들의 활동가능성은 오직 정치적 비호권에 의한 보호범위 즉 정치범부인도의 원칙 내에서만이 인정될 수밖에 없다. 주재국이 정치적 비호권을 부여하는 경우는 정치적인 이유로 망명한 자에 대하여 그리고 본국의 국경을 넘도록 강요된 자에게만 있을 수 있다.[56)]

망명은 당연한 권리의 결과로서 부여되는 것이 아니라 비호국의 재량에 의존하는 것이다. 망명을 허용하는 권리는 물론 망명자가 그의 새로운 체류지에서 자기 본국에 대한 반대행동을 억제하여야 한다는 제약 하에서 부여된다. 자기영토상에 사는 자가 타국의 안전을 침해하는 것을 억제하는 것은 모든 국가의 의무이다.

(다) 대한민국임시정부와 다른 미승인국 정부와의 관계

1948년 대한민국 신정부가 수립되기까지 대한민국임시정부를 정식 승인한 정부는 당시 중국 정부가 유일하다. 전술한 바와 같이 관례적으로 승인되고 그 국가권력이 실효적으로 행사되어온 언급된 일반적 범주의 유럽지역 망명정부들은 대한민국임시정부의 경우와는 다른 배경을 갖고 있다. 그러나 당시에서의 임정 미승인국의 경우에도 대다수의 국가들은 대한민국임시정부에 대해서 매우 우호적이고 중립적인 입장을 견지해 주었고, 전후 신정부의 수립이후에는 이를 다시

---

56) C. G. Hackworth, *Digest of International Law* Vol.II, (Washing D.D.: USGPO, 1940), p. 622.

소급적으로 정부 승인해 주었다고 할 수 있다.

다. 소결

1919년 수립되어 1945년 대한민국이 해방이 되기까지 대한민국을 대표하고, 대일무력투쟁을 수행해온 대한민국 임시정부는 전술에서와 같이 망명정부로서, 대한제국의 법통성을 갖춘 정통의 정부로서 그 승인에 의해 실효성을 확보하였다. 일제의 불법 침략과 강점으로 해외에서 장장 27년간을 한국의 유일한 합법정부로서의 대한민국임시정부는 최초 피보호국에서 부터 강제에 의한 불법 병합되어진 피병합국의 정통 정부의 전형으로서 그리고 독자적인 무력의 사용을 인허 받은 망명정부로서의 지위를 갖는다. 비록 일제에 의한 대한제국 병합의 과정과 망명정부의 수립에서 다소 특수한 형태를 띠고는 있지만 그것은 단지 이론상의 분류와 기준일 따름이다. 요컨대 국제법상의 승인으로 주어지는 망명정부의 지위 이러한 모든 것은 망명정부의 승인국 또는 망명정부를 주재하게 하는 국가만이 그 고유한 주권의 행사 즉 승인에 의하여 그 승인의 요건을 심사할 수도, 새로운 권리를 창출할 수도 있는 것이다.

|제4절| 대한민국정부의 법통성 및 정통성

1. 대한민국 정부의 법통성에 관한 역사학계 및 국제법학계 의견

가. 역사학계의 의견

현재 국내 역사학계에서의 소위 "대한민국 기원론"은 크게 "상해임시정부 기원설",[57] "대한제국 기원설",[58] "국사의 해체 및 문명사적 기원설"로[59] 나뉘어 논의하고 있다.[60] 이를 다시 대별하면 1919년 소위 " 1919년 대한민국임시정부 수립설"과 "1948년 대한민국 건국설"로 나뉘어 살펴볼 수 있다. 먼저, 전자 주장들은 다음과 같은 근거를 들고 있다. "임시정부는 우리 민족이 자주적으로 수립한 정부라는 뜻도 들어 있다. 임시정부를 무시하고 새로운 '건국'을 한다면, 그

---

57) 한시준, "대한민국임시정부의 광복 후 민족국가 건설론," 『한국독립운동사연구』 독립기념관 한국독립운동연구소, 1989 ; 한시준, "'건국 60년' 담론을 어떻게 볼 것인가?," 『시민과 세계』 14호, 2008 ; "대한민국 '건국60년', 그 역사적 모순과 왜곡," 한국근현대사연구 46집, 2008, 참조.

58) 이태진, 『대한제국: 잊혀진 100년 전의 황제국』, 민속원, 2011, 참조.

59) 임지현, 『국사의 신화를 넘어서』, 휴머니스트, 2004, 참조.

60) 양승태, "국사와 문명사, 역사의식과 국가이성, 그리고 대한민국의 기원문제," 「현대사광장」 Vol. 2, 2013, p.55.

'건국'은 우리 민족의 힘에 의한 것이 아닌 외세에 의한 것이 된다는 우려 때문이다." 1948년 8월 15일 대한민국 정부 수립 선포식 현수막에도 "대한민국정부수립 국민축하식"이라고 쓰여 있었다.[61] "지금 뉴라이트나 집권세력이 '회복'하겠다고 아우성치는 국가정체성이란 1948년 대한민국 헌법이 규정한 국가정체성이 아니다. 이는 초헌법적 국가보안법이 지배하는 1949년 국가보안법 정체성일 따름이다."[62] 또한 "정치적인 이해득실을 따져 사실을 뒤집거나 왜곡해서는 안된다. 국제법이나 열강의 인정여부를 내세워 대한민국 건국이 없었다는 주장은 식민지를 장악하고 살던 제국주의 국가의 눈으로 평가하는 일일뿐이다. 세계 대다수가 식민지를 겪었던 역사를 오로지 침탈 제국주의 국가의 시각만으로 판단하는 것은 잘못된 것이다.[63] "「1948년건국론」은 또 대한민국의 정체성을 반공-반북-자유시장경제에 기초한 국가로 주장한다. … 「1948년건국론」은 일본제국주의의 한국침략범죄를 미화시키는 식민지근대화론으로까지 연결되어 간다. 대한민국의 국가정체성에서 민족을 제거하면 민족적 양심이나 동포에 대한 헌신 같은 도덕적 요구들도 함께 제거되는 것이다. 「1948년건국론」에 반대하는 사람들은 그것이 소위 '뉴라이트'의 이 같은 역사관 및 국가관과 결합해 있다는 점을 경계한다. 논평자는 「1948년 건국론」이나 「건국절 제정 주장」은 그것을 뉴라이트 그룹과 기득권 세력의 음험한 정치

61) 한시준, "대한민국'건국60년', 그 역사적 모순과 왜곡", 「한국근현대사연구」, 46, 2008, pp.233-34.
62) 한홍구, "대한민국 1948년과 2008년," 「황해문화」, 60, 2008, p. 15.
63) 김희곤, "대한민국 건립과 임시정부 수립," 대한민국임시정부 수립 98주년기념 국제학술회의:대한민국은 언제 세워졌는가? 대한민국임시정부기념사업회, 2017.4.10., p.32.

기획의 산물이라 보는 국민의 생각이 불식되지 않는 한, 개방적 시민사회에 의해 수용되기 어려울 것이라 판단한다."[64]

이에 반해 후자를 주장하는 이영훈 교수는 "광복은 우리의 힘으로 이루어진 것이 아니라, 일제가 무리하게 제국의 판도를 확장하다가 미국과 충돌하여 깨지는 통에 이루어진 것이라고 하였다. 그리고 광복을 맞았다고 하나 근대국가를 세울 준비가 되어 있지 않다고도 했다"[65] 소위 "상해임시정부 기원설은 대한민국과 대한제국과의 단절을 의미한다. 황제전제정의 '제국'에서 국민주권 국가인 '민국'으로의 변환이 역사적 단절의 결정적 계기라는 것이다."[66] 또한 1948년 8월 15일을 건국일로 보는 양승태 교수는 "'임정'의 수립을 건국이라고 규정할 때 오히려 1910년~1919년의 역사는 단절과 공백의 시기가 되며, 이에 따라 그 시기에 일제의 통치가 초래한 모든 부도덕한 행위나 범죄행위에 대해 책임을 추궁할 근거를 잃게 된다."[67]

법적 견지에서 위와 같은 역사학계의 국정교과서 논란을 지켜볼 때 안타까운 측면이 너무 많다. 1948년 제헌헌법에는 "기미 삼일운동으로 대한민국을 건립하여 세계에 선포한 위

---

64) 정영훈, "김명섭 교수, 「대한제국, 대한민국 임시정부, 그리고 1948년 대한민국 수립」에 대한 토론문, 「한국현대사 학술회의:1948년 8월 15일, 한국현대사상의 의미와 시사점」 2016.12.12., 동북아역사재단·한국학중앙연구원, p.8.

65) 한시준, 앞의 글, p. 245.

66) 양승태, "국사와 문명사, 역사의식과 국가이성, 그리고 대한민국의 기원 문제," 「현대사광장」 Vol.2, 2013, p.56.

67) 양승태, "한시준 교수, 「1948년 '건국론'의 불성립과 파급 영향」에 대한 토론문, 「한국현대사 학술회의:1948년 8월 15일, 한국현대사상의 의미와 시사점」 2016.12.12., 동북아역사재단·한국학중앙연구원, p.4.

대한 독립정신을 계승하여 이제 민주독립국가를 재건함에 있어 …"라고 명시하였고, 현행 1987년 헌법에는 대한민국이 대한민국 임시정부의 "법통을 계승"한다고 명시되어 있다. 또한 소위 "건국절"에 관한 구상의 단초가 되었던 미국 "독립기념일"은 건국절과는 완전히 다른 개념일 뿐이며,68) "대한"의 명칭은 이미 1897년 대한제국 수립에서부터 사용된 국호이다. 일부 관변, 어용학자들에 의해 만들어진 터무니없는 주장이 지난 9년간 국민을 무척이나 피곤하게 했다. 앞으로는 역사교과서는 편견을 제거하고 서로 다른 나라와 국민에 대한 상호 인식과 이해를 증진하는 방향으로 개선되어야 한다.69)

나. 국제법학계 일반 의견

현 대한민국 정부가 "한반도 내 유일 합법정부"(in Korea)인가, 아니면 단지 "합법성을 가지는 유일한 정부"(that part of Korea)를 두고 국내 국제법학계의 의견이 양분되어 있다. 1948년 12월 12일 국제연합 총회는 대한민국 정부를 "유일 합법정부"라는 다음과 같은 결의를 찬성 48, 반대 6, 기권 1로 채택했다.

---

68) 건국절 등에 관해 영문표현으로 바꿔보면 더욱 확연한 차이가 있다. 광복절 (Regain Independent Day), 건국절 (National Day, The Day Creation of State), 개천절 (National Foundation Day), 독립기념일 (Independence Day) 등이 있다.

69) 1974년 UNESCO 국제적 이해와 협력, 그리고 평화를 위한 교육과 인권 및 기본적 자유를 위한 교육에 관한 권고안 제45조 ; 유하영, "교과서 기록의 국제법상 의미," 『일본교과서와 독도위기』, 연구자료총서9, 우리영토, 2012, pp. 74-75 참조.

1. (생략)

2. 임시위원단의 감시와 협의가 가능했으며 전 한국
국민의 절대다수가 거주하는 지역의 한국에 대한 실효적
인 통제와 관할권을 가진 합법정부가 수립되었다는 것과
이 정부는 해당지역 선거인들의 자유의사의 정당한 표현
이었으며, 임시위원단에 의하여 감시된 선거에 기초를 둔
것이라는 것과, 또한 대한민국 정부는 한국에 있어 유일
한 정부임을 선언하며(Declares that there has been
established a lawful government (the government of
the Republic of Korea) having effective control and
jurisdiction over that part of Korea where the
Temporary Commission was able to observe and
consult and in which the great majority of the people
of all Korea reside ; that this Government is based on
elections which were a valid expression of the free
will of the electorate of that part of Korea and which
were observed by the Temporary Commission; and
that this is the only such Government in Korea;)

보편적 국제기구인 국제연합이 국가승인이나 정부승인을
할 수 있는 주체인가의 문제는 판례와 학설, 국제연합의 관
행에서 나뉘어져 있다.70)

일반적으로 회원국에 대한 법적 구속력을 갖지 않는 국제
연합 총회의 결의가 "국가승인"인가 아니면 "정부승인"인가
하는 문제가 있다. 1947년 11월 14일의 "국제연합 한국임시
위원단"의 설치에 관한 총회의 결의에 의하면 "신정부의 수

---

70) 김명기, "국제연합 총회의 결의 제195(Ⅲ)호에 관한 연구," 「국제
법학회논총」, 28-1, 1983, pp.17-22.

립"(establishment of new government)으로 표시되어 있으며,[71] 1948년 위의 결의에서도 "합법 '정부'"(a lawful government)임을 승인한 것으로 이는 "정부승인"이며, "국가승인"을 의미하지 않는다.[72] 따라서 이 총회 결의에 의해 "대한민국 정부는 국제연합에 의하여 … 한국의 법적 정통성을 지니고 있음이 확인 선언된 것이다. 이는 또한 소극적으로 북한 정권의 불법성, 비정통성을 확인 선언한 것이다."[73]

한편, 일국가가 자본주의 체제에서 사회주의 체제에로의 사회혁명의 과정을 밟을 경우 공산국가는 이를 대부분 "신국가의 건설"이라고 한다. 한 국가가 공산화되었을 때 제기되는 승인은 "국가의 승인"문제이며, "정부의 승인" 문제가 아니라고 한다. 그러나 정통국제법에 의할 때 이는 정부의 변경이다.[74]

일반적으로 "집단적 승인"(collective recognition)의 개념을 개별적 승인의 단순한 총화라고 볼 때 국제연합에의 가입은 이에 찬성한 회원국에 의한 집단적 승인으로 될 뿐이다.[75] 그러나 집단적 승인의 개념을 개별적 승인의 단순한 집합이 아니라 단체적 승인으로 볼 때, 국제연합에의 가입은 이에 찬성한 회원국은 물론이고 이에 반대한 회원국에 의한 집단적 승인을 의미하게 된다. 지금까지의 국제연합의 관행에 의하면 국제연합에의 가입은 국제연합으로부터의 국가승인은 인정되나 기존 회원국으로부터의 상기의 두 경우는 인

---

71) UNGA, 112(Ⅱ)
72) 김명기, 앞의 글, p. 22.
73) H. Kelsen, *The Law of the United Nations*, Fredrick A. Praeger, 1950, p. 929 ; 김명기, 위의 글, p. 27.
74) 김명기, 『국제법원론(상)』, 박영사, 1996, p. 137.
75) J. Crawford, *op. cit. supra* note 18, p. 322.

정되지 않는다.76) 따라서 남북한이 동시에 국제연합에 가입하게 되어 국제연합과의 관계에서는 남북한 모두 국가로 인정된다. 그러나 남한과 북한 상호간의 관계에서는 당연히 국가로 되는 것은 아니다.

1987년 대한제국시기 체결한 3개 다자조약의 불소멸에 관한 다자조약 효력 재확인 선례를 보더라도 대한제국이 소멸한 주 근거인 "한일합방조약"은 불법, 무효를 묵시적으로 승인한 것이라고 볼 수 있다. 대한민국이 기존 국가가 아닌 소위 "신생국"(newly independent state) 이라는 전제로 1910년부터 1945년까지의 일제에 의한 한반도 지배의 성격은 합법인가를 두고도 논란이 있으나, "국민, 영토, 주권을 완비한 국가"가 아닌 것으로 보는 임시정부의 국제법 지위를 부정하는 건국론은 영토조항, 국적법과도 일치하지 않는다.77)

2. 일반국제법상 국가승인의 개념과 제도·이론

가. 국가승인의 개념

국제법상 승인에 관해서는 일반적으로 "국가 승인"(recognition of states), "정부 승인"(recognition of government), "교전단체의 승인"(recognition of belligerency), "반란군의 승인"(recognition of insurgency)78)

---

76) 김명기, 앞의 책, p. 136.
77) 김창록, "왜 '1948년 건국'인가-강규형 교수 발제문 논평을 중심으로-," 한국현대사 학술대회 토론문, pp. 12-13.
78) "사실상의 정부 승인"(recognition of *de facto* government)은 교전단체, 반란군의 승인에 관한 것이다(I. Brownlie, *Principles of*

으로 나누어 고찰할 수 있다. 이 중에서 국제법상 "국가 승인"이란 기존 국가가 신생국을 국제법상의 권리의무의 주체로 승인하는 것을 말한다. 그런데 국제사회에는 그러한 법률을 통일적으로 제정하고 또한 각각의 정치적 집단이 그 법률에 정해진 조건을 만족하는지 아닌지를 유권적으로 인정하는 중앙집권적 기관이 아직 없다. 따라서 국제사회에서는 어떤 정치 집단이 국가라는 법인이 되는데 필요한 조건을 만족하고 있는지, 그렇지 않는지는 오로지 기존의 국가들에 의해 각각에 인정되지 않을 수 없다. 국가승인은 전쟁선언 등과 마찬가지로 일방적 행위이기 때문에 승인된 정치적 집단의 동의는 불필요하다.79)

국가승인이 역사상 최초로 언급된 것은 18세기 말에 영국에서 독립한 아메리카를 프랑스가 승인하였을 때이며, 계속하여 논의를 불러일으킨 것은 19세기 초에 스페인에서 독립한 중·남미 제국을 아메리카와 영국이 승인하였을 때였다. 이와 같은 선례를 통하여 국가승인에 관한 통일적인 법률이 존재하지 않는 국제사회에도 국제관습의 형태로 변화되었다. 그 결과 현재는 어떤 정치집단이 국가로서 승인되기 위한 요건으로는 일반적으로 (i) 영토(광의, 협의는 관계없다)를 보유하고 있을 것, (ii) 그 영토에 사람(인구의 많고 적음은 관계없다)이 살고 있을 것, (iii) 그 영토와 사람을 실효적으로 통치할 수 있는 정부가 존재할 것, (iv) 그 정부가 외교능력(국제법을 준수할 의사와 능력)을 가지고 있을 것이라는 4가지의 요건을 갖추어야 한다고 해석되고 있다. 이들의 요건을

Public International Law Fifth ed., Clarendon Press, 1998, p. 86.).
79) 유하영, "현존 국제법상 우산국, 실직국의 법적 지위 검토," 「이사부와 동해」, 8호, 2014. p. 230.

만족하지 않는 정치적 집단을 국가로 승인하는 것은 "(시기) 상조의 승인"(recognition of premature)이라고 부르고 국제법상의 위법행위라고 본다.

나. 국제법상 국가승인의 제도와 이론

국가승인의 법적 성질 또는 법적 효과에 대해서는 학설·선례가 모두 분분하여 아직 국제관습법이 확립되기에 이르지는 않았다. 대표적인 학설의 하나는 국가승인을 받기 전의 정치적 집단은 국제법 주체성을 가지고 있지 않으며 그 집단을 국가로서 승인한 기존 국가와의 관계에서만 법주체성을 취득하는데 불과하다 는 것이 "창설적 효과설"이다. 이것은 어떤 의미에서 기존의 국가에 생사여탈의 권리를 부여하는 것과 동일하다. 따라서 주권국가가 유럽에 집중하고 그 이외의 지역으로는 터키·중국·일본 등이 산발적으로 국제사회에 참여하는데 불과하였던 19세기 후반까지는 이 설이 유력하였다. 그러나 구식민지가 점차 독립하여 국제사회에 신규로 참여하는 국가의 수가 기존의 국가의 수를 훨씬 상회함과 동시에 "선언적 효과설"이 유력하게 되었다. 이것은 어떤 정치집단은 앞서 언급된 4가지의 요건을 만족하였을 때 국제법 주체성을 자동적으로 취득하는 것으로 기존의 국가에 의한 승인은 그 사실을 인정하는 선언적 효과를 갖는데 불과하다고 설명한다.80)

이들 2개의 대조적인 학설은 각각 일장일단이 있으며 어느 쪽도 결정적인 방법이 되지는 않는다. 게다가 국가승인은 법적인 판단보다 정치적인 의혹에 좌우되는 경향이 강하기

---

80) 유하영, 위의 글, pp. 231-32.

때문에 각국이 제반의 사정에 따라 양자를 적당하게 사용하고 있는 것이 실정이다. 예를 들면 무력항쟁을 거쳐 분리·독립한 경우에는 창설적 효과설을 취하고, 합의에 의한 분리·독립을 비롯하여 분열과 합병의 경우에는 선언적 효과설에 서는 등이 그 실례이다.

국가관행으로서는 어떤 정치적 집단을 국가로서 승인함과 동시에 그 집단과 외교관계를 여는 경우가 적지 않다. 그러나 엄밀하게 말하면 국가승인은 어떤 정치적 집단에 대해 일반적인 국제법 주체성을 인정하는 일방적 행위에 불과하며, 한편 외교관계의 개시는 양 당사국의 합의에 기초한 쌍방행위이기 때문에 외교관계를 개시하기 위해서는 국가승인이라는 별개의 절차가 필요하다. 또한 최근에는 어떤 정치적 집단이 국제연합으로의 가입이 인정된 경우 국제연합의 모든 회원국이 그 집단을 국가로서 승인한 것인가 라는 문제가 발생할 수 있다. 국제연합은 국가에만 가입을 인정하기 때문에 어떤 집단의 가입에 찬성한 가입국은 그 집단을 국가로서 간접적 또는 묵시적으로 승인한 것이라고도 해석되지만 적어도 가입에 반대한 가입국은 어떠한 의미에서도 그 집단을 국가로서 승인한 것이라고 해석되지 않는 것이 국제연합의 관행이라고 해도 좋을 것이다. 마찬가지로 국제연합 이외의 정부간 국제기관 및 다자간 조약의 경우에도 해당한다.81)

---

81) 유하영, 위의 글, pp. 232-33.

3. 구 조약의 효력에 관한 한 국제법 학자의 의견과 제안 : 김명기 교수

"대일평화조약" 제2조 (a)항 전단은 "일본은 한국의 독립을 승인하고"(Japan recognizing the independence of Korea)라고 규정하고 있다. 이는 동 조약이 효력을 발생한 1952년 4월 28일까지 한국은 비독립 상태에 있었음을 전제로 한 것이다. 따라서 한국이 동 조항의 이익을 향유할 의사표시를 하는 것은 "한일합방조약"이 "1952년 4월 28일"까지 유효함을 묵시적으로 승인하는 것이 된다. 따라서 "대일평화조약"은 동 조약이 발효한 1952년 4월 28일 이전에 소급하여 적용되지 아니한다. 그러므로 "대일평화조약" 제2조 (a)항에 의해 일본이 한국의 독립을 승인한 일자는 1952년 4월 28일 직전까지 한국은 비 독립 상태에 있었고 따라서 "한일합방조약"은 1952년 4월 27일까지 유효한 것으로 묵시적으로 추정된다.[82]

"대일평화조약" 제2조(a)항 후단은 "일본은 한국에 대한 … 모든 권리, 권원 및 청구권을 포기한다"(Japan renounces all right, title and claim)라고 규정하고 있다. 이 "권리포기조항"은 195년 4월 28일까지 일본이 권리, 권원 및 청구권을 갖고 있었음을 인정하고 있다. 왜냐하면 갖고 있는 권리, 권원 및 청구권을 포기할 수 있는 것이며 갖고 있지 아니한 권리 등은 포기할 수 없는 것은 자명한 일이기 때문이다. 따라서 이 "권리포기조항"도 1952년 4월 28일까지는 "한일합방조

---

82) 김명기, "대일평화조약의 독립승인조항과 권리포기조항에 의한 한일합방조약의 유효승인," 독도연구 20, 2016, pp.181-82.

약"이 유효했음을 의미한다. 그리고 이도 "조약법협약" 제36조 제8항의 규정에 의해 한국이 승인한 것으로 추정된다. 이는 "독립승인조항"의 경우와 동일하다.[83]

"대일평화조약" 제21조는 "한국은 본 조약의 제2조, 제4조, 제9조 및 제12조의 이익을 향유할 권리를 가진다"라고 규정하고, 동 조약 제2조는 "일본은 한국의 독립을 승인하고, 제주도, 거문도 및 울릉도를 포함한 한국에 대한 모든 권리, 권원 및 청구권을 포기한다"라고 규정하고 있다.

"조약법 협약" 제36조 제1항은 "조약의 당사국이 제3국에 권리를 부여하는 조약의 규정은 제 3국이 이에 동의하는 경우… 그 조약의 규정으로부터 제3국의 권리가 발생한다"라고 규정하고 "제3국의 동의는 반대의 의사표시가 없는 동안 있는 것으로 추정된다"라고 규정하고 있다. 또한 "조약법 협약" 제4조는 동 협약은 소급해서 적용될 수 없다고 규정하고 있으나 학자와 판례는 이 협약은 소급해서 적용될 수 있음을 승인하고 있다. 따라서 1951년에 체결된 "대일평화조약"에 1969년에 채택된 "조약법협약"이 적용되게 된다.

"대일평화조약" 독립승인조항 및 권리포기조항과 한일기본관계조약의 저촉은 다음과 같다. 1965년 한일국교정상화 시 체결된 "한일기본관계조약" 제2조는 "1910년 8월 22일 및 그 이전에 대한제국과 대일본제국 간에 체결된 모든 조약과 협정이 이미 무효임을 확인했다."

위의 규정 중 "이미 무효"의 의미에 한하여 대한민국정부는 "당초부터 무효"라고 해석하는데 반하여 일본정부는 1945년부터 무효라고 해석한다.[84] "합일합방조약"이 유효한 것으

---

83) 김명기, 위의 글, pp.183-84.

로 인정되는 독립승인조항"과 "권리 포기조항"은 "한일기본
관계조약"에 대한 한국 정부의 주장(당초부터 무효)에 저촉
된다. 일본정부는 한국 정부가 조약법 협약 제36조 제1항의
규정에 의해 "대일평화조약"의 규정에 동의한 것, 즉 "독립승
인조항"과 "권리포기조항"에 "한일기본관계조약"의 "이미 무
효"를 당초부터 무효"라고 주장 하는 것은 모순으로 이를 금
반언의 원칙에 반한다고 주장해 올 수 있다. 그러므로 "독립
승인조항"과 "권리포기조항"의 적용 배제를 위한 한국정부의
대책이 요구된다.[85]

    결론적으로 "대일평화조약" 제2조에 규정된 "독립승인조
항"은 동 조약이 체결되기 전에 한국의 법적 지위는 비독립
국임을 전제로 한 것이고, 한국의 비독립국임을 전제로 한
것은 그의 법적 근거인 "한일합방조약"의 유효를 전제로 한
것이다. 따라서 "독립승인조항"은 "한일합방조약"이 유효함을
묵시적으로 승인한 것이다. "권리포기조항"도 동 조약이 체
결되기 전에 일본이 권리 등을 갖고 있었다는 전제로 한 것
이며 일본이 권리 등을 갖고 있었음을 그의 법적 근거인 "한
일합방조약"이 유효함을 묵시적으로 승인한 것이다. 결국 이
"한일합방조약"이 유효함은 "조약법 협약" 제36조의 규정에
의거 한국이 "대일평화조약" 제2조의 규정에 동의한 것으로

---

84) 일본은 '유일한 합법정부' 조항을 받아들이는 조건으로 '유엔 결의
    에 명시된 대로'라는 문구를 넣을 것을 고집했다. 일본은 한국의 반
    대를 누르고 해당 문구를 넣는데 성공했다. 이는 한국이 한반도 북
    쪽에 관할권이 없음을 분명히 하려 한 조치로 풀이된다. 향후 북한
    과 관계를 맺을 것을 염두에 두고, 한일기본조약이 장애가 되지 않
    게 하겠다는 뜻이었다(서중석·김덕련, 『서중석의 현대사 이야
    기』, 오월의 봄, 2015, p.179).
85) 김명기, 앞의 글, pp.184-85.

추정된 결과이다. 한국정부는 이 "한일합방조약"이 유효한 것으로 추정되는 "조약법 협약" 제36조 제1항의 효과를 배제하기 위한 조치를 취함을 요한다. 그러한 조치의 하나로 "해석선언"(interpretive declaration) 또는 "해석유보"(interpretive reservation)를 둘 수 있다. 양자 중 어느 것이 대한민국의 국익에 더 적합한 것이냐는 별도의 연구를 요하는 중요한 당면 과제 중의 하나이다.86)

| 제5절 | 결언

앞서 살펴본 바와 같이 상술되어진 제침략조약들은 모두 현존의 국제법 테두리에서는 상상도 할 수 없는 불평등의 주권적 강탈과 침략적, 기만적 조약이다. 또한 이러한 일제의 과거에서의 통치와 지배는 진정 현재를 기준으로 과거지사일 뿐, 결코 당시의 일반 국제법으로도 불법, 위법한 사실이었음이 입증되는 자료에 의해 명명백백히 밝혀지고 있다. 당시의 국제법을 규명하고, 진실된 입증자료를 구하며, 새로운 국제법의 원칙을 정립하기 위한 작은 시도는 다음과 같은 미해결의 결론으로 자족하기로 한다.

대한민국임시정부는 이렇듯 민족사의 상징으로서, 제1차 세계대전과 제2차 세계대전이 종료할 때까지 약 27년간이란 장기 피침하의 국가정부를 대표하는 실제 망명정부의 실체로

---

86) 김명기, 앞의 글, pp.185-86.

서, 3.1운동을 시발로 본격적인 대일 무력항전을 전개한 교전단체로서의 지위를 보존하였다. 형식적인 측면에서 대한민국임시정부는 임시정부의 조직과 수립이전에 제국의 내각이 강제 와해됨으로서 대한제국과 같은 정부조직은 아니라고 할 수 있다. 그러나 실질적인 측면에서 일제의 침략과 불법 병합으로 인해 망명하여 장기간의 본국 국권회복을 위해 항전한 국가정부적인 조직이었다. 따라서 대한민국임시정부의 유형은 장래 국가의 정부를 새로이 세울 목적으로 형성된 특수한 형태의 정부 조직이다.

대한민국임시정부의 법적 정통성에 대한 논의는 대한제국의 가식적 소멸에 대한 입증과 임시정부 및 현 정부승인의 실제와 효력에서와 같이 제침략조약에서의 명문규정, 임정 헌법의 명문규정 및 의정원에서의 기록으로서 그 계승을 알 수 있다. 또한 일제의 대한통치와 지배는 당시의 일반 국제법상으로도 불법, 당연 무효이므로 이에 대한 저항은 합법이며, 당연히 소급적으로 해석·적용되어야 하는 것이다.

대한민국임시정부의 승인문제에서와 같이 앞으로 국제법은 과거를 소급, 승인하는 효력을 갖는 국제법의 새로운 원칙이 형성, 도입되어야 할 것이다. 보다 정확하고 진실한 법적 증거에 기초하여 보다 우호 협력하는 국제법적 방식만이 소위 "역사전쟁"을 극복하고 역사교과서를 통해 주변 이웃나라들과 공존 공영하는 방향이 될 것이다.

제 8 장

남북한 동시 UN가입의 법적 효력

선문대학교 전임연구교수, 법학박사 이동원

|제1절| 서론

한　국의 오랜 분단 현실은 오늘에 이르러 새로운 전환의

시기를 맞이하고 있다. 오랜 기간 동안 '적과 적'으로 대응하던 남
과 북, 북과 미국이 2018년 4월 27일[1]과 6월 12일[2] 테이블에 각각
마주 앉아 평화를 논하고, 합의문을 발표하였다. 남과 북은 "냉전의
산물인 오랜 분단과 대결을 하루 빨리 종식시키고 민족적 화해와
평화번영의 새로운 시대를 과감하게 일어나가며 남북관계를 보다
적극적으로 개선하고 발전시켜 나가야 한다는 확고한 의지를 담아
역사의 땅 판문점에서[3]" 선언했다. 또한 미국과 북한은 "역사상 처
음인 미 - 북 정상 회담이 양국 간 수십 년간의 긴장과 적대감을
극복하고 새로운 미래가 열리는 데 중요한 의미를 갖는 획기적인
사건이었음을 인정하면서, 트럼프 대통령과 김정은 위원장은 공동
성명서[4]"에 서명하였다.[5] 이와 같이 한반도는 전환점을 맞이하고
있다. 한반도의 현실과 유사한 길을 걸어온 동서독은 1973년 9월

---

1) 〈전남일보〉, "한반도의 평화와 번영, 통일을 위한 판문점 선언문
   전문 " 2018. 04.27. 21:00, http://www.jnilbo.com
   /read.php3?aid=1524830400547887002/최종검색 2018.8.16.
2) Aldin Pinkott, "WORLD:Full Text: Trump-Kim Agreement signed
   after historic Singapore Summit," Published 3 months ago on
   June 13, 2018, http://usahint.com/world/
   trump-kim-agreement-singapore-summit-631/최종검색 2018.8.30.
3) 〈전남일보〉, 전게기사 참조.
4) Aldin Pinkott, *supra* note 3.
5) 그러나 2019년 2월 27일부터 28일 2차 '북미정상회담'은 실패하였다.

18일 동독이 134번째, 서독이 135번째 UN회원국으로 각각 동시 가입하였다.[6] 유엔 가입 후 동서독은 17년이 지난 1990년 10월 3일 통일되었다. 그러나 남북한은 유엔 가입한 이후 30년 가까이 되지만 아직도 통일은 엄두도 내지 못하고 있다. 다만, 남북한의 관계가 2018년부터 급변하고 있다. 과거 정치권과 학계, 그리고 사회일각에서 논의되던 '종전선언'(the declaration on the termination of war) 과 '불가침협정'(non-aggression pact), '평화협정'(peace agreement) 까지 국제사회의 지각변동과 함께 한반도에서 논의되고 있다. 즉, 한반도에서 전쟁의 상황을 종식시키고 평화를 정착시켜 평화통일로 가기 위한 진정한 논의가 시작되고 있다. 한반도의 이 같은 화해분위기 속에 평화정착을 위한 논의는 무엇보다도 1991년 남북이 동시 유엔에 가입하여 법적 지위가 변하고, 동시에 국제적 위상이 높아진 것과 관계 깊다. 특히 북한의 법적 지위 및 위상이 많이 높아진 것과 관계 깊다. 1991년 남북한의 동시 유엔 가입은 남북 모두에게 국제적 위상변화와 함께 평화통일로 가는 과정에서 남북 내부적으로 매우 큰 의의를 가져다주고 있다.

한반도에 「1국 1정부」 체제가 성립되어 있다면 대단히 이상적이다. 하지만 한반도의 현실은 그렇지 못하다. 남북은 국내적으로 1948년 8월 15일[7]과 9월 9일[8] 각각 남북 정부를 수립하고, 국제적으로는 1945년 2월 얄타회담과 1945년 9월 2일 연합군사령부 "일반명령 제1호"(General Order No.1)[9]에

---

6) 이장희, "동서독 UN가입과 통독의 교훈," 『국회보』, 299('91.9), 국회사무처, p.76.

7) 이홍직(편), "대한민국 수립," 『새국사사전(증보)』(서울:교학사, 1992), pp.352-353.

8) 고등셀파 한국사, "조선민주주의 인민공화국의 수립," http://100.daum.net/encyclopedia/view/24XXXXX65176, 최종검색 2018.7.29.

9) Wikisource, "General Order No.1,"https://en.wikisource.org /wiki/General_Order_No._1, 최종검색 2018.7.29.: 『1945년 8 월 17일

의해 38°선 남북에 미국과 소련의 분할점령, 즉 일본에 대한 분할 항복접수로 분단되었다. 이후 현재까지 약 70년 이상 분단된 한반도는 적어도 남북의 국내법상은 「1국 2정부」 체제를 유지함으로써 "대내적으로 상호간의 정통성을 부인하며, 단일국가성을 주장하10)"고, 「국가 대 국가」 관계를 서로가 부정하고 있다. 국제법상은 남과 북이 각각 국제법의 주체로서 「2국 2정부체제」를 유지함으로써 "별개의 국가로 행동하는 특수한 법적 지위를 점하여 왔다.11)" 그러던 남북이 1991년 8월 8일 유엔안전보장이사회(UNSC: UN Security Council) "결의(Resolution) 702"12)와 9월 17일 총회가입 결

미국 대통령이 승인한 일반 명령 No. 1은 더글러스 맥아더 장군이 일본의 항복 이후 일본 제국의 군대에 처음 명령한 것이다. 그것은 일본군이 지정된 연합군 지휘관들에게 항복하고, 군대를 배치하고, 군축을 위해 군사 장비를 보존하도록 지시했다. 일반 명령 No. 1은 1945년 9월 2일 일본 항복 시상식에서 발표되었을 때 전 세계에 알려지게 되었다. 1945년 9월 2일 일본 천황부와 일본 제국사령부의 대표가 서명한 항복문서에 첨부되었다. 제1조(b) "만주, 한국의 38도선 이북, 사할린 지역 내에서의 최고 일본군 사령관과 모든 육상, 해상, 항공 및 예비군은 극동의 소련군 사령관에게 항복해야만 한다"(The senior Japanese commanders and all ground, sea, air and auxiliary forces within Manchuria, Korea north of 38 north latitude and Karafuto shall surrender to the Commander in Chief of Soviet Forces in the Far East.). 제1조(e) "일본의 주요 섬, 인접한 섬, 한국의 38도선 이남, 그리고 필리핀 내에서의 일본제국 사령부와 그 최고사령관과 모든 육상, 해상, 항공 및 예비군은 태평양 미군 사령관에게 항복해야만 한다"(The Imperial General Headquarters, its senior commanders, and all ground, sea, air and auxiliary forces in the main islands of Japan, minor islands adjacent thereto, Korea south of 38 north latitude, and the Philippines shall surrender to the Commander in Chief, U. S. Army Forces in the Pacific.).」

10) 백충현, "남북한 UN 동시가입과 법적 문제," 『국회보』 299('91.9), 국회사무처, p.63.

11) 백충현, 상게논문.

정"Resolution 46/1[13)]"을 통해, 알파벳 순서로 북한이 160번째, 남한이 161번째로, 동시에 국제연합(UN:The United Nations)에 가입[14)]함으로써 남북한의 국제법상 지위가 독립국가로 각각 인정되었다. 유엔헌장 제4조제1항은 국가에 대해서만 유엔가입이 개방되어 있다. 이 경우 남북한의 국가성 여부와 법적 지위, 남북 내부의 지위는 어떻게 되는지 문제된다.

따라서 이 연구는 남북이 유엔가입으로 발생되는 법적 효과의 다양한 문제에 대해 검토한다.

---

12) Resolution 702, New members: DPR of Korea / R. of Korea (8 Aug), http://unscr.com/en/resolutions/702, 최근검색 2019.03.15.
『Resolution 702
New members: DPR of Korea / R. of Korea (8 Aug)

Abstract
Resolution 702 (1991) of 8 August 1991

The Security Council,
Having examined separately the applications of the Democratic People's Republic of Korea 199 and of the Republic of Korea, 200 for admission to the United Nations,
1. Recommends to the General Assembly that the Democratic People's Republic of Korea be admitted to membership in the United Nations;
2. Recommends to the General Assembly thai the Republic of Korea lie admitted to membership in the United Nations Adopted without vote at the 3001st meeting』

13) United Nations (1992). *Yearbook of the United Nations 1991,* Vol.cccc45. Martinus Nijhoff Publishers. p. 96
14) United Nations, "Member States," http://www.un.org/en/member-states/, 최종검색 2018. 7. 10.

1991년 남북 동시 유엔가입의 법적 효력

1. 국가성 여부

유엔헌장 제2장(회원국의 지위) 제3조에 의한 국제연합의 원회원국(the original Members of the United Nations)이 아닌 새로운 회원국(non-original members)의 경우는 제4조에 따라 가입된다. 여기서의 원회원국은 ⅰ) 샌프란시스코에서 국제기구에 관한 연합국 회의에 참가한 국가, ⅱ) 1942년 1월 1일 연합국 선언에 서명한 국가로서 헌장에 서명하고 제110조에 따라 비준(ratification)한 국가이다. 실질적으로 "제2차 대전시 추축국과의 전쟁에 참가한 51개의 교전국[15]"이다. 제4조의 규정에 의할 경우 '국가성'이 인정되는 경우에만 가입이 개방되어 있다. 유엔헌장 제3조의 원회원국과 제4조의 새로운 회원국 사이의 유엔 내에서의 향유하는 권리·의무는 동일하다.

『제2장 회원국의 지위(Chapter II Membership) 제4조(Article 4)
1. 국제연합의 회원국 지위는 이 헌장에 규정된 의무를 수락하고, 이러한 의무를 이행할 능력과 의사가 있다

---

15) 이한기, 『국제법강의(신정판)』 (서울:박영사, 2007), p.474.

고 기구가 판단하는 그 밖의 평화애호국 모두에 개방
된다.

: 1. Membership in the United Nations is open to all
other peace-loving states which accept the
obligations contained in the present Charter and, in
the judgment of the Organization, are able and
willing to carry out these obligations.

2. 그러한 국가의 국제연합회원국으로서의 승인은 안전보
장이사회의 권고에 따라 총회의 결정에 의하여 이루
어진다.

: 2. The admission of any such state to membership in
the United Nations will be effected by a decision of
the General Assembly upon the recommendation of
the Security Council.」

1) 직접적 근거

제2장 회원국의 지위(Chapter II Membership) 제4조제1
항은 가입의 실질적 요건으로서, 평화애호(peace loving)
및 이행능력(able to carry out), 의무의 이행의사(willing
to carry out)가 있는 수락(accept) 국가일 것을 요한다. 여
기서의 국가는 주권국가(states)를 의미한다. 따라서 국제연
합(UN)의 회원국은 국가(states)일 것을 요한다.

또 절차적 요건으로서 제4조제2항은 "국가의 국제연합
회원국으로서의 승인은 안전보장이사회의 권고에 따라 총
회의 결정에 의"할 것으로 요한다. 이 경우 국제연합회원
국으로서의 승인은 "국가"(state)임을 규정하고 있다. 그리
고 국가들의 유엔가입의 절차는 안전보장이사회 보조기관
인 「회원가입심사위원회」의 초안을 거쳐 제4조제2항에 규

정된 절차로 이뤄진다.

결국, "오직 주권국가(states)만이 유엔에 회원으로 가입할 자격을 가진다. 따라서 국제기구나 단체 또는 단순한 영토 그리고 비독립국가는 UN에 정식회원으로 가입할 적격이 없다.16)"

그러므로 남북한이 동시에 유엔가입을 하여 회원국의 지위를 부여받은 것은 각기 주권국가로서 회원 가입한 것이고, 국제법상 각기 국가로서 지위를 부여 받은 것이 된다. 유엔 회원국의 지위는 국가가 아니면 그 지위를 부여받을 수 없기 때문이다.

2) 간접적 근거

유엔헌장 제93조제1항 "모든 국제연합회원국은 국제사법 재판소 규정의 당연 당사국(*ipso facto* parties)이"며, 국제사법재판소(ICJ)규정 제34조제1항 "국가만(only states)이 재판소에 제기되는 사건의 당사자가 될 수 있다." 따라서 남북은 국가만이 가능한 국제사법재판소의 당연 당사국이고, 원피고로서 소송을 제기하거나 받을 수 있는 당사자 능력이 있다.17) 이와 같이 국제사법재판소 규정은 명확하게 국가만이 당사자임을 규정하고, 유엔회원국은 국제사법재판소 규정의 당연 당사자가 된다. 비록 국제연합헌장에 직접적으로 명확한 규정은 없지만, 간접적으로 이를 규정한 것으로 볼 수 있다. 따라서 유엔회원국이 필수적 가입 대상이 되는 국제사법

---

16) 한희원, 『국제기구법총론(제2판)』(서울:법률출판사, 2017), pp.155-156.
17) 김명기, "남북한의 국제연합가입과 국제사법재판소,"『외교』22, 한국외교협회, 1992.6, pp.38-40.

재판소 규정상 유엔회원국은 국가이어야 하는 것을 간접적으로 인정한 것이다.

2. 국가승인 여부

국가승인(recognition of state)이란 국제법의 주체인 기존 국가가 사실상 새로 성립된 국가에 대해 국제법의 주체로 인정하는 행위이고, 정부승인(recognition of government)이란 어느 정부에 대해 그 국가의 대외적 대표성을 인정하는 행위이다. 국가승인과 정부승인은 상호 밀접한 연관성이 있으나 반드시 동일하지는 않다.[18] 국가승인은 정부승인을 포함하며,[19] 국가승인이 정부승인의 형태를 취하기도 하고,[20] 국가승인에 대해서는 법률상의 승인을 하고, 그 정부에 대해서는 사실상의 승인을 하는 경우도 있다.[21] 한반도에는 남한과 북한의 정부가 사실상 존재하고, 1948년 유엔 총회는 대한민국에 대해 정부승인을 하고, 1991년 유엔 총회는 남한과 북한에 대해 각각 국가승인을 하였다. 이 경우 남북한은 상호 유엔 가입에 동의하였으므로, 상호 국가로서 승인한 것인지 문

---

18) Ian Brownlie, *Principles of Public International Law,* 7th ed., (New York:Oxford University Press Inc., 2008), p.90.

19) Ian Brownlie, *International Law* (Omford:Clarendon, 1966), p.86; G. H. Hackworth, *Digest of International Law,* Vol. I (Washington:G.P.O., 1940), P.166;김명기, 『국제법상 남북한의 법적 지위』(서울:화학사, 1980), p.156;김대순, 『국제법론(제17판)』(서울: 삼영사, 2013), pp.428.

20) Ian Brownlie, *supra* note 18, p..90.

21) 김대순, 전게서, p.428.

제된다. 분명, "국제연맹이나 유엔과 같은 유형의 국제기구는 다양한 국가승인의 계기를 마련해 준다.[22]""실제로 국제연맹과 유엔에 가입하는 것은 개별 회원국의 찬반에 상관없이 법의 힘을 통해 모든 회원국들에 의한 국가승인을 수반한다는 주장도 제기되어 왔다.[23]"그러나 "원칙적으로 국가승인과 유엔가입은 밀접한 관련을 가지[24]"고 있으나 "동일한 문제로 해석될 수는 없다.[25]"그리고 "유엔 헌장이나 관습법을 살펴봐도 승인거부 국가가 정치적 승인이라도 해야 하거나 다른 회원국과 선택적 양자관계를 체결해야 하는 의무는 없다.[26]" 국가관행에서 미승인 실체가 참여한 다자조약의 체결, 국제기구 가입 또는 미승인 국가가 참여한 국제회의 참석 등만으로는 묵시적 승인이 인정되지 않는다.[27] 여기에 대해 헌법재판소는 "1991. 9. 남·북한이 유엔 (U.N) 에 동시 가입하였다. 그러나 이는 "유엔헌장"이라는 다변조약 (多邊條約) 에의 가입을 의미하는 것으로서 유엔헌장 제4조 제1항의 해석상 신규가맹국이 "유엔 (U.N) "이라는 국제기구에 의하여 국가로 승인받는 효과가 발생하는 것은 별론으로 하고, 그것만으로 곧 다른 가맹국과의 관계에 있어서도 당연히 상호간에 국가승인이 있었다고는 볼 수 없다는 것이 현실 국제정치상의 관례이고 국제법상의 통설적인 입장[28]"이라고 판결하고 있다.

---

22) Ian Brownlie, *supra* note 19, p.94.
23) *ibid.*
24) 백충현, 전게논문, p.65.
25) 백충현, 상게논문, p.65.
26) Ian Brownlie, *supra* note 19, p.94.
27) *ibid.*, p.93.
28) 헌재 1997. 1. 16. 89헌마240, 판례집 9-1, 45 [한정합헌,각하], pp.73-74;헌법재판소, 1996.10.4, 95헌가2, 헌판집 8권2집,

따라서 남북한이 유엔에 가입하였다고 하여 남북 상호관계에서 당연히 국가승인으로 간주되거나 의제되지 않는다. 다만, 유엔 내에서 북한의 국가성을 부정할 수는 없다. 예컨대 남북이 유엔에 대한 관계나 또는 남북한을 모두 국가승인한 국가관계에서는 국가성을 부정할 수 없다.

3. 유엔회원국의 법적 지위

남북한은 동시 유엔가입으로 유엔 회원국과 비준당사국의 법적 지위를 갖는다. 먼저 유엔헌장 제4조제1항·제2항 및 제110조제4항상 국제연합의 구성국으로서 회원국의 지위를 취득한다. 그러므로 남북은 총회의 구성국으로서 5명 이내의 대표파견, 안전보장이사회의 비상임이사국 피선권 및 주의환기권, 경제사회이사회의 이사국 피선권, 국제연합사무국에 조약등록, 국제사법재판소의 당사자 능력이 주어진다.29)북한은 유엔가입으로 국제법의 평면에서 이미 국가로서 인정된 것이며, 헌장 제2조에 따라 국제연합 구성국으로서 모든 회원국들이 향유하는 법적 지위를 보장받는다. 따라서 남북한의 동시 유엔에 가입은 유엔의 회원국으로서 권리·의무를 향유하며, 비준당사국으로서 국제연합헌장상 내용의 기속을 받게 된다. 회원국(full members)은 준회원국(associate members)이나 옵서버(observers)에 비해 모든 권리·의무를 부담하는

---

p.292.
29) 김명기, 전게논문, pp.35-36.

점에서 구별된다. 여기서의 권리·의무는 헌장상 명시된 것에 국한되지 않으며, 헌장 제2조제6항에 의한 "국제평화와 안전을 유지하는데 필요한 한"도(so far as may be necessary for the maintenance of international peace and security)에서 가능하다. 따라서 헌장상 주어진 것과 그 외의 것을 포함한다. 또 국제연합 가맹국으로서의 회원국은 "일반적 집단안전보장기구인 국제연합의 구성원이[30]" 된다.[31]

다음으로, 국제사회의 보편적 조약인 국제연합 헌장 제110조제4항상 비준당사자가 된다.[32]즉, 남북한의 관계는 "원칙적으로 국가만이 가입하는 UN에 남북한이 별개의 회원국으로 가입하게 되었고, 이러한 결과는 우리 정부도 적극적으로 동의한 바 있기 때문에 UN가입 후의 남북한 관계는 국제적인 평면에서는 UN회원국간의 관계에 놓이게 되었[33]"고, 또 국제연합 헌장의 비준 당사자가 되었다. 비준당사국으로서의 지위는 당사국이 유엔헌장의 모든 내용에 대해 원칙적으로 기속을 받는 것에 비해, 서명당사국은 특별한 규정이 있는 경우나 다른 방법으로 합의한 경우에는 예외적으로 잠정적 기속(적용)을 받는 점에서 구별된다(제25조제1항). 비준당사국은 당사자로서 유엔헌장의 효력범위 내에서 타방 당사국에 대해 이행청구를 하거나 이행의무를 부담하게 되는 점

---

30) Leland M. Goodrich, *The United Nations* (New York : Crowell, 1959), pp.83-85; William L. Tung, *International Organization under the United Nations System* (New York : Crowell, 1969), p.41.

31) 김명기, "남북한 국제연합 단독가입과 공동가입의 효과상의 차이(상)," 『국제문제』 248('91.5), 국제문제연구소, p.14.

32) Charter of the United Nations, art.4, 110;김명기, 상게논문, p.14.

33) 백충현, 전게논문, p.63.

에서 서명당사국과는 구별된다.

4. 유엔가입과 유일 합법정부

1) 유일 합법성의 의의

남북한의 동시 유엔가입은 '남북 대 유엔'에 대한 관계에서 남북 각각에 대해 국가승인(정부승인 포함)이 이뤄져 한반도에 「2국 2정부」체제가 인정된 것이다. 즉, 한반도는 2개의 국가와 2개의 정부가 존재하는 것을 의미한다. 어떤 측면에서는 분단의 영구 고착화를 의미하기도 한다. 북한은 남한이 유엔가입을 제의했을 때 남한이 통일을 바라지 않고 영구분단을 조작하고 있다고 비판했다[34]. 이는 한반도가 "국제연합과의 관계에서 '사실상 분단국'에서 '법률상 분단국'"이 되는 것을 비판한 것이다.

남북의 유엔가입으로 남한지역은 대한민국 정부가 합법정부이고, 북한지역은 조선민주주의인민공화국이 합법정부가 되었다. 따라서 한반도에 2개의 합법정부가 존재하게 된 것으로, 한반도에서 '유일성'은 상실되었다.

조약법에 관한 비엔나협약 제59조(후조약의 체결에 의하여 묵시되는 조약의 종료 또는 시행정지)는 전조약의 종료에 관하여, "후조약에 의하여 그 사항이 규율되어야 함을 당사국이 의도하였음이 그 후조약으로부터 나타나거나 또는 달리 확정되는 경우[35]" 또는 "후조약의 규정이 전조약의 규정과

---

34) 외교통상부, 『유엔개황』(서울:외교통상부, 2008), p.180.
35) Vienna Convention on the Law of Treaties, Art.59.1.(a).

근본적으로 양립하지 아니하여 양 조약이 동시에 적용될 수 없는 경우36)"에는 그 (전)조약은 종료한 것으로 간주된다.

1948년 '한국 대 유엔'의 '당사자 및 대상' 관계에서 유엔은 대한민국을 유일합법정부로 인정하였다. 이후 1991년 동일당사자(대한민국) 및 대상(합법성)에 대한 유일성을 배제하는 결정을 하였다. 1991년 유엔은 동일당사자의 유일합법성에 대한 법적 효력을 배제함으로써 전후조약은 양립할 수 없으며, 새로운 결정을 하였다. 즉, 그 효력이 후에 변경됨으로써, 전후의 법간에 저촉이 발생한 것이다. 신구법의 효력관계에서 저촉이 발생할 경우 후법우선(신법우선)의 원칙상 1991년의 효력이 적용되며, 1948년 효력은 배제된다.

그 결과 한반도에서 대한민국만을 유일 합법정부로 인정한 유엔총회 결의(UNGR Res.) 195(III)호(1948.12.12.) 및 1949년 10월 21일 제3차 유엔총회 결의(UNGR Res.) 제293호는 효력이 배제된다. 유엔이 이전의 결정을 번복하는 새로운 결정을 했기 때문이다. 따라서 대한민국은 유일 합법성에 대한 주장의 근거는 남한 지역으로 축소·변경되어야 한다. 남북 내부관계에서도 한반도 전체에 대한 유일 합법성의 주장은 역사적·정치적 의의만 있을 뿐이다.

2) 유일한 합법정부의 의미

대한민국은 헌법 제3조(영토조항)와 1948년 12월 유엔에 의한 "유일한 합법정부 승인"을 근거로 '유일합법성' 및 '정통성'을 주장해 왔다.37) 이러한 남한의 주장은 「1국가 1정부+

---

36) *ibid.*, Art.59.1.(b).
37) 김철수, 『신고 헌법학신론:개정증보판』(서울:박영사, 1994),

반국가단체」를 정당화 하는 법논리로 매우 큰 역할을 하여
왔으며, 북한의 국가성을 부정하는 근거로 사용하여 왔다. 그
러나 현실에 있어서는 남북이 1991년 유엔에 가입함으로써
유일합법성은 의미를 상실하였고, 또 남북이 각종 평화체제
구축을 위한 합의를 함으로써 "유일합법정부"의 의미가 퇴색
되었다. 따라서 헌법 제3조(영토조항)은 통일의 걸림돌이 되
는 독소조항이 되었고,[38]1948년 유엔결의는 유엔총회(UNGA)
에 의해 스스로 번복됨으로써 효력이 배제되었다.

남북은 내부관계에서도 서로의 존재를 "상대적으로 승인
하기에 이르렀다.[39]"이러한 사실은 1991년 12월 31일 채택되
고 1992년 2월 19일 발효된 「남북 사이의 화해와 불가침 및
교류·협력에 관한 합의서」, 일명 "남북기본합의서"의 전문
"쌍방 사이의 관계가 나라와 나라 사이의 관계가 아닌 통일
을 지향하는 과정에서 잠정적으로 형성되는 특수관계라는 것
을 인정하고," 및 제1조 "남과 북은 서로 상대방의 체제를 인
정하고 존중한다."에 잘 나타나 있다. 남북이 대화와 협력을
통하여 서로를 '대등하게 인정하는 합의문서'는「7·4 남북공
동성명」(1972.7.4),「남북 사이의 화해와 불가침 및 교류·협
력에 관한 합의서」(1991.12.31),「한반도의 비핵화에 관한 공
동선언」(1992.1.14), 「남북 사이의 화해와 불가침 및 교류·
협력에 관한 합의서의 부속합의서」(1992.9.17),「6·15 남북공
동선언」(2000.6.15),「조·미   공동코뮤니케」(2000.10.12),「
9·19 공동성명」(2005.9.19, 남북·미중·일러),「 2·13 합의」

p.80;권영성, 『헌법학원론:개정판』(서울:법문사, 2009), p.123.
38) 권영성, 전게서, p.124.
39) 김정균, "국제법상 분합모델과 분단·통일 모델의 비교유형적 고
    찰," 『국제법학회논총』제20권, 1975, p.102.

(2007.2.23, 남북·미중·일러), 「남북관계발전과 평화번영을 위한 선언」 (2007.10.4), 「남북관계 발전과 평화번영을 위한 선언 이행에 관한 제1차 남북총리회담 합의서」(2007.11.16), 「한반도의 평화와 번영, 통일을 위한 판문점 선언」 (2018.4.27, 남북), 「미북정상회담 합의」(2018.6.12) 등에서 잘 나타나고 있다.

따라서 대한민국의 한반도 전체에 대한 유일한 합법성 주장은 과거정부에서는 의미가 있었으나 현재는 그 의의가 퇴색되었다.

5. 국제법상 북한의 법적 지위

북한은 1948년 9월 9일 정부수립 당시 국제연합총회(UNGA)로부터 유일합법정부에 대한 인정을 받지 못했다. 이후 1971년부터 옵서버 자격(observer status)으로 국제연합총회(UNGA)에 참여한 상황에서 1991년 남북이 동시 유엔가입으로 북한지역에 대해 합법성을 부여 받았다. 1948년 대한민국 정부가 한국내의 유일한 합법정부를 인정40)받은 것과는 다르게 북한은 국제연합으로부터 합법성을 부여 받지 못했다. 이 사실에 근거하여 남한은 북한이 '지방적 사실적 정부'(local *de facto* government)에 불과하다는 주장의 근거로 제시하였다. 그러나 1991년 남북의 유엔가입으로 유엔에 대한 관계에서 남북은 국가 및 정부승인을 받았으며, 각기 자

---

40) 1948. 12.12, UNGA Res. 195(III), 2.

신들의 영토 내에서 '중앙적 법률상 정부'(central *de jure* government)로 인정받았다. 1948년 '한국 대 유엔' 관계에서 대한민국 하나만 유일한 합법정부이었으나 1991년 '한국 대 유엔' 관계에서 대한민국과 조선민주주의 인민공화국 두 개가 합법정부로 인정받았다. 따라서 북한은 국제법의 주체로서 유엔회원국 및 헌장의 비준당사국으로서의 지위에 있다. 반면 국내법상으로 북한은 헌법재판소가 판결한 것과 같이 평화통일의 동반자로서의 지위와 반국가단체로서의 지위의 2중적 지위에 있다.[41)]

1948년 한국 내에 「1국가 1정부」가 1991년 「2국가 2정부」가 되었다. 따라서 국제법상 한반도에서 북한의 국가성을 부정하거나 정부의 합법성을 부정할 수는 없게 되었다. 다만, 남북 내부의 상호관계에서는 헌법재판소의 판결(92헌바6)과 같이 다르게 해석할 수 있다. 이와 관련, 대한민국의 입장에서 보면, 대한제국과 국가적 동일성, 임시정부의 합법적 승계에 의한 정통성을 가진 대한민국의 영토(한반도)에서 유엔가입으로 북한지역에 새로운 국가 및 정부가 탄생한 것이 된다. 즉, 법률상 대한민국의 주권 영역에서 신생국, 북한이 탄생한 것이 된다. 여기에 대해 국내의 헌법학자들의 해석은 헌법 제3조(영토조항)는 구한말시대의 국가영역을 기초로 하고 있으며,[42)] 구한말영토승계론을 주장[43)]하고 있다. 이를 고려할 때 독일과 같이 남한도 구 대한제국과의 관계에서 동일성이 있는 것으로 해석할 여지가 있다.

반대로 북한의 입장에서는, 한국(조국)의 국가적 동일성과

---

41) 헌법재판소, 1997.1.16, 92헌바6등(병합), 헌판집 9권1집, p.2.
42) 김철수, 전게서, p.80.
43) 권영성, 전게서, p.122.

전체 조선인민(한민족)을 대표하는 민족적 정통성이 북한에 있다. 이는 북한에서 남한이 분리·독립한 신생국이라는 의미이다. 북한헌법 제2조, "조선민주주의인민공화국은 제국주의 침략자들을 반대하며 조국의 광복‥ 에서 이룩한 빛나는 전통을 이어받은 ‥ 국가이다." 여기서 조국은 광복(해방 또는 회복) 이전의 국가를 계승한 것으로 규정하고 있다. 즉, 제국주의 침탈 이전의 국가 또는 광복이전의 국가는 대한제국이지만 북한헌법이 의미하는 조국은 고유한 의미의 한국으로 해석된다. 북한은 대한제국과 같은 봉건정부 계승을 부정하고 있기 때문이다. 따라서 북한헌법 제2조는 광복 이전의 한국과 국가적 동일성을 규정하고 있다. 북한헌법 제1조는 "조선민주주의인민공화국은 전체 조선인민‥을 대표"한다고 규정하고 있다. 이 규정은 북한이 민족적 정통성을 갖고 있음을 나타내고 있다. 따라서 북한은 광복으로 과거 한국의 주권을 회복함으로써 국가적 동일성을 주장하고, 한민족을 대표함으로써 민족적 정통성이 있음을 주장하고 있다.

주체적인 견지에서는, 한국(한반도)에서 대한민국이 광복 이전의 대한제국과 국가적 동일성과 대한민국 임시정부를 합법적으로 계승한 법적 정통성을 갖는 국가이다. 따라서 이와 양립할 수 없는 북한은 동일성도, 정통성도 인정할 수 없다. 다만, 해석상 신생국의 존재는 가능할 수 있다.

6. 남북통일에 대한 검토

1) 1국가론과 통일의 의의

남북이 내부관계에서 『1국가론』에 의할 때, 대한민국 헌법 제3조(영토) 및 제4조(통일정책)는 통일에 대한 근거로서 의의를 갖고 있다. 여기서의 제3조는 '유일합법성, 북한의 반국가단체성'을 선언하고, 제4조는 '남한중심의 통일'을 명시하고 있다. 다만, 헌법 제66조·제69조·제92조는 "평화통일"에 관한 규정을 둠으로써 제3조 및 제4조와 상충44)되지만 여기에 대해 헌법재판소는 양자의 2중성을 인정하고 있다.

남한에 대응하여 북한 역시 북한헌법 제9조 "조국통일 실현"을 규정하고 있다. 남북한은 동시 유엔가입한 후에도 관련규정을 개폐하지 않고 있으므로, 당연히 『1국가론』은 현재도 의미가 있다. 1991년 남북한이 동시 유엔에 가입한 이후에도 헌법재판소45)와 대법원46)은 각각 남북합의서에 대한 판결에서 남북관계를 "나라와 나라 사이의 관계가 아닌 통일을 지향하는 과정에서 잠정적으로 형성되는 특수관계"라고 판결하고 있다. 이러한 사실은 「남북관계 발전에 관한 법률47)」(이하, "남북관계발전법"이라 함) 제3조(남한과 북한의 관계) 제1항 "남한과 북한의 관계는 국가간의 관계가 아닌 통일을 지향하는 과정에서 잠정적으로 형성되는 특수관계이다." 및 제2항 "남한과 북한간의 거래는 국가간의 거래가 아

---

44) 권영성, 전게서, p.123.
45) 헌법재판소, 1997.1.16, 92헌바6 등, 『판례집 9-1. 1』, 23.
46) 대법원, 1999.7.23, 선고 98두14525 판결.
47) 법률 제7763호, 2005.12.29., 제정; 법률 제12584호, 2014. 5. 20., 일부개정.

닌 민족내부의 거래로 본다."에 잘 반영되어 있다. 남북은 내부적으로 상호관계에서 서로를 특수관계로 주장하고, 국가승인을 하지 않으므로 통일정책은 현재도 의의가 있다.

2) 통일에 대한 의미

남한은 헌법 제3조(영토) 및 제4조(통일정책)를 통하여 영토적 통일과 국가적 통일, 남한중심의 통일을 규정하고 있다. 북한은 헌법전문 "나라의 통일을 민족지상의 과업으로", 제2조 "조국의 광복…빛나는 전통을 이어받은 ··국가", 제9조 "민족대단결의 원칙에서 …조국통일을 실현"규정에서, 국가적 통일, 민족적 통일, 북한중심의 자주통일을 규정하고 있다. 다만, 북한의 '조국통일'에서 통일의 대상이 되는 '조국'의 정의나 범위를 명확하게 규정하고 있지 않아 정확한 해석이 어렵다.

대한민국 헌법 제3조(영토)는 대한민국의 영토가 '한반도와 부속도서라'고 규정하고 있다. 여기서의 한반도는 영토적 범위가 1948년 유엔총회가 결의(UNGA Res.:UN General Assembly Resolution, 195.III)한 한국(Korea)과 일치하는 것으로 해석된다. 다만, 다른 견해가 존재할 수 있다. 헌법 제4조(통일정책) 전단은 대한민국은 '통일을 지향'한다고 규정하고 있다. 이를 연결하면, 대한민국의 영토는 한반도 전체이고, 한반도 전지역에서의 법역이 회복되지 못한 미수복지구에 대해 통일을 지향하는 것이다. 즉, 대한민국의 통일목표는 영토적 통일을 지향하고 있다. 따라서 대한민국의 통일목표는 반란단체가 불법점거한 미수복지구에 대한 법역의 회복을 의미한다. 헌법 제4조 후단의 통일방법은 "자유민주적 기본질서에 입각한 평화적 통일정책"만을 규정하고 있다.[48] 즉, 대한민국의 법질서를 기초로 남한 중심의 평화적인 방법을 통해 법역 회복을 규정하고 있다. 여기서의 "자유민주적 기본질서에 입각한 통일이란 우리 헌법이 추구하고 있는 국민주권의 이념과 정의사회의 이념이 존중되는 통치질서에 입각한 통일을 의미한다.[49]"또한 이는 "국민적 합의에 바탕한 (우리) 국민의 정치적 결정을 규범화한 것으로 그것은 우리의 국가적 목표인 동시에 헌법의 기본원리[50]"이기도 하다.

동서독은 모두가 과거 1913년 '독일제국의 법적 계승국가'(Rechtsnachfolger)임을 주장하고, "스스로 독일제국과 동일시[51]"하며, 국가적 동일성과 정부승계의 정통성을 주장하고 있으나 한국정부는 과거 대한제국과의 국가적 동일성과 정부승계의 정통성보다는 임시정부의 정통성 계승을 주장하고 있다. 동서독의 경우 과거 독일제국의 영토적·민족적 완전성 회복을 통일목표로 하고 있으나 대한민국의 경우 과거 대한제국의 영토적·민족적 완전성 회복을 통일목표로 하고 있지 않은 점에서 비판의 여지가 있다.

또 서독은 과거 독일제국과 동일시하고 독일제국의 회복을 통일목표로 하고 있었다.[52] 따라서 과거 독일제국의 일부

---

48) 김철수, "한국통일과 통일헌법제정문제,"『헌법논총 3집』헌법재판소, 1992, p.127.
49) 김철수, 『한국헌법론:신정10판』(서울:박영사, 1998), p.170.
50) 권영성, 『헌법학원론:개정판』(서울:법문사, 2009), p.180.
51) 한스 요아힘 하인츠(Hans-Joachim Heintze), "독일연방공화국(서독)과 독일민주공화국(동독)간의 기본조약(1972.12.21)에 관한 법적 의견서,"「발표집:한반도 평화와 동서독의 경협:동서독기본조약과 남북합의서의 비교분석」, 민주사회를 위한 변호사모임, 2018.11.21, pp.27-28.

(동독)는 언제든지 독일제국에 편입될 수 있는 여지가 있었다. 서독기본법 제23조는 효력범위에 관하여 서독관할지역만 적용되는 것을 규정하고, 나머지 법역이 미치지 않는 동독지역은 가입 후에 효력이 발생하는 것을 규정하고 있다.53)또한 서독기본법 제146조는 한시법임을 규정하고, 통일헌법이 제정되면 효력을 상실한다고 규정하고 있다.54)

『서독기본법

제23조 : 이 기본법은 우선 바덴, 바이에른, 브레멘, 대베를린, 함부르크, 헷센, 니이더작센, 노르드라인 베스트팔렌, 라인란트 팔쯔, 슐레스뷔히 홀슈타인, 뷔르템베르크 바덴 및 뷔르템베르크 호엔쫄레른 여러 주의 영역에 적용된다. 독일의 그밖의 영역에서는 그들의 가입 후에 효력을 발생한다.

제146조 : 이 기본법은 독일 국민이 자유로운 결단으로 의결한 헌법이 효력을 발생하는 날에 그 효력을 상실한다.55)』

1991년 남북이 유엔에 가입한 이후 헌법 제3조가 개폐되지 않은 상태에서 통일의 의미는 국제법상 합법적인 국가에 대한 국가적 통일을 의미한다. 따라서 현재의 통일의미는 「영토회복+국가병합」을 의미한다. 즉, 「영토통일+국가통일」을 의미한다. 이에 반해 독일의 통일목표는 국가통일이 아닌 민족적 통일이 목표이었다.56)대한민국은 과거국가와 동

---

52) 한스 요아힘 하인츠, 상게논문, p.21.
53) 서독기본법 제23조.
54) 서독기본법 제146조.
55) 박수혁, "통독에 있어서의 동서독 헌법통일," 『법제연구』 제2권 제1호, 한국법제연구원, 1992.06, p.133. 주석 12) 및 13).

일성 회복에 대한 대상을 명확하게 제시할 필요성과 과거정부의 합법승계에 대한 정통성을 보다 더 명확하게 제시할 것이 요구된다.

3) 통일에 대한 법적 정통성의 근거

남한의 헌법전문은 광복 이전 국가의 동일성에 대한 직접적 규정이 없다. 다만, 국내의 헌법학자들은 헌법 제3조(영토조항)가 구한말의 영토적 범위를 기초로 하고 있다고 주장한다.[57] 정부의 합법승계에 대한 정통성에 관하여는 대한민국임시정부의 법적 정통성을 규정하고 있다. 북한 역시 조국광복과 빛나는 전통을 규정하고 있다. 다만, 광복 이전의 조국이 무엇을 의미하는지는 알 수 없다. 북한은 광복 이전의 조국에 대한 정통성을 규정하고 있을 뿐 이전국가에 대한 동일성의 직접규정은 없다. 동서독의 경우 과거 독일제국의 일부로써 국가적 동일성을 주장하고, 양독 정부가 합법승계의 정통성을 주장하고 있다.

정통성의 측면에서, "대한민국 통일정책의 법적 기초는 대한민국 정부가 법적 정통성이 있는 정부이고, 북한정부는 법적 정통성이 없는 정부라는 데 있다.[58]" 북한 역시 여기에 대응하여 반대의 주장을 한다. 통일정책에 대한 기본적 법적 가치는 과거의 대한제국과의 관계에서 국가적 동일성보다는 2개의 정부 중 정부승계의 합법성과 정통성에 그 비중을 두고 있다. 다만, 통일 후에는 통일정부가 현재의 대한민국과

---

56) 한스 요아힘 하인츠, 전게논문, pp.27-28.
57) 김철수, 전게서, p.80;권영성, 전게서, p.122.
58) 김명기, "남북한 국제연합 단독가입과 공동가입의 효과상의 차이 (상)," 『국제문제』 248('91.5), 국제문제연구소, pp.18-19.

동일성이 존재하는 국가인 것을 기초로 한다. 즉, "대한민국의 통일정책은 통일된 한국도 대한민국과 동일성이 있는 국가이어야 한다.59)"여기서의 전후국가의 동일성은 곧 합법성과 정통성을 포함하는 의미이다. 반대로 북한의 입장에서는 "북한의 통일정책은 통일된 한국도 조선민주주의 인민공화국과 동일성이 있는 국가이어야 한다.60)"

7. 유엔가입과 정전협정

1) 정전협정과 국제연합헌장의 일반

정전협정과 국제연합헌장은 양자 모두가 동등한 지위로 국제법의 법원을 구성하는 요소이다.

a) 양자간 직접효력 관련성 여부

정전협정에 관하여는 정전협정에 직접적 효력을 미치는 정전협정의 개폐와 정전협정의 파생적 효력으로서, 미군의 철수문제, 군사분계선의 법적 지위 등의 문제는 유엔 가입의 효력과 논리적 필연성이 있는 것은 아니다.61)따라서 "남북한의 유엔가입과 한국휴전협정과는 직접적인 관련이62) " 없다. 남북이 유엔 회원국의 지위를 취득하는 것과 정전협정은 직접적 관련성이 있기 보다는 "유엔이 회원국에 부여하고 있는

---

59) 김명기, 상게논문, p.19.
60) 김명기, 상게논문, p.19.
61) 백충현, 전게논문, p.65.
62) 대한민국국회사무처, 제154회- 외무통일-제4차, 「외무통일위원회회의록」 제4호, 1991.5.30, p.13.

일반적인 법적 지위와 의무의 연장선상에서 해결되어야 할 문제63)일 뿐이다. "또한 "남북한의 국제연합 동시 가입은 국제연합군사령부의 지위 및 역할에 아무런 변화를 가져오지 아니한다.64)"한반도에서 체결된 휴전협정은 남북한의 유엔가입과 직접관련성을 갖기 보다는 오히려 평화협정과 직접관련성을 맺고 있다. 남북한이 평화협정을 체결할 경우 휴전협정을 대체하기 때문이다.

b) 양자의 구별

(a) 정전협정은 한국지역의 특별협정이며, 당사국은 국제연합(UN)과 북한 및 중국이다. 따라서 3당사자간 국제법상의 법원이 된다.

국제연합 헌장은 보편성을 띠고 있는 일반조약이며, 당사국은 192개국이다.65) 오늘날 국제사회의 규범적 질서를 결정하는 국제법상의 법원이 되고 있다.

(b) 정전협정은 1953년 체결되어 한국에 적용되는 조약이고, 국제연합헌장은 1991년 남북이 비준서를 기탁(헌장 제110조제4항)함으로써 남북에 적용되는 조약이다.

(c) 정전협정은 한국전쟁의 상황을 일시 휴전하기 위한

---

63) 백충현, 전게논문, P.65.

64) 1992년 연례보고서 (7)항; 1993년 연례보고서, 남북대화관계; 1994년 연례보고서, 남북대화관계-국방정보본부, 『군사정전위원회편람』제3집, (서울:합참정보본부, 1997), pp.172, 181; 김명기, "정전협정의 평화조약으로의 대체에 의해 제기되는 법적 문제와 그에 대한 대책방안 연구,"『군사논단』통권 제86호, 2016년 여름, 한국군사학회, 2016.6.25, p.240 주 96) 재인용.

65) 2008년 기준으로, 아프리카(53), 아시아(54), 동구(23), 라틴(33), 서구 및 기타(29)의 회원국·비준당사국으로 구성되어 있다(외교통상부, 전게서, pp.12-13).

조약이고, 국제연합헌장은 한반도의 평화체제를 구축하기 위한 시간의 제한이 없는 영구적 조약이다.

(d) 대한민국은 정전협정의 정치적 당사자이고, 법적 당사자는 아니며, 유엔에 가입하여 국제연합헌장의 적용을 받는 당사국 및 회원국이다.

북한은 정전협정의 정치적·법적 당사자이며, 또한 유엔에 가입하여 국제연합헌장의 적용을 받는 당사국 및 회원국이다.

따라서 남북은 남한이 정전협정의 법적 당사국이 아닌 것을 제외하고는 국제연합헌장의 동일한 법적용을 받는 지위에 있다.

2) 양자간의 국제법상 효력

a) 양자간 「후법(신법)우선의 원칙」 검토

법원 상호간의 효력은 원칙적으로 국내법과 같이 상하관계가 정해지지 않는 한 동등한 지위에 있다. 정전협정과 국제연합헌장은 양자 모두 국제조약으로서 동위관계에 있다. 동위관계의 조약 또는 협약 등은 그 효력의 우선적용은 「후법(신법) 우선(lex posterior derogat priori)의 원칙」과 「특별법 우선(lex specialis derogat generali)의 원칙」이 적용된다.66) 정전협정과 국제연합헌장, 양자에 「후법(신법) 우선의 원칙」 검토에는 당사자의 동일성과 대상분야의 동일성이

---

66) 정전협정과 국제연합헌장의 효력관계에 관한 「신법 우선(또는 후법우선)의 원칙」과 「특별법 우선의 원칙」, 그리고 「상위법 우선의 원칙」에 대한 상세한 검토는 "김명기, "남북한 국제연합 가입과 휴전협정의 효력," 『국제문제』 257('92.1), 국제문제연구소, pp.13-20." 참조 바란다.

주어질 것을 요하고, 양자 사이에는 이같은 동일성이 없다. 따라서 양자는 별개로서 각각의 효력을 갖는다고 한다.

> 『휴전협정의 당사자와 국제연합 헌장의 당사자가 동일하지 아니하므로 휴전협정과 국제연합 헌장간에 신법 우선의 원칙은 적용되지 아니한다.[67]』

b) 양자간「특별법 우선의 원칙」검토

「특별법 우선의 원칙」은 당사자를 달리 하는 경우에도 조약의 당사자나 또는 규율대상, 적용범위 등에 있어서 특정이 가능한 경우에 적용된다.

정전협정의 당사국은 국제연합과 북중이고, 국제연합의 당사국은 192개의 개별 국가로 구성되어 있다. 따라서 국제연합은 자신의 회원국이 아니다.

따라서 국제연합 가입국의 범위 내에 국제연합(정전협정의 당사자)이 없으므로 당사자를 특정할 수 있는 범위에 있지 못하다. 그러므로 특별법 우선의 원칙은 적용되지 않는다.

> 『국제연합 헌장의 당사자인 1백66개 국가 중에 휴전협정의 당사자인 국제연합이 포함되어 있지 아니 하므로, 국제연합헌장과 휴전협정은 일반법과 특별법의 관계에 있지 아니한다.[68]』

c) 양자간「상위법 우선의 원칙」검토

정전협정과 국제연합헌장은 양자 모두가 동등한 지위로

---

67) 김명기, 상게논문, pp15-16.
68) 김명기, 상게논문, pp.16-17.

국제법의 법원을 구성하는 요소이며, 국내법과 같이 최고법 아래로 상위법 체계를 갖는 것은 아니다. 따라서 양자는 별개의 효력을 발생한다.

『국제연합 헌장 제103조의 규정에도 불구하고, …국제연합 헌장에 의해 휴전협정의 적용이 배제되는 것은 아니다.[69]』

3) 정전협정과 그 위반 검토

1991년 남북이 유엔가입 이전의 대한민국은 북한의 정전협정 위반의 책임을 정전협정 당사자로서 군사정전위원회를 통하여 요구할 수도 없었고, 국제연합헌장 제35조제1항상의 주의환기권 행사도 할 수 없었다. 즉, 대한민국의 권리행사는 국제연합사령부를 통하여서만 가능했다. 하지만 남북이 유엔에 가입한 1991년 이후에는 정전협정의 당사자로서의 권리는 보유하지 않지만 국제연합 구성국으로서 회원국의 권리행사는 보유하고 있다. 따라서 국제연합헌장 제35조제1항에 의한 안전보장이사회 또는 총회에 주의를 환기할 권리는 보유하고 있다.

8. 유엔가입과 핵사찰

국제연합헌장 제4조제1항은 '자격요건'을, 제2항은 '가입절차'를 규정하고 있다. 제4조제1항의 '자격요건'은 헌장에 규정

---

69) 김명기, 상게논문, pp.17-18.

된 의무수락, 헌장상 의무를 준수할 의사와 능력구비, 평화애호국(peace-loving states)을 요구하고 있다. 제4조제2항의 '가입절차'는 가입신청서 제출, 안전보장이사회 권고(SC Recommendation), 총회결정(GA Decision)을 규정하고 있다. 이 경우 가입의 선행적 자격요건인 평화애호성에 핵사찰이 포함되지는 문제된다.

국제연합의 제1차적 목적은 헌장 제1조제1항에 명시된 바와 같이 "국제평화와 안전의 유지"이다. 그리고 헌장 제2조제3항은 회원국들은 국제분쟁을 "평화적 수단에 의하여 해결"하도록 규정하고 있다. 또한 헌장 제4조제1항은 가입요건으로 "평화애호국"일 것을 요구하고 있다. 여기서의 "평화애호성"에 대해 국제사법재판소(ICJ)는 제2차 세계대전 때 독일편에 가담한 알바니아, 아일랜드, 포르투갈 등의 유엔가입과 관련, 권고적 의견(Advisory Opinion)에서 예시규정이 아니라 열거규정으로서 반드시 충족될 것을 요한다[70]고 제시하고 있다.[71] 다른 견해는 평화애호성은 유엔가입의 실질적 조건으로 간주되지 않으며, 이를 최종적으로 판단할 방법이 없는 만큼 확정적인 개념이 아니라고 주장[72]하지만 근거가 약하다.

국제사법재판소(ICJ)의 권고적 의견에 대하 해석상 유엔가입의 전제조건이 되는 "평화애호성"은 그 실질적 판단기준으로써 핵무기규제와 핵사찰 수락의무가 선행되어야 하는지

---

70) ICJ, *Conditions of Admission of a State to Membership in the United Nations(Article 4 of the Charter)*, Advisory Opinion, Reports (1948), p.57 at 62; 김대순, 전게서, p.1314.
71) 김대순, 상게서, p.1314.
72) 한희원, 전게서, p.157.

문제된다. 이 경우 핵사찰 수락의무는 핵 안전조치제도 (Safeguard) 수락의무의 구체적 이행방법으로써 사찰 (inspection)이 이용되고 있다.73) 여기에 대해 직접관련성을 주장하는 견해74)가 있다. 이 견해는 "평화애호성(은)…핵무기 의 가공할 파괴력에 비추어 핵무기규제의 문제는 유엔헌장의 정신·유엔회원국의 의무 등 여러 가지 측면에서 고려할 때 직접적인 관련성이 인정된다75)"고 주장한다. 이 견해에 의할 경우 남북한은 유엔가입시 핵사찰 수락의무를 부담하며, 또 한 사찰을 받아야 한다. 또한 유엔가입 이후에도 핵사찰 수 락의무를 지는지 문제된다. 핵안전 관련조약의 체결 취지를 고려할 때 가입시 및 가입 이후에도 사찰의무를 부담하는 것 이 합리적이지만 강제할 방법이 문제다. 국제사회는 핵안전 을 위해 지속적으로 결속을 통하여 비보유국에 대해 핵사찰 을 요구하여야 한다.

　「핵무기의 비확산에 관한 조약76)」(NPT, 이하 "핵확산 금지조약"라 함) 전문(preamble)에 의하면, 모든 국가는 국제 연합의 목적과 일치하지 아니하는 여하한 방법으로 무력의 위협 또는 무력사용을 삼가야 한다. 핵확산금지조약(NPT) 제3조제4항은 "핵무기 비보유 조약당사국은 …본조의 요건을 충족하기 위하여 …국제원자력기구와 협정을 체결한다. 동 협정의 교섭은 본 조약의 최초 발효일로부터 180일 이내에 개시되어야 한다. …. 동 협정은 교섭개시일로부터 18개월 이

---

73) 백충현, 전게논문, p.66.
74) 백충현, 상게논문, p.66.
75) 백충현, 상게논문, p.66.
76) Treaty on the Non-Proliferation of Nuclear Weapons, Adoption, July 1, 1968, Entered into force, March 5, 1970.

내에 발효되어야 한다."고 규정하고 있다. 국제사회는 핵무기의 광범위한 분산 방지를 위해 핵확산금지조약을 시행하고 있다. 핵확산금지조약은 1967년 1월 1일 이전에 핵무기 또는 기타의 핵폭발장치를 제조하고 폭발한 국가, 예컨대 미국, 러시아, 영국, 프랑스, 중국에 대하여만 핵보유를 인정하고 있다. 핵보유국은 타국에 양도를 금지하고, 비보유국은 양수·제조·취득을 금지하고 있다.

북한 역시 한반도에서 원자력 이용이 핵무기 또는 기타 핵폭발장치로 전용이 아닌 평화적 이용이 목적이라면 당연히 핵확산금지조약에 가입하여 국제원자력기구(IAEA: International Atomic Energy Agency)의 검증(verification)을 받아야 한다. 그렇지 않다면 북한의 원자력이 평화적 이용을 목적으로 한 것으로 국제사회에 인식될 수 없다. 즉, 국제평화와 안전의 유지확보에 위협이 될 수 있으므로, 국제사회의 요구, 특히 강대국의 요구에 부응하지 못할 경우 유엔제재의 대상이 될 수 있다. 현재 북한은 1985년 12월 12일 핵확산금지조약(NPT) 가입, 1992년 1월 30일 핵안전조치협정(Nuclear Safeguard Agreement:NSA) 가입, 1993년 3월 12일 핵확산금지조약(NPT) 탈퇴, 1994년 10월 21일 복귀, 2003년 1월 10일 재탈퇴한 상태이다.[77]

---

77) 뉴스1, http://news1.kr/articles/?3342716, (서울=뉴스1) 김다혜 기자, 2018-06-12 10:49 송고, 최종검색 2018.8.25.

9. 유엔가입과 국제법 준수의무

남북한은 유엔가입과 동시에, 유엔헌장 제2조제2항에 따라 「**모든 회원국은** 회원국의 지위에서 발생하는 권리와 이익을 그들 모두에 보장하기 위하여, **이 헌장에 따라 부과되는 의무를 성실히 이행한다.**」 남북한은 유엔에 가입(제4조제1항)하면서 유엔헌장에 규정된 의무를 수락하였으므로, 유엔에 가입한 다른 모든 국가들과 함께 이를 준수하여야 한다. 유엔헌장은 국제조약이고, 남북한은 이를 비준한 당사자로서 헌장상의 내용에 기속을 받겠다고 동의하였으므로, 준수의무가 있다. 또한 남북한은 유엔 내에서는 서로를 제3국과 같이 다른 회원국들처럼 동등하고 평등하게 대우해야 할 의무를 부담한다. 이 경우 남북에 주어진 의무에는 분쟁의 평화적 해결의무(제2조제3항), 무력행사 금지의무(제2조제4항), 행동협력의무(제2조제5항), 유엔원칙준수 확보의무(제2조제6항), 국내문제 불간섭의무(제2조제7항) 등이 있다.

1) 분쟁의 평화적 해결의무

유엔 헌장은 모든 회원국에 대해 '분쟁의 평화적 해결'의무를 부과하고 있다. 여기서의 '분쟁의 평화적 해결'이란 "무력의 위협 또는 사용을 동반하지 않는[78] 국제평화와 안전 및

---

[78] UN General Assembly, Declaration on Principles of International Law concerning Friendly Relations and Cooperation among States in accordance with the Charter of the United Nations, 24 October 1970, A/RES/2625(XXV), 1(The principle that states shall refrain in their international relations from the threat or use of force). para. 2nd. or (a); https://www.refworld.org/docid/3dda1f104.html [accessed 2 April

정의가 위태로워지지 않는79)" 방식으로 해결하는 것80)을 의미한다. "1970년 유엔 우호관계 선언(유엔총회결의:GA res. 2625XXV) 및 1982년 분쟁의 평화적 해결에 관한 마닐라선언(유엔총회결의:GA res. 37/10)에 명시되면서 관습규칙(customary rule)으로 발전하였다.81)"국제사법재판소(ICJ)는 니카라과 사건 본안(merits)에서 '분쟁의 평화적 해결원칙'이 관습법의 지위(the status of customary law)를 갖는 것을 확인하고 있다.82)

분쟁의 평화적 해결에 관하여 유엔헌장은 제1장과 제6장에서 이를 규정하고 있다. 헌장 제1장(목적과 원칙) 제1조제1항 "국제평화와 안전을 유지", 제2조제3항 "모든 회원국 그들의 국제분쟁을 국제평화와 안전 그리고 정의를 위태롭게 하지 아니하는 방식으로 평화적 수단에 의하여 해결"을 규정하고 있다. 헌장 제6장(분쟁의 평화적 해결) 제33조제1항은 평화적 수단으로, 제2항은 안전보장이사회의 평화수단에 의한 해결요청권, 제34조 안전보장이사회는 분쟁 또는 사태의 계속이 국제평화와 안전유지 우려가 있는 경우 조사권, 제35조 회원국의 안전보장이사회 또는 총회의 주의환기권, 제36조 안전보장이사회의 적절한 조정절차 또는 조정방법 권고권, 제37조 평화적 해결을 못한 경우 분쟁당사자의 안전보장이사회 회부권, 제38조 안전보장이사회의 평화적 해결 권고권을

2019] .

79) *ibid.,* (b).

80) 김대순, 전게서, p.1358.

81) Antonio Cassese, *International Law,* 2nd. ed., (New York:Oxford University Press Inc., 2005), p.58.

82) *ibid.*

규정하고 있다.

남북한은 a) 남북의 문제를 신의성실의 원칙에 평화적으로 해결하도록 노력하여야 한다.[83] 따라서 남북한은 남북간의 어떠한 분쟁도 유엔헌장 제33조제1항에 따라, " 남북한은 유엔회원국으로서 외교교섭, 심사, 중개, 조정, 중재재판, 사법적 해결 등의 평화적 방법으로 분쟁을 해결하여야 할 법적 의무를[84]" 부담한다. 또한 남북간의 분쟁은 "유엔의 협조 내지 제재가 필요한 경우를 제외하고는 여전히 남북한 상호간에 해결을 도모하는 것이 원칙적인 형태[85]"이다. 남북한이 유엔헌장 제33조제1항의 방법에 따라 분쟁을 해결하지 못하는 경우에도 상호 합의하여 다른 평화적 수단을 찾아야 하는 유엔회원국으로서의 헌장준수 의무가 있다.[86] b) 남북한은 남북간의 어떠한 분쟁도 평화적 해결과정에서 국제평화와 안전보장을 위협하는 행위를 삼가야 한다. 예컨대 의도적·악의로 교섭을 방해하는 행위, 다른 평화적 수단·절차를 방해 또는 거절하는 행위, 남북이 합의에 실패한 이후 더 이상 해결을 모색하지 않는 행위, 분쟁을 더 악화시키거나 위태롭게 하는 행위 등을 삼가야 한다.[87]

2) 무력행사 금지의무

유엔헌장 제1장(목적과 원칙) 제2조제4항은 모든 형태의

---

83) *ibid.*
84) 백충현, 전게논문, p.64.
85) 백충현, 상게논문, p.65.
86) §3 of Principle II of the 1970 UN Declaration ; §7 of the Manila Declaration ; Antonio Cassese, *supra* note 70, p.58.
87) *ibid.*, pp.58-59.

무력에 의한 위협과 행사를 금지하고 있으며, 이는 "유엔헌장에서 처음 규정88)"된 것으로, "절대적·포괄적 금지89)"(absolute all-inclusive prohibition)이다. 제7장은 평화에 대한 위협, 평화의 파괴, 침략행위에 관한 조치를 규정하고 있다. 국제관습법의 지위에 있는 무력행사 금지원칙과 분쟁의 평화적 해결원칙은 국제평화와 안전유지를 목적으로 하는 유엔헌장의 가장 주된 원칙이다. 무력행사금지의 원칙(제2조제4항)은 "국제관습법의 기본적인 또는 핵심적인 원칙90)"이며, "국제법상 강행규범(*jus cogens*)의 성질을 지닌 규칙의 대표적 사례를 구성한다.91)"여기서의 무력행사금지의 내용은 다른 국가와 현존하는 국경선의 침범과 위협에 대한 금지를 포함한다.

국제사회는 분쟁을 평화롭게 해결하기 위해 유엔헌장 제2조제4항에 무력행사금지의 원칙이 규정되기 이전에도 1899년 및 1907년 국제분쟁의 평화적 해결을 위한 헤이그협약, Drago-Porter조약, 국제연맹규약, Kellogg-Briand 조약(부전조약) 체결의 노력을 하였다.

또한 유엔헌장 제2조제4항으로 무력행사금지의 원칙이 규정된 이후에도 많은 협약체결을 통하여 국제사회는 노력을 하였다. 조약법에 관한 비엔나협약92) 제52조(무력의 위협 또

---

88) *ibid.*, p.55.
89) *ibid.*, p.56.
90) 김찬규, "남북한 UN가입과 한국통일의 전망,"『국제문제』256, 국제문제연구소, 1991.12, p.33.
91) ILC, *Yearbook,* 1966.II, p.247;김찬규, 상게논문.
92) Vienna Convention on the Law of Treaties, Adoption, May 23, 1969, Entered into force, January 27, 1980, Entered into force for the Republic of Korea, January 27, 1980.

는 사용에 의한 국가의 강제) "국제연합헌장에 규정된 국제법의 제 원칙을 위반하여 무력의 위협 또는 사용에 의하여 조약의 체결이 감행된 경우에 그 조약은 무효이다." 조약의 국가승계에 관한 비엔나협약[93]제6조(이 협약에서 다루는 국가승계의 경우) "이 협약은 국제법과 특히 국제연합헌장에 포함된 국제법의 원칙들에 일치하여 발생하는 국가승계의 효과에 대하여만 적용된다." 따라서 제2조제4항 무력행사금지를 위반한 국가승계의 경우에는 적용되지 않는다. 그밖에 국가재산 국가문서 및 국가채무의 국가승계에 관한 비엔나협약[94] 제3조도 동일한 취지를 규정하고 있다.

유엔헌장은 그 목적과 양립하는 무력행사를 규정하고 있다. 예컨대 집단적 강제조치와 자위권행사를 규정하고 있다. 따라서 유엔헌장이 허용하는 경우 이외에는 무력행사가 금지되는 것이 원칙이다.

따라서 남북은 유엔의 회원국으로서 현존하는 "휴전선 등의 국제 분계선을 침범하기 위해 무력의 위협 또는 사용을 삼가야 할 의무[95]"가 있다.

3) 국내문제 불간섭의 원칙 준수의무

타국의 "국내문제 불간섭 원칙"은 고전국제법 시기 이래로 특정한 관습규칙에 명시되었으며, 그로티우스형의 가장 중요한 원칙 중 하나이다.[96]그러나 이 원칙은 1945년 이전에

---

93) Vienna Convention on Succession of States in respect of Treaties, Adoption, August 23, 1978.
94) Vienna Convention on Succession of States in respect of State Property, Archives and Debts, Adoption, April 8, 1983.
95) 김찬규, 전게논문, p.34.

는 자국의 이익을 위해 무력사용이나 위협을 통해 간섭하는 것이 법적으로 허용됨[97])으로써 불완전한 원칙인 것을 유엔헌장에 명시함으로써 보편적 규범이 되었다.

유엔헌장 제2조제7항「이 헌장의 어떠한 규정도 본질상 어떤 국가의 국내 관할권 안에 있는 사항에 간섭할 권한을 국제연합에 부여하지 아니하며, 또는 그러한 사항을 이 헌장에 의한 해결에 맡기도록 회원국에 요구하지 아니한다. 다만, 이 원칙은 제7장에 의한 강제조치의 적용을 해하지 아니한다.」 "국내문제 불간섭 원칙"과 "주권평등의 원칙"(제2조제1항)을 헌장에 규정한 목적은 타국의 전속관할을 존중함에 있다.[98])이 규정은 관습법에서 인정되던 것을 명문화한 것으로, 1991년 남북한이 유엔에 가입하기 이전에는 큰 의의가 없었으나 남북이 유엔가입으로 국제법상 국가가 된 현재는 이 원칙준수의무가 의의를 갖게 되었다. 따라서 남북은 상호관계에서 이 원칙을 위반하는 행위를 삼가야 한다. 예컨대 특정 행위를 명령하거나 압력을 행사하는 행위, 해로운 활동을 하는 단체를 선동·조작·공식적 지지하는 행위, 모든 종류의 전복활동, 사법개입 행위 등이다.[99])

특히, 대한민국은 국제관계에서 헌법 제3조 영토에 관한 규정이 「국가통치권의 범위」를 북한지역을 포함하는 규정을 둠으로써 다른 나라에 간섭하는 명시규정을 두고 있다. 따라서 이 규정은 개정하여야 할 국제법상의 의무를 부담하는 것으로 해석된다. 이는 국제법이 요구하는 유엔헌장 제2

---

96) Antonio Cassese, *supra* note 70, p.53
97) *ibid.*, p.54.
98) *ibid.*.
99) *ibid.*, pp.53-54.

조제7항 「국내문제 불간섭 준수의무 위반」이기도 하다.

10. 유엔가입과 국제분쟁의 당사자 문제

1991년 남북한이 유엔에 가입함으로써 남북한은 모두 국제법상 한국 문제의 당사자이다. 이 경우 남북이 공동당사자인지 또는 남북 중 어느 국가가 주된 당사자인지가 문제된다. 주된 당사자를 확정할 경우 그 방법을 어떻게 정할 것인지, 나머지 일방국가는 소송참가를 할 것인지도 문제된다. 여기에 관하여 국제사법재판소규정 제62조제1항 "사건의 결정에 의하여 영향을 받을 수 있는 법률적 성질의 이해관계가 있다고 인정한 국가는 재판소에 그 소송에 참가하는 것을 허락하여 주도록 요청할 수 있다."고 규정하고 있다.

과거 한일관계의 문제의 경우 더욱 그러한 문제발생의 여지가 존재한다.[100] 예컨대 한일간 관련된 독도영유권, 위안부, 강제징용 등이다. 그밖에 중러와 간도문제 등이다. 현재 독도는 남한의 관한구역에 속하지만 북한이 당사자로 주장하면서 참여할 가능성을 전혀 배제할 수 없다.

---

100) 백충현, 전게논문, p.65.

|제3절| 결론

"남북한 동시 유엔가입의 법적 효력"검토를 통하여, 다음과 같은 결론을 얻었다.

첫째, 국제연합(UN)의 회원국은 오직 주권 국가(states)일 것을 요한다. 따라서 남북은 유엔가입으로 유엔에 대한 관계에서 국가승인을 받은 것이다. 다만, 남북 내부관계에서 국가승인이 간주되거나 의제되지는 않는다.

둘째, 남북한은 동시 유엔가입으로 유엔 회원국과 비준당사국의 법적 지위를 갖는다. 따라서 남북한 유엔헌장상의 권리를 행사할 수 있고, 의무를 준수하여야 한다.

셋째, 남북의 유엔가입으로, 한반도에 2개의 합법정부가 존재하게 되었으며, 대한민국의 '유일성'은 배제되었다. 따라서 대한민국은 유일 합법성에 대한 주장의 근거는 남한 지역으로 축소·변경되어야 한다.

넷째, 북한은 국제법의 주체로서 유엔회원국 및 헌장의 비준당사국으로서의 지위에 있다.

다섯째, 남한은 헌법 제3조(영토) 및 제4조(통일정책)를 통하여 영토적 통일과 국가적 통일, 남한중심의 통일을 규정하고 있다. 북한 역시 국가적 통일, 민족적 통일, 북한중심의 자주통일을 규정하고 있다. 다만, 북한의 '조국통일'에서 통일의 대상이 되는 '조국'의 정의나 범위를 명확하게 규정하고 있지 않아 정확한 해석이 어렵다.

여섯째, 남북한의 유엔가입과 한국휴전협정과는 직접적인 관련성 없다. 다만, 북한이 국제법 위반시 남한은 국제연합헌장 제35조 제1항에 의한 안전보장이사회 또는 총회에 주의를 환기할 권리는 보유하고 있다.

일곱째, 핵안전 관련조약의 체결 취지를 고려할 때 가입시 및 가입 이후에도 사찰의무를 부담하는 것이 합리적이지만 강제할 방법이 문제다. 따라서 국제사회는 결속을 통하여 지속적으로 비핵화를 요구해야 한다.

끝으로, 남북은 분쟁의 평화적 해결과, 무력행사 금지, 유엔원칙 준수, 상대국에 대한 국내문제 불간섭의무를 준수하여야 한다.

한국통일법연구원 [정 관]

제1장 총 칙

제1조 (명칭) 이 단체는 한국통일법연구원(Korea Unification Law Research Institute:K.U.L.R.I, 이하 연구원이라 한다) 이라 한다.

제2조 (소재지) 연구원의 주사무소는 대구광역시에 둔다. 또한 필요에 따라 지원 또는 연결사무소를 국내 및 국외에 둘 수 있다.

제3조 (목적) 연구원은 통일문제를 정치, 경제, 사회, 문화적 제 측면에서 학술적으로 연구함으로써 한반도에 통일지향적 평화공존질서를 정착화시키는데 기여함을 목적으로 한다.

제4조 (사업) 연구원은 제3조의 목적을 달성하기 위해 다음 각호의 사업을 수행한다.

ⅰ. 통일문제에 관한 연구 및 조사

ⅱ. 통일에 관한 연구자료의 모집, 정리, 분석, 교류

ⅲ. 통일문제에 관한 연구결과의 발표를 위한 학술세미나, Workshop 및 강연회 개최

ⅳ. 연구결과의 발간 및 출판

ⅴ. 그밖에 연구원의 목적에 필요한 사업

제2장 회 원

제5조 (회원의 자격) 회원은 연구원의 설립 취지에 동의하는 20세 이상의 대한민국 국민으로서 정회원과 명예회원으로 구분한다.

① 정회원은 연구원의 설립 목적에 동의하여 능동적으

로 참여하며 연회비를 납부하는 자로 한다.

② 명예회원은 연구원의 취지와 사업에 동의하여 연구원의 사업에 특별한 기여를 하고자 하는 자로 한다.

제6조 (회원의 가입) 회원이 되고자 하는 자는 회원의 추천을 받아 입회신청서를 제출하여 원장의 승인을 얻어야 한다.

제7조 (회원의 권리의무) ① 회원은 연구원의 학술사업에 참여할 수 있으며, 연구원이 발간하는 모든 자료를 제공받을 권리가 있다.

② 회원은 정관 및 제 규정의 준수, 이사회 결의사항 이행, 회비납부 의무가 있다.

제8조 (회원의 탈퇴) 연구원의 회원이 탈퇴하고자 할 때에는 탈퇴원을 원장에게 제출함으로서 탈퇴가 된다. 다만, 기납 회비는 반환하지 않는다.

제9조 (회원의 제명) 다음 각호 중 1호에 해당한 경우 이사회의 결의로 제명할 수 있다.

ⅰ. 연구원의 명예에 손상을 가져오는 행위를 한 경우.

ⅱ. 회비를 장기체납한 경우.

ⅲ. 그밖에 이사회에서 제명이 필요하다고 인정한 경우.

제3장 임 원

제10조 (임원의 종류와 정수) 임원의 종류와 정수는 다음과 같다.

① 연구원은 원장 1명과 이사장 1명을 두며, 원장이 이사장을 겸할 수 있다.

② 연구원은 회장 1명을 둔다.

③ 연구원은 이사 5인 이상 9인 이하(원장, 이사장, 회장 포함)를 둔다.

④ 연구원은 감사 2명을 둔다.

제11조 (임원의 선출 및 임기) ① 임원은 총회에서 재적회원 과반수의 출석과 출석회원의 과반수의 찬성으로 선출한다.

② 임원은 임원 상호간에 민법 제777조에 규정된 친족관계나 혈족관계에 있는 자가 임원정수의 3분의 1을 초과하지 아니하여야 한다.

③ 감사는 상호간 또는 이사와 감사간에 전항에 규정된 관계가 없는 자이어야 한다.

제12조 (임원의 임기) ① 이사의 임기는 3년으로 한다.

② 감사의 임기는 2년으로 한다.

③ 임원이 임기 중 사직 및 그밖의 사유로 궐위된 경우, 원장의 소집으로 임시총회를 얻어 그 후임을 선출한다. 후임자의 임기는 전임임원의 잔여임기로 한다.

제13조 (임원의 직무) ① 원장은 연구원을 대표하며, 연구원의 업무를 통할한다.

② 원장의 임기는 3년이며, 연임 및 중임할 수 있다.

③ 이사장은 이사회의 운영을 통할하며, 이사회의 의장이 된다.

④ 회장은 총회 또는 원장으로부터 위임받은 사항을 처리한다.

⑤ 이사는 이사회에 출석하여 연구원의 업무에 관한 사항을 의결한다.

④ 감사의 직무는 다음 각호의 것으로 한다.

ⅰ. 연구원의 재산상황에 대한 감사

ⅱ. 이사회의 운영과 그 업무에 대한 감사

ⅲ. 제ⅰ호 및 제ⅱ호의 감사결과 부정 또는 부당한 점이 있음을 발견한 경우, 총회 또는 이사회에 그 시정을 요구하고 감독청에의 보고

ⅳ. 제ⅲ호의 보고를 위하여 필요한 경우, 총회 또는 이

사회의 소집요구

v. 연구원의 재산상황, 총회, 이사회의 운영과 그 업무에 관한 사항에 대하여 원장에게 의견을 진술하거나 총회 또는 아사회에서의 의견의 진술

제14조 (직무대행) ① 원장이 사고가 있거나 궐위된 때에는 회장이 그 직무를 대행한다.

② 이사장이 사고가 있거나 궐위된 때에는 회장이 그 직무를 대행한다.

제4장 총 회

제15조 (구성) 총회는 최고 의결기구로서 회원으로 구성한다.

제16조 (소집) ① 총회는 정기총회와 임시총회가 있다.

② 정기총회는 연 1회 1월 중에 소집한다.

③ 임시총회는 다음 각호의 경우에 소집한다.

i. 재적회원 3분의 2이상이

소집을 요구한 때

ii. 이사회의 의결로서 소집을 요구한 때

iii. 감사의 요구가 있을 때

iv. 그밖에 원장이 필요하다고 인정한 때

④ 원장은 회의요건, 일시, 장소를 명기하여 총회개최 7일전에 각 회원에게 통지하여야 한다. 다만, 정당하다고 인정되는 사유가 있는 경우에는 예외로 한다.

⑤ 총회는 전항의 통지사항에 한하여 의결한다. 다만, 출석회원의 전원이 찬성한 경우에는 그러하지 아니한다.

제17조 (총회의 의결사항) 총회의 의결사항은 다음 각호로 한다.

i. 임원선출

ii. 연구원의 해산 및 정관변경

iii. 재산의 매도, 증여, 담보, 대여, 처분 등에 관한 사항

ⅳ. 예산 및 결산의 승인

ⅴ. 사업계획의 승인

ⅵ. 그밖에 중요한 사항.

제18조 (의결정족수) 총회는 특별한 규정이 없는 한 재적회원 과반수의 출석과 출석회원 과반수의 찬성으로 의결한다. 다만, 가부동수인 경우 원장이 결정한다.

제5장 이 사 회

제19조 (이사회의 구성) 이사회는 이사장과 이사로 구성한다.

제20조 (이사회의 소집) 이사장은 다음 각호에 해당하는 경우 그 사유를 명시하여 이사회를 소집한다.

ⅰ. 이사장이 필요하다고 인정한 때

ⅱ. 원장의 소집요구가 있을 때

ⅲ. 재적이사 과반수 이상의 소집요구가 있을 때

ⅳ. 감사의 소집요구가 있을 때

ⅴ. 그밖에 연구원의 운영에 관하여 중요한 사항이 있을 때

제21조 (이사회의 의결사항) 이사회는 다음 각호를 의결한다.

ⅰ. 업무의 집행

ⅱ. 사업계획의 작성 및 운영

ⅲ. 예비결산서의 작성

ⅳ. 총회에 부의할 안건의 작성

ⅴ. 정관의 변경

ⅵ. 재산관리

ⅶ. 정관에 의하여 그 권한에 속하는 사항

ⅷ. 그밖에 원장이 부의하는 사항.

제22조 (의결) 이사회는 재적이사 과반수의 출석과 출석이사 과반수의 찬성으로 결의한다. 단, 가부동수인 때에는 이사장이 결정한다.

제6장 재 정

제23조 (재산의 종류) ① 연구원의 재산은 기본재산과 보통재산으로 한다.

② 기본재산은 설립자의 출연재산과 이사회에서 기본재산으로 정한 재산으로 한다.

③ 기본재산은 연 1회 그 목록을 작성하여 통일원장관에게 보고한다.

제24조 (연구원의 재원 및 사용용도, 공개) ① 연구원의 재원은 다음 각호의 것으로 충당한다.

ⅰ. 회원의 회비 및 기부금

ⅱ. 연구용역비

ⅲ. 기본재산의 과실

ⅳ. 발간물 판매수익 및 그 밖의 수익

② 수입은 회원의 이익을 위하여 사용해서는 안 되며, 사실상 특정정당 또는 선출직 후보를 지지·지원하는 등 정치활동을 위해 사용하지 않는다. 다만, 사회복지·문화·예술· 교육·종교·자선·학술 등 공익을 위하여 사용할 수 있다.

③ 수입은 인터넷 홈페이지를 통해, 회비내역과 연간 기부금 모금액 및 활용실적은 다음연도 3월 말까지 공개한다.

제25조 (회계연도) 연구원의 회계연도는 정부의 회계연도에 준하며, 원칙상 해당 연도의 1월 1일에 시작하여 12월 31일에 마감한다.

제26조 (예비, 결산) ① 연구원의 세입 및 세출예산은 회계연도 개시 1월 전까지 편성하여 이사회의 의결을 거쳐 정기총회의 승인을 얻어야 한다.

② 연구원의 결산은 익년도 1월중에 이사회의 의결을 거쳐 정기총회의 승인을 얻어야 한다.

제27조 (회계감사) ① 감사는 사무 및 회계감사를 내용으로 하며, 정기감사는 원칙상 매년 2회 6월과 12월

에 실시한다.

② 감사는 필요하다고 인정할 때 사무 및 회계감사를 실시할 수 있고, 매년 6월은 사무감사, 매년 12월은 회계감사를 원칙으로 한다.

제28조 (임원의 보수) 임원의 보수에 관한 규정은 이사회의 의결로 따로 정한다. 다만, 상근하며 사업운영을 전담하는 이사를 제외한 임원의 보수는 직무상 필요한 실비를 제외하고는 지급하지 아니함을 원칙으로 한다.

제7장 사 무 국

제29조 (설치) 사무국은 원장의 위임으로 회장이 지시하는 연구원의 업무를 처리하기 위하여 사무국을 둔다.

제30조 (구성) 사무국에는 원장 및 회장의 명을 받아 연구원의 행정사무를 담당할 사무국장 및 약간의 직원을 둘 수 있다.

제31조 (직제 및 직원) 연구원의 직제 및 직원의 정수에 관하여는 이사회의 의결로 따로 정한다.

제8장 보 칙

제32조 (해산) ①연구원을 해산하고자 할 때에는 총회에서 재적회원의 4분의 3의 찬성으로 의결하여 통일부장관에게 신고한다.

② 해산하는 때 그 재산은 통일원장관의 허가를 을 얻어 국가, 지방자치단체 및 이 연구원과 유사한 목적을 가진 다른 비영리법인에게 귀속하도록 한다.

제33조 (정관의 변경) 연구원의 정관은 이사회와 총회에서 각각 재적인원의 3분의 2이상의 찬성으로 의결하여, 통일원장관의 승인을 얻어 변경한다.

제34조 (사업계획서 등의 제출) 다음 년도의 사업계획서 및 예비서와 당해 연도의 사업실적서 및 지출결산

서는 회계연도 완료 후 2월 이내에 통일원장관에게 제출한다. 이 때 재산목록과 사업현황 및 감사보고서도 함께 제출한다.

제35조 (의사록의 작성, 보존) 총회와 이사회는 의사진행을 기록한 의사록을 작성하여 출석이사의 기명날인을 받아 보존한다.

제36조 (운영규칙의 제정) 연구원 운영규칙은 이사회의 의결로 정한다.

부 칙

제1조(시행일) 이 정관의 시행은 2019년 1월 1일부터 한시적으로 유보하고, 통일부장관의 허가 및 법인설립 등기일부터 실행한다.

제2조(연구결과의 활동) ① 연구원은 이 정관의 시행일 전에도 제4조 III.호의 연구결과에 대하여 발표 및 출판 등의 활동을 할 수 있다.

② 전항의 연구결과의 활동을 위해 특별수입을 편성할 수 있다. 이 경우 특별수입은 이 정관시행 전에 한한다.

An End Of War Declaration And Peace Agreement between North And South Korea

남북간 종전선언과 평화협정

2019년   4월   10일   1판   1쇄 인쇄
2019년   4월   15일   1판   1쇄 발행

지 은 이 :   김명기/김영기/
              엄정일/유하영/이동원
펴 낸 이 :   이 재 천
편 집 인 :   이 재 천 외
펴 낸 곳 :   한국통일법연구원 · 책과사람들

출판등록   2003.10.1(제307-2003-000091호)
  서울 용산구 동빙고동 244-1번지
T E L   : 9 2 6 - 0 2 9 1 ~ 2
F A X   : 9 2 6 - 0 2 9 2
등   록 : 1997. 8. 6(제6-287호)

인 지

정가 20,000원

ISBN   978-89-9734-921-0   93360